JN185586

短歌を詠む科学者たち

松村由利子

春秋社

まえがき

「センス・オブ・ワンダー」は、世界の不思議に感動し、探究する心であると同時に、身近な草花や小動物にも詩を見出す心である。文系、理系という分け方をする日本では、二つの心をかけ離れたものと思う人も少なくないが、優れた科学者のなかには素晴らしい詩人が数多く存在する。科学者のまなざしは、ありふれた風景のなかに物理の法則を見出したり、生命の歴史を感じたりする。それは知識というよりも、もっと深いところに潜む美を見出す力である。

マリー・キュリーは言う。「科学には、おおいなる美がある――わたしはそう考える者のひとりです。実験室にいる科学者は、単なる技術者ではありません。まるでおとぎ話を聞いたときのように胸を打たれて、自然現象の前で目を輝かせている子どもでもあるのです」（エーヴ・キュリー『キュリー夫人伝』白水社より）。

本書は、科学者の生涯をたどりながら、その短歌と研究を紹介するものである。取り上げるのは、湯川秀樹、石原純（ともに理論物理学）、湯浅年子（実験物理学）、斎藤茂吉（精神医学）、永田和宏（細胞生物学）、柳澤桂子（生命科学）、坂井修一（情報工学）の七人である。

歌との関わりは、七人それぞれだ。子どものころから歌を詠む環境にあった人もいれば、病に倒れて詠み始めた人もいる。「歌は趣味」と割り切る人がいる一方で、「歌人」という肩書も持ちつつ第一線の研究者として世界を飛び回る人もいる。生涯で詠んだ歌の数も異なる。最も多いのは、十七冊の歌集を編んだ斎藤茂吉で、一万八千首近くに上る。一方、私家版の歌集一冊を編んだ湯川秀樹は約五百首、湯浅年子は約三百首しか残していない。

けれども、どの科学者も長きにわたって歌を愛し、折々に詠み続けた。肉親の死を悲しむときも、自らの病に苦しむときも、歌を詠むことは彼らの大いなる慰めであった。そして、身を削るような研究の合間においても、歌は常に共にあり、励ましとなった。

最先端の研究に従事する科学者が、千数百年も長らえてきた小さな詩の形に自らの思いを載せるとき、言葉は不思議な輝きを放つ。本書は、その輝きを捉えようとした、ささやかな試みである。

短歌を詠む科学者たち　目次

本書の表記についてのおことわり

①引用した旧字・歴史的仮名遣いの短歌や文章は、原則として仮名遣いはそのままで新字に改めた。
②引用した短歌、文章の送り仮名は原作どおりとした。
③読みが一般的と思われる漢字のルビは省いた。
④難読と思われる漢字には、原作にないルビをふった。

短歌を詠む科学者たち

第1章

理論物理学者の歌ごころ――湯川秀樹の場合

「湯川博士にノーベル賞」「日本人で最初の栄誉」「世界に輝く『中間子論』」――。一九四九（昭和二十四）年十一月四日、朝刊各紙に大きな見出しが躍った。第二次世界大戦に負け、意気消沈して復興に取り組んでいた日本人にとって、これほど誇らしく晴ればれとした気持ちになるニュースはなかった。

湯川秀樹はこのとき四十二歳、前年に京都大学から米プリンストン高等研究所へ招かれ、ノーベル物理学賞を受賞したときにはコロンビア大学へ客員教授として赴任したばかりだった。

高名な理論物理学者の心を終生慰めたのが、短歌という小さな詩型であったことは、あまり知られていないかもしれない。科学の徒である湯川がどんな歌を作ったのか、研究に追われる日々において歌がどんな意味をもっていたのか、見てゆきたい。

大家族のなかで

湯川秀樹は花のなかでも、とりわけ梅の花を好んだ。それは、自分の生まれた一九〇七（明治四十）年一月二十三日が大変に寒く、まだ梅のつぼみも固いころだったと母親から聞かされたことによるらしい。当時、湯川の父である小川琢治は農商務省に所属する地質調査所の所員として勤務しており、一家は東京市麻布市兵衛町（現・港区六本木）に住んでいた。父はまもなく京都帝国大学の教授となり、湯川は二歳になる前から京都で育つこととなる。

小川家は大家族だった。湯川の上には姉二人と兄二人がいたが、京都に移り住んでから、さらに弟二人が生まれた。そして父方の祖母と、母方の祖父母が同居しており、総勢十二人の家族だった。小川家の三男であった秀樹は、後に結婚して湯川家の婿養子となり、湯川姓を名乗るようになるのだが、それまでは「小川秀樹」として過ごした。

きょうだいは多かったが、幼い湯川は一人で遊ぶのを好んだ。積み木を与えられると、いつまでもそれで遊んでいるようなおとなしい子どもだった。箱庭を作って遊ぶのも大好きだった。紙箱の中に砂や苔を敷き詰め、高低を山や川に見立てる。そこに小さな鳥居や橋を配置し、その世界に自分が住んでいるつもりになると、何ともいえない幸福な気持ちがあふれてきたという。

その幸福感がいかに大きなものだったかは、湯川が「少年の頃」と題して、「積木の家」や「箱庭」を歌に詠んでいることで分かるだろう。

少年の頃は忘れず縁側にひとり積木の家をつくりし
箱庭の橋よ鳥居よ田舎家よここにわれ住む今も折り折り
少年の日は永かりし箱庭の小さき家に心吸はれし

積み木や箱庭の何がそんなにも子どものころの湯川を魅了したのだろう。「それはあまりにも小さく変化に乏しいが、しかし、この上もなく静かな安らかな世界であった」という回想は幸福感に満ちている。箱庭を愛する気持ちは生涯、彼の心のなかに在り続け、ウェストミンスター寺院の回廊にたたずんで中庭を眺めていたとき、京都の古刹を訪れるときにも、幼い日に味わったのと同じ喜びがひたひたと胸に満ちてきたという。「それだけで閉じた、永遠の静寂の世界を求める気持は、それ以後もずっと私の心の奥底に潜みつづけてきたらしい」

こんなふうに一人遊びを好む孫に、父方の祖母は「組み絵」を買ってくれた。各面に断片的な絵の描かれた立方体が十二個あり、組み合わせて並べると何通りもの絵が出来上がる。すっかり熱中した幼い湯川は、すべての立方体の図柄や配列を覚えてしまった。「おばあちゃん、ぼく、裏返しにでも出来るよ」と立方体を並べ、ばらばらに見える状態から裏返しにして絵を完成させると、祖母は驚き「この子はなんて頭のいい子だろう」と感心したという。

家のなかには、学問や芸術に関する本があふれていた。湯川の父は地質学、地理学を専門分野としていたが、囲碁や書画など幅広い趣味を持ち、折々の関心にまかせて書物を買い求めた。また、尾崎紅葉が中心となって刊行された文芸誌「我楽多文庫」の同人になったほど文学も深く愛

幼いころ、兄弟と。左から二人目が三男の秀樹。（京都大学基礎物理学研究所湯川記念館史料室所蔵）

好した。

一方、母の小雪は当時の女性には珍しく高等教育を受けた女性で、子どもたちの教育にたいへん熱心だった。東洋英和女学校で学んだときの英語の教科書を大事に保存しており、それを参考にして娘たちに英語の手ほどきをすることもあった。彼女の机には、羽仁もと子が創刊、編集した雑誌「婦人之友」や、子ども向けの読み物「子供之友」がいつも置かれていた。幼いきょうだいは「子供之友」をかわるがわる読み、時に「これ、どういうこと?」と質問することもあった。大家族をきりもりする母は家事に追われていたが、子どもに訊ねられるとどんなときもすぐに仕事の手を止め、丁寧に説明してくれたという。

湯川は五歳か六歳のころ、父が母方の祖父に「そろそろ秀樹にも、漢籍の素読を始めてください」と頼んだことを覚えている。母方の祖父は明治以前には紀州藩の武士だったが、維新後は洋学を学び、晩年までロンドンタイムスを購読し続けた教養人であった。子どもたちは毎晩、夕食が終わると離れへ行き、祖父が指し示して読む文字を一字ずつ復唱してゆく。漢字ばかりが並ぶ書物を教わる時間は、学齢前の子どもにとって「暗やみの中を、手さぐりではいまわっているようなものであった」という。しかし、こうした時間が湯川の豊かな感性を育てたことは間違いない。

口数の少ない湯川の、子ども時代のあだ名は「イワンちゃん」だった。何か訊ねたり咎められたりしても黙り込んでしまうか、「言わん」の一言で済ませたというのが、その由来である。弁解するのが嫌いだったという性格もあろうし、どう思われてもよい、というあきらめもあったかもしれないと後年、湯川は振り返っている。こうした性格は長じても変わらず、湯川のエッセイ「誤解と弁解」には、「誤解されるということは不愉快なことであるが、一生懸命になって誤解を解こうとすることも、それに劣らずいやなことである。私は生来弁解ということが嫌いでもあり、苦手でもあった」と書かれている。「イワン」は湯川の人柄を彷彿させる、愛すべき名に思える。

根もとにはさむらひぐもの巣の見ゆる木立もありて広き中庭
植木屋の刈りすてし棕梠《しゅろ》の柄《え》を削り刀に仕立て差して遊びし
縁側にほすからかさの下をはふわれと弟蟻《あり》になったと

一家の住む家には広い庭があった。一首目の「さむらひぐも」は、地下に穴を掘って巣を作るジグモの異名である。細長い袋状の巣なので、そっとひっぱると中にいるクモをつかまえることができる。幼い湯川も、庭で何度となくジグモの巣をひっぱり出して遊んだ。

庭の手入れに「植木屋」も定期的に訪れたのだろうか。二首目からは、シュロの細く尖った葉柄を刀に見立てて遊ぶ男の子たちの姿が見えるようだ。内向的な湯川も、このときは威勢よく兄弟たちとチャンバラごっこに興じたのではないだろうか。

三首目には「次弟環樹と遊ぶ」という説明が添えられている。湯川のすぐ下の弟、環樹は三つ違いである。干してある傘の下に入り込み、蟻になったつもりになる幼い兄弟の姿が愛らしい。

こうした歌の数々からは、ごく普通の少年の姿が浮かんでくる。日がな一日、遊びに没頭した幸福な時間は、豊かな想像力や集中力を培っただろうし、何よりも美しいものに対する感性を育てたのではないだろうか。湯川は後年、「人はそれぞれ、自分でなにかを美しいと思ったり、美しくないと思ったりする。私は自分の専門の物理学でも、ある法則なり理論体系なりをよろしいと納得するときは、そこになにか美しいものを感じているわけです」と記す。

逝く水の流れの底の美しき小石に似たる思ひ出もあり

美しい小石がいくつも存在する子ども時代を経て、湯川は少しずつ学問の道へと進んでゆく。

思春期の心の揺れ

小学校時代までの湯川秀樹は、特に目立つところがなかったようだ。しかし、算数は常に一番得意な科目であり、高学年のころ、等差数列の総和を求める方法を誰にも教わらずに考え出したエピソードが、家族のなかで語り継がれていたという。

小学校を卒業し、京都府立第一中学校（現・府立洛北高校）に入学すると、数学への興味はさらに高まった。ユークリッド幾何の明晰さや透徹した論理に惹かれ、教科書に出ている問題はどんどん先の方まで解いてしまった。それだけでは物足りず、いろいろな参考書や問題集を買ってきては片っ端から取り組むほど、難しい問題を自分一人の力で解く快感は大きかった。論理の筋道をまっすぐたどれば解答に行き着く代数も好きだった。

ところが、中学時代の湯川にとって物理学はさほど魅力のない教科だった。なぜだろう。

教科書は、簡単であった。もちろん、それは読めば分る。が、分るのは書かれている事実だけである。その奥にあるものは、考えれば考えるほど分らなくなる。未知の世界は、茫漠としていた。手がかりはなかった。いや、何を、どう考えてゆけばよいのかさえ、私には分らないようであった。

物事を深く考える少年は、教科書に書かれている事実の先に、未知の世界が広がっていることを感じ取っていた。平凡な中学生は、教科書を読むだけで世界を理解したつもりになってしまうだろうが、ここには物理学に進むべき湯川の特質が表れているようだ。

数学と並んで当時の湯川を魅了したのは、老荘思想だった。祖父や父の影響で幼いころから「大学」や「論語」に親しんできたが、思春期に入り儒教への反発も芽生えていた。しかし、中学になって自分から読んでみた老子、荘子の徹底した合理的なものの考え方には惹きつけられた。その一方で、級友たちと回覧雑誌を作って童話を書いたりもした。心がさまざまに揺れる時期であった。

中学四年になった一九二二（大正十二）年の夏、アインシュタインが来日することが報じられた。アインシュタインの名と「相対性理論」は、全世界から注目されていたが、物理学にさほど関心のなかった湯川少年は、この時点では一九世紀の古典物理学の世界観を大きく変える学説が現れていたことを知らなかった。しかし、来日したアインシュタインの記事が連日報じられているのを見れば、その人物の果たした功績の大きさが分かった。

ちょうどそのころ、学校で実験していたときのことだ。エーテルを膨張、蒸発させて、金属容器の表面が結露する様子を観察し、その時の温度と室内の温度の差から湿度を測定するという物理実験だった。二人一組で行っていたのだが、湯川少年たちはとても手際よく実験を成功させた。一緒に実験した工藤君という少年は、級友の手並みに感心したのだろう、不意に「小川君はアインシュタインのようになるだろう」と予言めいたことを口にした。その瞬間、湯川は何のことか分からなかったという。しかし、実験が終わってから、その言葉を思い出し、何かうれしい気持ちがこみ上げてきた。

工藤君は単に、「時の人」であったアインシュタインと級友を重ねてみただけだったかもしれない。けれども、彼の言葉は意外に深く、友の心に沁みわたっていった。自分が理論物理学者になる、などということは考えてもみなかったが、混沌のなかにいた湯川は一条の光明を見出したような気持ちを感じたのである。

アインシュタイン博士は、私からは余りにもかけはなれた偉大な存在であった。工藤君の言葉は、現実とは何の関係もないように思われた。それにもかかわらず、工藤君の一言は私の舟を取りまいている氷に、目に見えぬひびを入らせたようであった。

アインシュタインはその年の十二月十日、京都市公会堂で一般向けの講演をした。後に湯川と三高で同期生となった数学者の小堀憲は、このとき会場に赴いたという。湯川は「アインシュタインが折角京都で講演したのに、私は聞きに行かなかった。講演がいつ、どこであるかさえ、よく知らなかったのである。（中略）私はどうしてそんなにうかつだったのか。一言にしていえば、私は自分の周囲の小さな世界以外で起っている出来事に無関心であっただけでなく、自分自身が何物であるか、自分自身の中にどのような変化が起りかけているかについての、自覚もなかったのである」と振り返っている。

この十七年後の一九三九（昭和十四）年に、湯川はアインシュタインと初めて会う。国際会議で講演するためにヨーロッパへ赴いた際、第二次世界大戦が勃発したため、アメリカ経由で帰国する途中、プリンストンに寄って敬愛する博士の自宅を訪ねることができたのだ。湯川は中間子論を打ち立てたばかりの三十二歳の気鋭の研究者であり、六十歳のアインシュタインは頭髪も半ば白くなった学界の長老といった風格だった。

物理学への道

湯川が京都府立第一中学に入ってまもないころ、小川家の両親は子どもの進路について話し合っていた。

上の娘二人はすでに嫁いで家を出たが、五人の男の子たちはまだ当分、学費が必要な年齢だった。長男である芳樹は三高に在学しており、東大への進学を希望していた。京大を目指している次男の茂樹も、研究の道へ進みそうだ。

父である琢治は、何とはなしに全員を自分と同様、学者にするつもりだったが、経済的な不安もあった。ふと、三男の秀樹は兄弟のなかで学者には向かないように思い、大学ではなくて専門学校に行かせるのもよいのではないか、と妻に相談した。父親から見て、内省的で口数の少ない秀樹は最も性格がつかめず、何を考えているか分からないタイプだった。

このとき、母の小雪は青ざめる思いだったが、毅然として「秀樹も、もちろん大学までいくことと思います」「どの子にも同じようにしてやりたいと存じます。不公平なことは出来ません」と答えたという。母親として当然の思いもあっただろうし、幼いころから見てきた秀樹の優れた知性への信頼もあったはずだ。

妻の意見を聞いてもなお迷う琢治だったが、ある時たまたま一中の校長であった森外三郎と会い、道すがら相談する機会を得た。森は後に三高の校長となり、「自由の学風」を定着させた人物である。琢治が三男を大学か専門学校のどちらに行かせるべきか迷っていることを話すと、森はしばし沈黙した後に口を開いた。

そして、自分が教室で数学を教えたとき、彼がクラスのなかで飛びぬけて優れた才能をもっていることに気づいたと話した。「秀樹君の頭脳というものは、大変、飛躍的に働く。着想が鋭い」「あの少年ほどの才能というものは、めったにない」と森は言葉を尽くして語った。

こうした経緯を当時の湯川は全く知らず、二十代の終わりごろに初めて母から聞かされたという。このエピソードは、湯川が自らの半生を振り返った『旅人――ある物理学者の回想』に、三人称で書かれている。「何ごともなく通りぬけて来た草原に、実は深いおとしあなが掘られていたのだと聞かされたら、人はみな、あとから身ぶるいをするだろう」という言葉は、湯川の正直な思いだろう。もしも湯川が専門学校に行っていたら、どのような人生を送ったのだろう――。

ともあれ、湯川は一九二三（大正十二）年、一中から三高理科甲類へ進学し、大学進学は当然のことと考える環境にあった。長兄は冶金学、次兄は東洋史学へ進むことが決まったが、まだ自分の目指す分野は見えてこない。父は湯川に地質学を勧め、大部の専門書を手渡した。湯川は素直に読み始めたが、自分が父ほどには観察力や記憶力の優れていないことを改めて思い、それよりも論理的思考力を手がかりに、想像力を飛躍させるような学問に進みたいと考えた。

三高の物理学の授業は、以前よりも湯川の心をとらえた。ふだんから演習問題を解くのに熱心だったので、物理だけは試験勉強の必要が全くなく、定期試験の前になると同級生たちが解き方を教わりに集まった。

あるとき湯川は、丸善書店の洋書売り場の物理学の書棚で『量子論』という表題の英書を見つけた。ドイツの学者、フリッツ・ライへの著書を英訳したもので、高校生の湯川には理解できないところももちろんあったが、「それまでに読んだ、どの小説よりも面白かった」という。『量子論』には、どんなことが書かれていたのだろう。

物質の基本的な要素として原子が研究され始めたのは一九世紀の初めだった。元素の種類ごとに違った原子があることが分かり、一九世紀後半になると、原子の内部構造を明らかにしようとさまざまな実験が行われた。その結果、原子の中心には核があり、プラスの電荷をもった陽子が内部に存在すること、その回りをマイナスの電荷をもった電子が回っていることが明らかになる。陽子と電子だけで重量を計算すると実際の原子の重量に満たないため、電気的に中性な何らかの粒子が原子核の内部にあることが予想されていた。これが後に中性子と判明するが、この時点ではまだ分かっていなかった。

原子そのものや、原子核、電子、陽子は「量子」と呼ばれ、その性質や結びつきを調べるのが新しく興った「量子力学」だった。というのも、ごくごく微小な量子のふるまいは、私たちの身の回りで確かめられる物理的な法則があてはまらず、全く新しいアプローチが必要だったからだ。

アインシュタインは相対性理論で有名だが、実は彼がノーベル物理学賞を受けたのは、この理論を打ち立てたことではなく、「光は粒子である」という説を一九〇五年に発表した功績による。これは、一九〇〇年にマックス・プランクが発表した「エネルギー量子」という考え方を推し進めたものだ。それまで光は「波」だと考えられてきたが、「粒子」でもあり、エネルギーをもつことを理論的に解明した内容であった。

高校生の湯川が『量子論』を手にした一九二四（大正十三）年は、ちょうどフランスのド・ブロイが「電子も波である」と発表したばかりのころである。電子はそれまで粒子と考えられていたが、彼は粒子でもあり波でもあると考えたのだ。ド・ブロイの考えは一九二七年に実験によって確かめられた。

この時点で、光や電子も含め、量子というものは、粒子と波という二つの性質を合わせもつことが科学者たちに共有された。湯川が読んだ『量子論』は一九二二年に出版されたものだから、ちょうど「前期量子論」と呼ばれる、やや混沌とした時期のまとめに当たる。古典力学では解明できない新しい力学が模索されている状況を知り、少年の心は躍った。「私の今日までの五十年を通じて、一冊の書物からこれほど大きな刺激、大きな激励を受けたことはなかった」と、その興奮を振り返っている。

次に出会ったのは、マックス・プランクの『理論物理学』第一巻だった。ドイツ語で書かれたその本を買った湯川は、まっすぐ家に帰り、部屋にこもって読み始めた。読むほどに量子論の魅力に引きつけられた。もう迷いはなかった。一九二六（大正十五）年春、京都大学理学部に入学した湯川の胸には、新しく興りつつある物理学への熱い思いがあふれていた。

物みなの底にひとつの法《のり》ありと日にけに深く思ひ入りつつ
天地《あめつち》もよりて立つらん芥子《けし》の実もそこに凝るらん深きことわり
深くかつ遠くきはめん天地の中の小さき星に生れて

この三首を含む連作には「物理学に志して」という詞書が添えられている。一首目は、万物を統べる「ひとつの法」があることを、日増しに深く思うという謙虚な心が詠われている。二首目は、広大な宇宙を作り上げた法則、あるいは小さな芥子の実を生じさせた法則も、同じ「深きことわり（理）」なのだと、一首目の「物みな」を具体的に示した内容である。三首目は、宇宙のなかの「小さき星」に生まれた、小さな存在の自分であるが、その深遠な法則を究めたいという志が詠まれている。

中間子論が生まれるまで

大学三年になると、志望を定めて教授に指導を受けなければならない。京都大学で最も量子論と関係の深い研究をしていたのは、分光学を専門とする木村正路教授だった。分光学は、原子や分子から出てくる光のスペクトルを分析することで、原子や分子の構造を明らかにする学問であり、当時の物理学のなかでは花形的な存在だった。ところが、木村教授は実験物理の研究者であり、理論物理を志す学生は受け入れていなかった。加えて、湯川は実験道具を作るのが大の苦手であった。

スペクトルの実験には、ディラトメーター（体積膨張計）という装置を使う。ガラス管の一方の端を熱して丸めてふさぎ、もう一方の端は少しずつ熱して細く伸ばしたものである。実験目的に応じて、研究者は自分でガラス管の先をさまざまに曲げたり、つないだりしなければならないのだが、湯川はこの作業のこつを会得することができず、とうとう実験物理をあきらめた。そして、朝永振一郎、多田政忠という三高以来の友人たちと、玉城嘉十郎教授につくことになった。玉城は流体力学や相対性理論に関する業績を上げていたが、彼の率いる研究室は「理論物理学の範囲を逸脱しない限り、何を勉強してもよい」という雰囲気があり、「一種の梁山泊であった」と湯川は回想している。

世界では新しい量子論が進展を遂げていた。ハイゼンベルク、ディラック、パウリ、フェルミといった、湯川より少しだけ年長の若い研究者たちが、量子力学の確立に寄与する仕事を次々に成し遂げていた。湯川の目には、量子力学という名の新しい理論体系が、もう完成に近づきつつあるように見え、苛立ちを覚えるばかりだった。量子力学によって原子の世界はもう完全に解明され、自分が開拓すべき未知の広野は何も残されていないのではないか——。

けれども、学問を続けるうちに、次第にこれから取り組むべき課題がはっきり見えてきた。二〇世紀の理論物理学の二本の柱である量子論と相対論は、まだ融合していない。量子力学の中に相対論をどう取り入れるか、相対論的な量子力学をどう作り上げてゆくか、それが理論物理学者に課せられたこれからの課題であることが分かってきたのである。

一九二九（昭和四）年、京大理学部を卒業した湯川は、副手として玉城研究室に残り、勉強を続けた。この年の秋、ハイゼンベルクとディラックが来日する。湯川は上京して彼らの講演を聞き、大きな刺激を受けた。そして、原子核の研究に取り組もうと考えるようになった。

原子の中心は原子核であり、原子の重さは原子核の重さとほぼ同じだ。原子を知るには原子核の解明が欠かせないはずだが、当時、物理学者の多くは原子核そのものに関する研究を回避し、原子核の外を回っている電子のふるまいを研究していた。その理由について湯川は、「原子核の構造が全く不可解であったこと」を挙げる。うまく説明できないことばかりなので、ほとんどの物理学者は原子核内部の電子はよほど変わったふるまいをするのだろうと考えるにとどまり、解明には手を付けようとしなかったのである。

この謎に取り組もうと決心した湯川は、原子核の外を回っている電子と、原子核との間の相互作用を調べれば、内部構造を解く手がかりが何か得られるのではないかと考えた。ところがほどなく、専門誌に掲載されたフェルミの論文を読むと、湯川の取り組み始めたのと同じ問題が取り上げられていた。がっかりした湯川は、また別の方向を探ろうと試みた。

そのころの湯川は、一日中、自分で考えたアイディアを自分で否定するということを繰り返していた。苦しい時期だった。

潮さゐのわたつみの底はかりかねまたあまたあまたたび吐息するかも
疲れても寝ねてもいのちあるかぎり思ひとどまる時はあらなく

一首目の、海の底を測り兼ねるというのは、物理学の理論をつかみ兼ねていたことを指すのだろう。物理学の海原は広大でどこまでも深く、「あまた（数多）」の吐息をつく湯川であった。二首目からは、どんなに疲れても、また睡眠中でも、原子核の構造についての考えが頭から離れることがなかった日々がうかがえる。

そんな湯川の孤心を温かく包んだのが、妻のスミであろう。一九三二（昭和七）年四月、大阪で医院を開業していた湯川玄洋の婿養子となり、三十歳の小川秀樹は湯川と改姓した。ちょうど新学期を前にした時期で慌ただしくもあり、湯川とスミは大阪から和歌山までの日帰りの旅を新婚旅行ということにした。新和歌浦は養父、玄洋の転地療養先であり、見舞いも兼ねた短い旅だったが、湯川は新婚の喜びを歌に詠んでいる。

二人きて傘ひとつ借りて出でてみる海辺の宿の花の雨かな

養父の療養先の宿の人から、裏山の桜が満開だと聞き、二人は借りた傘をさしてあたりを散策した。独り身の時と同じような歩調で石段を上がっていた湯川は、ふと振り返って新妻の姿を確かめた。スミは遅れまいと息を切らしていた。湯川の胸に温かいものがあふれてきた。「私はもはや、孤独な旅人ではなかった。助け合って歩んで行くべき道連れがあったのである。雨の中に桜は満開であった。——」

この年は、湯川も物理学会も多事多端な一年だった。中性子の発見、陽電子の発見、そして、加速器による人工的な原子核破壊の成功と、大きな成果が次々に報告されたのである。加速器は、真空容器のなかで電子や陽子など荷電粒子を加速させ、その高いエネルギーをもった高速粒子の衝突反応やふるまいを調べる巨大装置のことである。これらの発見によって、原子核物理学は一気に物理学の主流になった。

このなかで湯川にとって最も大きな意味をもっていたのは、中性子の発見である。プラスの電荷をもつ陽子、マイナスの電荷をもつ電子の二種類だけで原子核の模型を作ろうとしても、どうしてもうまくいかなかったのが、中性子の存在によって何とかうまく説明できるのではないか、という期待が高まった。ハイゼンベルクは中性子の発見を受けて、いち早く新しい原子核構造論を展開したが、湯川はさらに深く踏み込んだ「核力」の問題に挑戦しようとした。

「核力」は、陽子や中性子といった、原子核を構成している素粒子の間に働く力を指す。電子や陽子は電気を帯びているので、接触がなくても電気力の作用によってそれぞれ力を受ける。しかし、中性子は電気を帯びていない。それなのに、原子核内の素粒子は、陽子間に作用している電気反発力とは比べものにならないほど強い力で閉じ込められているのだ。また、きわめて接近しなければ生じないという特性がある。この力は、一体どこから、どのようにして生じているのだろう――。

湯川は考えに考えた。陽子や中性子のように微小な粒子の間には、万有引力はほとんど働かず、原子核のように強固に結合したものを構成するには弱すぎる。電磁気的な力は、万有引力よりは強いが、それでも核力の説明ができるほどではない。何かもっと別の力が働いているはずだ。

湯川にとって最も苦しい時期であった。妻のスミが心をこめて作った料理もうわの空で食べ、食事後はそそくさと机に戻った。枕元にはノートが置かれ、アイディアがひらめくと、電灯をつけてノートに書き込むのが常だった。

　一九三四（昭和九）年四月、湯川は京大から阪大に移り、専任講師となる。前年春には長男が生まれていた。核力の生じるメカニズムを巡る暗中模索は続いていたが、少しずつ光が見えてきた。そのころ、物理の世界では、陽子や中性子がキャッチボールのように電子をやりとりしているのではないか、という仮説が、フェルミをはじめ何人かの物理学者によって提唱されたが、結局それではうまく説明できないということで否定された。ところが、湯川はそうした既知の素粒子ではなく、全く未知の新しい粒子が存在し、その粒子を他の素粒子がやりとりしていることで説明できるのではないかと思いついたのだ。

1949年、コロンビア大学にて（京都大学基礎物理学研究所湯川記念館史料室所蔵）

　同年九月下旬、室戸台風が京阪神地方を襲った。台風が過ぎ去ってまもない二十九日に次男が生まれたが、湯川は妻の出産前後も奥の間の寝床のなかでいろいろと思考を重ねていたという。そんな生活がしばらく続いた。アイディアが浮かんで枕元の電灯をつけると、生まれてまもない次男も、一歳半の長男も急に明るくなったのに驚いて泣き出す。妻のスミは、湯川の思考を邪魔してはいけないと、幼い二人を抱いて廊下に出て、部屋の灯りが消えるのを待った。湯川もスミも、この時期寝不足が続き、随分とやせ細っていたという。

十月初めのある夜、湯川は核力の到達距離と、未知の粒子の質量とが逆比例するであろうことに思い至った。計算すると、電子の二〇〇倍程度の質量を持ち、プラスかマイナスの電荷をもった粒子となる。

湯川の心に確信が広がった。こんな粒子はまだ見つかっていないが、それはこの粒子をつくるには一億ボルトという高いエネルギーが必要であり、それほどの高エネルギーを発生させることのできる加速器は、まだ存在しないからだ。また、この粒子は発生後、非常に短い時間しか存在しないのだろう。そのアイディアを湯川は十一月に東京で開かれた日本数学物理学会で発表した。湯川秀樹はこのとき、二十七歳であった。

一九三五年二月には「素粒子の相互作用について」と題した論文が学会誌に掲載されたが、「中間子」の存在を理論的に予言した湯川の正しさが実験によって証明されるまでには、まだだいぶ待たねばならなかった。

歌を愛する心

理論物理学という科学を究める一方で、湯川は折々に歌を詠んでいる。そのきっかけは何だったのだろう。本人は、「私が歌をつくり出したのはいつごろからか、自分でもよく覚えていません」と記しており、かなり幼いころから歌に親しんでいたことがうかがわれる。

湯川の父、小川琢治はともかく本を読む人だった。学者の家に生まれたことが自分を学者にした、と湯川は「短かい自叙伝」と題した文章で書いている。

私の父は非常にいろいろなことに興味を持っておりまして、何か或る一つのことに興味を持ちますと、それに関係した書物をどっさり買ってくる。（中略）日本の書物、西洋の書物、それから中国の書物、漢籍ですね。何でも構わない、必要なものはどんどん買ってくる。それが家にたまってゆくわけですから、私の家はどの部屋も本で一ぱいで、本の中で暮らしていたようなものでした。

そんな家庭環境で、湯川もさまざまな本を手に取った。小学校時代は鈴木三重吉の編集による「赤い鳥」も愛読したが、多くの古典に親しむきっかけとなったのは有朋堂文庫だったという。この文庫は、日本の主な古典文学を収録したもので、国学者の上田万年らが監修を務めた優れた叢書である。和歌や物語、狂言、軍記、黄表紙など、ジャンルはかなり幅広く、全一二一巻に及ぶ。湯川は後年、中国文学者になった弟、環樹との対談で、有朋堂文庫の「太閤記」や「南総里見八犬伝」を読んだ子ども時代を懐かしんでいる。

中学生だったころについて、「こたつに入って、ミカンをむきながら、山家集を一生懸命読んで、大いにセンチメンタルな気分に浸っておったことを、いまでもよく覚えております」というエッセイがある。恐らく、これは有朋堂文庫の第七〇巻ではないだろうか。西行の「山家和歌集」、藤原定家の「拾遺愚草集」、源実朝の「金槐和歌集」が収められた一巻である。「山家和歌集」には約千六百首が収められているが、湯川は「実にセンチメンタルな歌が多い」と評し、「月を見ては嘆き、花を見ては嘆くというような歌で、悟り切った人の歌じゃないわけです。そこが私には非常によかったわけです」と振り返る。

有朋堂文庫には、そのほかにも古今和歌集、千載和歌集などの八代集、万葉集などが収められている。西行との出会いからすると、恐らく山家集に没頭した中学生のころから、和歌に親しんでいたと考えてよさそうである。

幼いころから内向的で口数の少なかった湯川が、限られた三十一文字という形に思いを載せるのは、ごく自然なことだったようだ。彼にとって歌は、「そのときどきの自分の気持ち、また自分が平生考えておることを、何ほどかの気持ちを込めて、できるだけ詠嘆的に三十一文字で表現すればいいもの」であり、歌を詠むのは、大きな慰めであり喜びであった。

私は物理学者でありますから、自然界そのものについては一生懸命探求をしておって、俳句のような見方とは全く違う見方であるけれども、いつも相手となるところのものは自然であり、四六時中そんなものを相手にしているのは、やっぱりいやになることがあるわけです。それとは全く別なもの、客観性と主観性という言葉で申しますならば、できるだけ自分の主観性というものを生かせる。あるいは知性とか理性というものに対して、人間の感性、感覚、情緒というものを表に出せる、それを生かせるような、そういう活動の場もほしいわけです。

そういう気持ちの表現が和歌をつくるという形でときどきあらわれてくるわけです。（中略）
短歌というものの専門家の間では、近代化、現代感覚ということがしきりに言われており、それも結構ですけれども、私の知的関心、知的活動全体の中では、近代的なものには別に事欠かないわけで、さまざまのジャンルの近代的な文学があるし、特に私は平生、現代物理学の中でも最も先端的なことをやっているので精神の安息のためにはむしろ、なるべく物理学との距離が大きいものの方がいいんです。年がら年じゅう物理のことばかり考えて、それで一生終わるというのは本当に人間らしい生き方ではないと私は思っているのです。

「和歌について」と題された、この文章はたいへん素直に綴られており、納得できる。日頃の研究活動と対極にあるもの、「なるべく物理学との距離が大きいもの」として歌を愛好していた湯川の心がよく分かる。

湯川は、ニュートンが自然科学のみならず錬金術や聖書研究に凝ったこともエッセイに書いている。ニュートンは四六時中物理や数学だけをやっていた「怪物」ではなく、自分もまた「怪物扱いしていただきたくない、あるいは物理学だけを研究する機械のように思っていただきたくない」というのだ。

「人間らしい生き方」という湯川の言葉には、科学研究と短歌は決して矛盾するものではなく、むしろ研究一辺倒ではないところに人生の豊かさがあるという考えが感じられる。

「詩と科学――こどもたちのために――」と題した文章を読むと、湯川のなかで「詩と科学」が共存していたことが分かる。

詩と科学、遠いようで近い。近いようで遠い。（中略）どちらも自然を見ること、聞くことからはじまる。薔薇の花の香をかぎ、その美しさをたたえる気持と、花の形状をしらべようとする気持の間には、大きな隔たりはない。（中略）しろうと目にはちっとも面白くない数式の中に、専門家は目に見える花よりもずっと美しい自然の姿を、ありありとみとめるのである。しかし、すべての科学者がかくされた自然の詩に気がつくとは限らない。科学の奥底にふたたび自然の美を見出すことは、むしろ少数のすぐれた学者にだけ許された特権であるかも知れない。ただし幸いなことに、一人の人によって見つけられた詩は、いくらでも多くの人にわけることができるのである。

ここには、「薔薇の花」や「数式」のどちらにもセンス・オブ・ワンダーを感じる湯川の感性がやわらかく述べられている。

中間子論を発表した翌年、湯川は阪大助教授になり、一九三九年には京大教授となる。阪神間の自宅から京大へ通うには、一時間ほど電車に乗らなければならない。帰りの電車では疲れて専門書を読む気がせず、ふと思いついて「源氏物語」を読むことにしたというのも意外なエピソードである。五十四帖のうち、二十二番目の「玉鬘」の巻まで原文で読んだというのだから、かなりのものだ。あるいは日中戦争に突入し、戦時色が濃くなるなか、学問とはまた違う、日常から離れた世界を求める気持ちもあったのかもしれない。

戦後、湯川は小学校時代に通っていた寺町通りに面した廬山寺が、紫式部の住居跡として公開されるようになったことに興を感じて一首詠んでいる。


むらさきのゆかりは知らず寺おほき道ゆきかひし少年の日々

戦争の残した痛み

世界情勢は軋みを増すばかりだった。その一方で、物理学の研究も進められていた。一九三八年、イタリアのエンリコ・フェルミは、中性子の照射による物質の放射化に関する研究でノーベル物理学賞を受賞した。当時、ムッソリーニ政権下でユダヤ人排斥法が施行されたため、ユダヤ人の妻をもつフェルミは、スウェーデンでの授賞式後、帰国せず米国に移った。ちょうどそのころ、オットー・ハーンとリーゼ・マイトナーが原子核分裂の現象を見出す。一九三九年二月には、デンマークの理論物理学者、ニールス・ボーアが、核分裂の起こるメカニズムについて米物理学会で発表する。そして、同年九月、ヨーロッパで第二次世界大戦が勃発した。

ボーアをはじめとする核分裂や核分裂連鎖反応に関する論文は、この時期、各国で公表されており、世界中の物理学者が原子爆弾の可能性を意識していたと言える。理論家としても実験家としても優れていたフェルミが、渡米の翌年に早くも核分裂確認実験に取り組んだのは当然といえば当然だった。原子爆弾による世界の不安定化を恐れたボーアは、原子力の国際管理協定の必要性を説き続けたが、状況を変えることはできなかった。フェルミは米国の原子爆弾開発プロジェクト「マンハッタン計画」の中心の一人となる。

そして、ついに一九四五年八月、広島と長崎に原爆が投下された。湯川のみならず、多くの物理学者が科学者としての責任を痛感する出来事であった。

天地《あめつち》のわかれし時に成りしとふ原子ふたたび砕けちる今
今よりは世界ひとつにとことはに平和を守るほかに道なし
この星に人絶えはてし後の世の永夜清宵何の所為ぞや

「原子雲」という小題の付された三首には、科学者としての深い悲しみが込められている。戦時中、湯川は京大理学部の荒勝文策教授の下で、原子核分裂の技術を用いた爆弾開発に携わっていた。これは日本海軍による依頼で、陸軍の方は理化学研究所の仁科芳雄に原爆研究を依頼していた。「唯一の被爆国」というフレーズは今なおよく使われるが、日本もまた核兵器の開発に着手していたことを忘れてはならないだろう。

一首目の「天地のわかれし時に成りし」という原子のとらえ方には、強い畏れが感じられる。一九三〇年代以降、核分裂のメカニズムや原子の構造が次々に明らかになったこと自体は、湯川を興奮させたに違いない。けれども、被爆の実態から原子力の計り知れない破壊力を知ったときの驚愕は、一般の人よりも大きかったのではないだろうか。宇宙が生じたときに固く結びついた原子核を、人為的に「砕けちる」ようにした罪深さにおののく気持ちが感じられる。

二首目はたいへん素直に詠われており、作者名がなければ凡庸な歌と評されても仕方がない。しかし、第二次世界大戦直後の物理学者の述志の歌として読むとき、核兵器は何ら解決にならないという思い、恒久平和を祈る心が切々と伝わってくる。

人類の滅亡した後の世界を想像した三首目も、核分裂のエネルギーの巨大さをよく知る科学者だからこそ抱いた無常観だろう。「この星」という、地球を宇宙空間から見たような表現は、今では何ら目新しい表現ではないが、地球の写真が初めて撮影されたのは、アポロ8号が有人の月周回飛行ミッションを行った一九六八年のことである。そのときの写真は「史上最も影響力のあった環境写真」と言われているが、戦後まもない時期に湯川が「この星」という視点を持っていたことに感じ入る。

「永夜清宵何の所為ぞや」という一節は、禅の悟りを歌の形にした「証道歌」の一部であり、七世紀の禅師、玄覚の作とされる。上田秋成の「雨月物語」に引用されるなど有名な一節で、「この永い夜、清らかな宵の景色は何のために存在しているのか」という意味だ。見る人もいなくなった地上の光景の、何と荒涼としていることだろう。

敗戦の痛みはさまざまな形で表れた。湯川はやり場のない思いを歌に託した。

わびしさは荷物運びて去る人の来る人よりも多きこの頃

わびしさは戸を開け放ち菰《こも》包み門辺に運ぶ家を見る時
わびしさは太綱引きて埃立てどうと倒るゝ家を見る時

三首はいずれも戦時中のことを詠んだものだが、一九四七(昭和二十二)年一月、友人であった歌人、吉井勇に宛てて書かれた手紙に記されたものである。湯川は、吉井が新村出や川田順ら京都在住の文化人と創刊した同人雑誌「乗合船」に同人として参加するなど、深い親交があった。

一首目は、京都でも戦禍を避けるため疎開する人が多かった実状を伝えている。二首目は、お盆の風景ではないかと思われる。「戸を開け放」つのは、亡くなった人の魂を迎え入れるためであろう。「菰包み」は花や果物など供物を菰に包んだもので、地方によってはそれを川や海に流すこともあるようだ。この光景に「わびしさ」を感じているのは、恐らくその家の戦死者、あるいは戦争中に亡くなった人の新盆だからではないだろうか。三首目は、重要施設への延焼を防ぐため、あらかじめ建築物を壊しておく様子が詠まれたものだ。「家屋疎開」「建物疎開」などと言われたが、行政機関が指定した家屋をほとんど強制的に撤去するものであり、家の持ち主はたまったものではなかっただろう。

王朝和歌の雅やかなしらべを愛した湯川が、こうした戦時の町の様子を振り返って詠んでいることに何か胸を衝かれる。「たのしみは〜」で始まる橘曙覧の「独楽吟」に倣った形式から、数限りない「わびしさ」が背後にあったことも思わされる連作である。

空襲と起きいづる庭の片蔭に一つ螢の光りゐるかも
照る日さへ容赦はあらず赤さびし金物ばかり残る焼跡

これも戦時中のことが詠まれている。一首目は、空襲警報が鳴り響き、眠りから覚めて庭に出たところ、一匹のホタルが光っているのを見つけたという内容だ。自分の命が危ぶまれる状況に、小さな昆虫の発光に生命の美しさ、はかなさを思った作者である。二首目は、空襲後の焼け跡を茫然と眺めている場面だろう。木造家屋は跡かたもなく焼けてしまい、金属ばかりが赤錆びて残っている。そこに、まるで爆撃と同様に容赦なく、強い陽射しが照りつけているのだ。

アメリカの人けふもきて賞づるなり黄葉《きば》ちりそめし大学キャンパス
わくらばに音たててジープすぎゆきぬ銀杏並木をひとり歩めば
ふたたびは歌も詠まじと思ひきし秋更くる夜に残る虫の音《ね》

初めの二首は、戦後の風景が詠まれている。銀杏並木は東大のものが有名だが、京大キャンパスにも見事な銀杏がある。敗戦の年の秋、「アメリカの人」は連合国軍総司令部（ＧＨＱ）の教育改革の担当者だったのだろうか。「けふも」というから、連日調査に訪れていたのではないか。そんな「アメリカの人」たちの乗ったジープが枯れ葉の積もった大学構内を音たてて走り去るのを、一人じっと眺める湯川であった。

湯川は終戦後二カ月ほどの間、新聞や雑誌からの原稿依頼を固く断り、「沈思と反省の日々」を送ったという。三首目の「ふたたびは歌も詠まじ」というのも、同じ気持ちからであろう。ようやく心が落ち着き、最初に筆をとったのは一九四五年十一月の「週刊朝日」に寄稿した「静かに思う」だった。「科学とは一体何であるか」「私どもは一日も怠慢であることを許されない。敗戦によって打ちのめされた勇気を再び振い起して、世界の明日の文化のために全力を傾倒しなければならない」と、自らをも鼓舞しつつ敗戦に消沈した人々を励ます文章である。右に挙げた三首も、「黄葉」や「銀杏並木」などの言葉から、同じころに作られたものだと考えられる。

こうした屈託を抱えながら、少しずつ執筆や研究に対する意欲が湧いてきた。当時の湯川は三十八歳、まだまだ究めたい研究テーマがたくさんあった。

雪ちかき比叡さゆる日々寂寥のきはみにありてわが道つきず
比叡おろし吹きつのる夜をいねがてのわれにはあかせ天地《あめつち》の法《のり》

「昭和二十年も暮れんとして」という詞書が付された二首からは、改めて物理学に取り組もうとする志が伝わってくる。一首目の「寂寥のきはみ」は、冬景色の寂しさでもあろうが、戦後の日本で誰もが抱いた先の見えない不安でもあっただろう。そこに、「わが道」の果てしなさを重ねた歌である。二首目では、なかなか寝つくことができない当時の湯川の様子が詠われている。中間子論を発表してもなお、その先にある真理には届かない。「われにはあかせ」という命令形からは、「天地」を成立させている物理法則を何としてでも解き明かしたいという、科学者の執念にも似た純粋な思いが感じられる。

歌は常に湯川と共にあった。心の奥底に潜む思いを歌にすることで、改めて自分を奮い立たせるという面もあっただろう。

日本人初の栄誉

敗戦の年の九月、日本ではGHQによって原子力研究が全面的に禁止された。同年十二月には、理化学研究所の大小二基のサイクロトロンが進駐軍によって破壊され、東京湾に投棄された。サイクロトロンは粒子を渦巻き状の軌道に走らせて加速する加速器である。原子核の研究以外にも生物学や物質科学などさまざまな基礎研究に使われる実験装置だが、現場の人間は核分裂の研究に使う危険物と見なしたようだ。続いて阪大のサイクロトロン、建設中だった京大のサイクロトロンも破壊され、大阪湾へ捨てられた。

これらのニュースが報じられると、米国の科学者たちはこぞって憤激し、「サイクロトロンによる研究は続けられるべきだ」と抗議したが、破壊されたものは戻らない。当時の日本の物理学者は、大切な実験道具だけでなく、研究の拠りどころを失ったような心境だったに違いない。

湯川には別の悲しみもあった。一九四六年八月、一番下の弟、滋樹《ますき》が戦死していたことが判明したのである。

いつたりの男子の末に生れきて先づ世を去りしあはれ弟
ただいまと内玄関に入ればそこに待てる弟幼なかりしを
弟はすでにこの世になき人とふたとせをへて今きかんとは
弟がもしやゐるかと復員の兵の隊伍にそひて歩みし

湯川の兄弟たちはいずれも研究者になったが、末の弟、滋樹だけは京大法学部を卒業して企業に勤めた。招集されて中国大陸へ渡り、戦争が終わっても消息が分からなかったため、湯川は復員兵の列を見かけると、弟がいるのではないかと近寄って確かめるのが常だった。敗戦から一年ほどたったころ、滋樹と同じ病院にいたという人から、彼が敗戦の前年に戦病死したことを知らされた。

湯川が小学校五、六年のころ、家に帰るとまだ学校に上がる前の滋樹がいつも大喜びで迎えに出た。その愛らしい姿は、一生忘れることができなかった。五人兄弟のなかで最も若い彼が、なぜ一番先にこの世を去らなければならなかったのか――。末の弟への挽歌は、どれも哀切で胸に迫ってくる。平和を願う気持ちをいっそう強くする湯川であった。

一九四七年五月、英国の物理学者、セシル・パウエルが従来の写真乾板を改良した分厚いプレートをアンデス山上に置き、宇宙線のなかの新しい二種類の粒子をとらえることに成功した。その粒子こそ、湯川が理論的に存在を予言した中間子であった。中間子にもいろいろなものがあることが徐々に明らかになるが、このときパウエルが発見したものはπ中間子とμ中間子と名付けられる。湯川が核力のもとになっていると予言したのは、π中間子の方である。

そして翌一九四八年三月には、米カリフォルニア大学のグループが大型加速器シンクロトロンによって、π中間子を作ることに成功した。湯川の理論が正しかったことが、二つの研究成果によって実証されたわけである。

π中間子は、宇宙線中で発見された新しい粒子を、加速器によって人工的に作りだした最初のケースだった。それ以降、次々に新たな素粒子の存在が明らかになり、物理学の世界は活気づいた。

π中間子の存在を理論的に突き止めた湯川は、改めて世界から注目され、四八年九月に米プリンストン高等学術研究所の客員教授となった。同研究所は、数学者のヘルマン・ワイル、ジョン・フォン・ノイマンら高名な研究者の集まった組織として有名である。四八年当時は晩年のアインシュタインも籍をおいており、出発前の湯川は「私はかねがね外国へ行くのならこのプリンストンへ行きたいと思っていた」「私も恐らく非常にのびのびした気持ちで自由に研究出来る事と思って今から楽しみにしている」と、招かれたことへの喜びを表している。

米国は加速器研究が最も進んでいたので、自身の予見したπ中間子を人工的に作りだしたサイクロトロンへの関心も高かったに違いない。「こういう時期に、アメリカに行ってそれらの事実を早くそしてくわしく知り得るということは、私にとって何よりもうれしいことであります」とも記している。

湯川スミの回想によると、プリンストン高等学術研究所に行ってまもなく、夫妻はアインシュタイン宅によばれた。出迎えたアインシュタインは、二人の手を握りしめ、涙を流しながら言った。「日本の人たちを原子爆弾で苦しめてしまって申しわけありません」

アインシュタイン自身は、マンハッタン計画に関わらなかった。しかし、ヨーロッパから米国に亡命してきた科学者たちから、ドイツが原子力を兵器に利用すれば大変だと聞かされ、原爆開発を急ぐようルーズベルト大統領に進言する手紙を書いた。そのことでアインシュタインは自分を責め続けていたのである。夫妻は「博士が悪いのではありません」と繰り返し慰めたという。このときアインシュタインは、兵器ではなく対話によって争いごとを解決できるような「世界連邦」の構想を話した。

翌一九四九年八月末、湯川はコロンビア大学客員教授となり、プリンストンからニューヨークへと居を移す。そして、十一月三日、「核力の理論的研究に基づく中間子の存在の予言」に対して、湯川へのノーベル物理学賞の授賞が決定した。

思ひきや東の国にわれ生《あ》れてうつつに今日の日にあはんとは
北国《きたくに》の冬の夜長にふとさめて思ふ故国の人のあれこれ
忘れめや海の彼方の同胞《はらから》はあすのたつきに今日もわづらふ

授賞式に出席するため、十二月に訪れたストックホルムで詠まれた歌である。一首目には少なからぬ戸惑いが感じられる。そして、二、三首目からは、遠い日本の現状が心を離れなかった湯川の温かい人柄が伝わってくる。自らの栄誉を寿ぐような歌は一つもない。ノーベル賞の賞金は、基礎科学の研究を援助促進する湯川記念財団の支援などに使われた。

今日でも、日本人研究者がノーベル賞を受賞すると大きなニュースとして連日報道される。戦後まもない時期の、そして日本人初の受賞者となった湯川の周辺は、どれほどの興奮状態にあったことだろう。一九五三年夏、京都大学に新設された基礎物理学研究所の所長として帰国するまでの期間を米国で過ごしたのは、過熱するメディアの報道から逃れるにはちょうどよかったかもしれない。

二年ぶりに一時帰国し羽田空港で取材陣に囲まれる（1950 年、毎日新聞社提供）

五年《いつとせ》を異国にありし思ひ出も日にけに遠くさかりゆくらし

ここにゐてもかしこにゐても同じこと思へど解けず年は暮れゆく

なつかしい京都に帰った湯川は、四十六歳になっていた。大学人として、また研究者として多忙な日々が始まった。

起重機はかなたこなたに地下道をほるなり目ざすは巨大加速器
素粒子の世界の謎を解きあぐみ旅寝の夢も結びかねつつ

この二首は一九五六年六月、ジュネーヴでヨーロッパ合同原子核研究所（現・欧州原子核研究機構＝CERN）の素粒子加速器の建設工事を見学した折に詠まれたものだ。設立されてまもない研究所は、国際的な研究機関として世界の注目を集めていた。湯川が見学した二年後には、加速器を用いた最初の実験がスタートする。

一方、日本では戦後、一切の原子力研究が禁止されて以来、各国に大きく後れをとっていた。理研の仁科芳雄らは研究再開に向けて積極的にGHQに働きかけ続け、ようやく一九五三年十二月に原子力の平和利用への道が開かれた。しかし、本格的な素粒子実験が日本で再開されたのは一九六一年、東大の原子核研究所の電子シンクロトロン（円形加速器の一種）が完成してからである。

だから、CERNを訪ねた際の湯川の胸には、焦りにも似た思いがあふれていたはずだ。「かなたこなた」という言葉からは、広大な建設用地が目に浮かぶ。英仏独などヨーロッパ十二カ国が共同出資した巨大プロジェクトへの羨望、圧倒される気持ちは明らかである。しかし、そこには同時に、「素粒子の世界の謎」に挑む一科学者として、胸を躍らせる思いもあったのだ。

現在、広大なCERNの敷地内の道路には、世界的な物理学者の名が付けられている。ニュートン、アインシュタイン、ラザフォード、フェルミ、ハイゼンベルク……科学史上に燦然と輝く数々の名前のなかに、“Route Yukawa”も存在する。ＣＥＲＮの受付近く、ちょうどパウリ通りと交差する通りである。

平和への願い

米国がビキニ環礁で行った水爆実験によって、第五福竜丸の乗組員が被曝したのは一九五四年三月一日のことである。二十六日にも第二回の実験が行われた。

湯川は毎日新聞の依頼を受け、「原子力と人類の転機」と題する文章を三十日付け朝刊に寄稿した。「原子力の問題は人類全体の問題である。しかもそれは人類の頭脳に蓄えられた科学知識に端を発するものである。この問題の根本的解決もまた、おそらく人間の心の中からはじまらねばならないであろう」と、科学者である自分の責任と、人類の一員としての決意とを語った内容である。

雨降れば雨に放射能雪積めば雪にもありといふ世をいかに

「ビキニ死の灰以後」と付されたこの一首には、原爆投下を知ったときの歌と同じ悲しみがこめられている。五・七・五・七・七の定型をきっちり守る湯川が、この歌では字余りを許容しており、下の句は句の途中で切れる「句切れ」と、そこから次の句へとまたがる「句またがり」とな

アメリカ・プリンストンにて、アインシュタイン博士と
（1953年、毎日新聞社提供）

っている。その、ややぎくしゃくとしたしらべは、割り切れない思いを表しているようだ。「雨」と「雪」のリフレインにも哀感が漂う。

一九五五年四月初め、湯川のもとにバートランド・ラッセルから手紙が届く。一九五〇年にノーベル文学賞を受賞したことでも知られる英国の哲学者、数学者である。手紙には、ラッセルとアインシュタインが中心となり、科学者の連名で核兵器の廃絶や科学技術の平和利用を訴える宣言文の草案が同封されていた。

ところが、その月の十八日、アインシュタインは七十六歳で亡くなる。十九日、湯川は深い悲しみのなか、宣言文の趣旨に賛同し、署名に加わるという返事を出す。

この年の七月九日、「ラッセル＝アインシュタイン宣言」が公表された。ラッセルのほか、フランスの原子物理学者、フレデリック・ジョリオ＝キュリーや、英国の理論物理学者、マックス・ボルンら十人の科学者が署名したものである。湯川の予言したπ中間子を実際にとらえたセシル・パウエルも加わっていた。パウエルはその功績で五五年にノーベル物理学賞を受賞しており、宣言に署名した十一人のうち十人がノーベル賞受賞者という豪華な顔ぶれだった。

翌週の七月十五日、オットー・ハーンやハイゼンベルクらを中心とするノーベル賞受賞者十八人による、核兵器の使用に反対するアピール「マイナウ宣言」も出された。この宣言は最終的には五十二人の科学者が署名した。湯川も最初の十八人に加わっている。

世界の科学者、とりわけ物理学者たちが平和に対する危機感を抱いていた。湯川は同年十一月、評論家の平塚らいてう、物理学者の茅誠司らと「世界平和アピール七人委員会」を結成する。一九五七年七月には「ラッセル＝アインシュタイン宣言」の要請を受けた形で、科学者会議が開かれた。カナダのノヴァスコシア州パグウォッシュで第一回の会議が開かれたため、この会議は「パグウォッシュ会議」と呼ばれることになる。

パグウォッシュ会議が発足して五年後、湯川は朝永振一郎、坂田昌一と共に同会議に対応する国内組織として「科学者京都会議」をスタートさせる。この三人はまさに素粒子物理学をリードする存在であったが、六〇年代に連名で『平和時代を創造するために――科学者は訴える』『核時代を超える――平和の創造をめざして』（いずれも岩波新書）を出版するなど、平和運動に関しても息の合った活動を展開した。平和への願いが強かったのはもちろんだが、当時は「原子」や「原子核」の研究と聞くと、「原子爆弾」に直結する恐ろしいものだと誤解する人が多かったこともあるだろう。

湯川は再三、「私どもが原子核に関する基礎研究と呼んでいる所のものが、原子兵器を作るための研究とは全く性質の違ったものである」「素粒子論の主流は、原子核よりも更に基本的な自然界の単位である素粒子自身の研究に進んでいるのであって、今日のいわゆる原子力の問題などを通り越して、もっと深い自然の真理を探究しつつあるのである」などと書いている。

一九七五年、第二十五回パグウォッシュ会議が京都で開かれることになった。

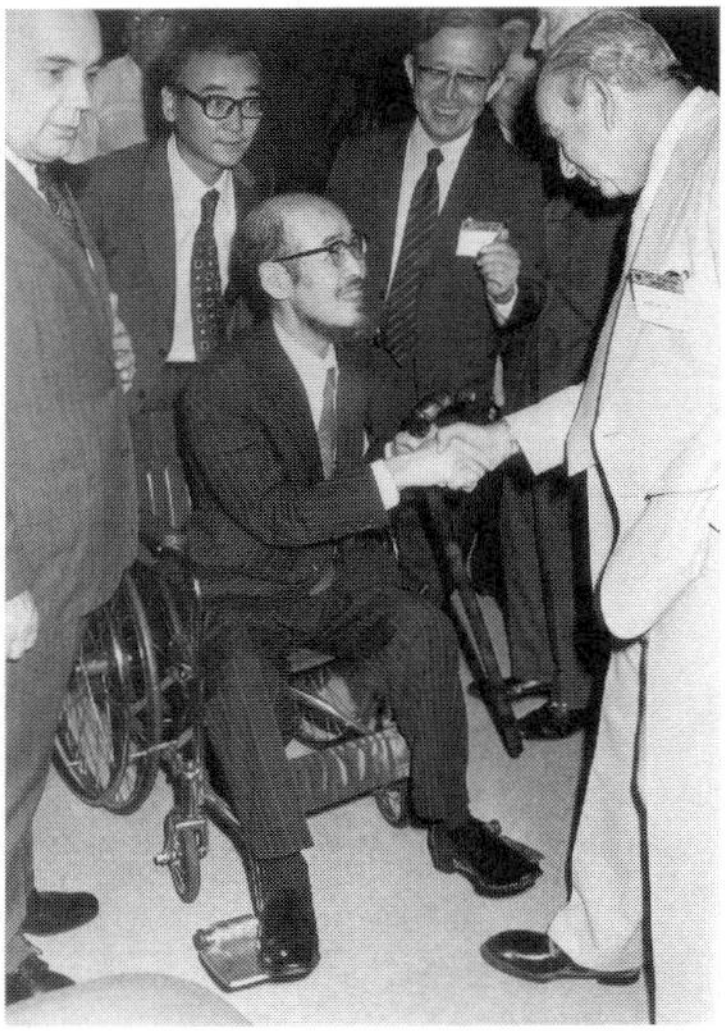
車いす姿でパグウォッシュ会議に出席した（1975年、毎日新聞社提供）

湯川は会議の直前に前立腺がんの手術を受け、体力の衰えが著しかった。周囲は心配して会議当日の主催者あいさつの代役を朝永振一郎に依頼しようとしたが、湯川は頑として聞き入れず、当日は車いすに乗ってあいさつの言葉を述べた。

湯川はひたすら平和を希求する文章を書き続けた。「原子力と人類の転機」「原子力問題と科学の本質」「戦争のない一つの世界」「核時代の次に来たるべきもの」「核兵器体系の現状を憂える」……。「核時代を超えて」と題する文章では、「核時代の彼方にあるのは、軍備を持たず、主権の一部を世界連邦に委譲した諸国家と、世界法によって基礎づけられた世界連邦の諸機構とからなる国際政治社会であります」と述べている。このアイディアは、かつてプリンストン高等学術研究所時代、アインシュタインから聞いて以来、湯川の心で育まれたものだった。現状認識の甘い学者のロマンティシズムだと嗤《わら》う人もいるかもしれない。しかし、見えないものを見ることに長けた稀有な科学者の描く理想世界は、決して実現不可能なものではないのではないか。常人が考えつかないほど大胆で独創的な発想は、中間子論とも似通ったところがあるように思えてならない。

科学と詩歌を愛して

平和運動にかかわりつつ、湯川は素粒子物理学の研究に打ち込んだ。大型加速器による研究の成果によって、次々に多様な素粒子が見つかっていた。中間子はハドロンと呼ばれるグループの一群と分類され、「ハドロン物理学」という分野もできた。しかし、その生みの親とも言うべき湯川自身は、ハドロン物理学の研究へは踏み込まず、素粒子の統一理論を打ち立てようとしていた。

湯川は時間や空間の問題をとらえ直し、これ以上分割できないほどの最小の時間・空間領域の単位を「素領域」と名づけた。その素領域にエネルギーがいろいろな加わり方をすることで、さまざまな素粒子、さまざまなふるまいが現れるのではないかと考えたのである。

SF作家の小松左京は、若いころ雑誌記者として湯川にインタビューしたのをきっかけに、何度か会って話す機会を得ていた。あるとき小松が「素領域」について訊ねると、湯川は在原業平の一首「月やあらぬ春や昔の春ならぬわが身ひとつはもとの身にして」を口ずさみ、歌に沿って説明してくれたという。

別の折には、「科学も文学も、対象とする世界の記述の方法はちがうが、それを通じてあらわされる『本質』の姿が、すっきりと美的であるものを期待する点では同じではないか」と話しており、湯川のなかでは、科学と文学が美しく融合していたことを思わせる。


天地《あめつち》は逆旅《げきりょ》なるかも鳥も人もいづこよりか来ていづこにか去る

李白の「春夜宴桃李園序」は、「夫天地者万物之逆旅、光陰者百代之過客」というフレーズから始まる。「逆旅」は「宿舎、はたご」を意味する。一首からは、鳥も人も、この世界を一時的な仮の住まいとして、どこからか来て、また去ってゆくものだという達観が伝わってくる。漢籍に親しんだ湯川らしい哲学的な歌に思えるが、物理学者はさらに深い意味をこめていたようだ。湯川は一九六八年、「科学朝日」十二月号のインタビューで、「天地は万物の逆旅」というフレーズについて触れている。

李白の言葉を現代的に言い換えるならば、「時間・空間を一緒にした四次元世界は、万物を受け入れる宿屋のようなもの」ではないか、と湯川は述べる。そして、アインシュタインは非常にスケールの大きなマクロ世界で四次元の幾何学を考えたが、ミクロの世界、素粒子の世界でも時間や空間のあり方を考えるべきではないかと話しているのだ。

八世紀に生きた詩人の「天地は万物の逆旅であり、光陰もまた永遠の旅人である」という言葉から、物理学の新しい理論についてのヒントを得ようとする湯川のやわらかな感性は、今もなお私たちを惹きつける。そして、詩歌と哲学を愛した湯川だからこそ、物理学で世界を美しく解き明かそうとしつつ、恒久平和を実現しようと取り組み続けたのだと思い至る。

第2章

精神科医の日常の深みから——斎藤茂吉の場合

近代歌人のなかで、斎藤茂吉は最も親しまれている一人であろう。大正から昭和初期にかけて「アララギ」の中心人物として活躍し、歌作、歌論の両方で近代短歌史に足跡を残した。精神科医となった長男の茂太、「北杜夫」のペンネームで知られる次男の宗吉の二人が文筆をふるったことも、茂吉本人への親しみを抱かせる要因の一つだっただろう。無類の鰻好きだったことなど人間味あふれるエピソードも多く、その人柄は歌とともに愛されている。

しかし、精神科の医師としての茂吉の素顔は、あまり伝わっていないのではないか。ヨーロッパ留学中には、精神医学史に名を連ねる高名な研究者たちの指導を受け、各国の研究者たちと親交を深めた。研究を続けるか、開業医として臨床に携わるか、悩んだ日々はなかったのだろうか——。人間・茂吉の愛すべき側面に加え、科学者であった一面に迫りたい。

約束された医師への道

斎藤茂吉は山形県南村山郡金瓶村（現・上山市）に、守谷伝右衛門（熊次郎）、いく夫妻の三男として生まれた。一八八二（明治十五）年の五月であった。

幼少期から利発で、尋常高等小学校の学業成績も抜群だった。生家は中規模の農家で、田畑を耕すほかに繭糸・蚕種業も営んでおり、比較的裕福な家であった。絵の好きだった茂吉は、十歳のころから正月になると凧の絵を描いては一枚一銭で村の子どもたちに売り、その売上で本や雑誌を買っていたという。茂吉のすぐ下の弟、高橋四郎兵衛氏の回想によると、正月が近づくと描いた絵を部屋いっぱいに吊るしていたという。習字もうまかったというから、手先が器用だったのだろう。

同じ金瓶村の出身で、東京で開業医として成功していた斎藤紀一という人物がいた。四人生まれた子がみな女児で後継ぎがいなかったため、郷里に優秀な少年がいたら進学を支援し、ゆくゆくは自分が養子として引き取ってもよいと望んでいた。当時、茂吉は近くの寺の住職に漢文などの手ほどきを受けていたが、この住職が篤志家の話を守谷家に持ち込んだ。守谷家のような恵まれた農家でも、三男坊に中等以上の教育を受けさせることはほとんどない時代だった。住職から持ち込まれた話はすぐに承諾され、高等小学校高等科を卒業した十四歳の茂吉は一八九六年夏、上京して斎藤家に寄宿することになる。

その年の秋、東京府開成尋常中学校に編入学し、一九〇二年に第一高等学校への進学を果たす。

「アララギ」同人。右から6人目が茂吉（1908年、日本近代文学館所蔵）

養父となった斎藤紀一は一九〇三年に青山脳病院を創設し、茂吉は〇五年に一高を卒業する間際に、紀一の次女、てる子の婿養子となった。てる子はまだ九歳であったが、東京帝国大学医科大学への入学が決まった段階だったのだろう。それまでは「守谷」姓で在籍しており、ここから「斎藤茂吉」としての人生が始まった。

開業医としての将来が約束され、順風満帆に見える状況だったが、本人はどの程度、医学に対する志を抱いていたのだろう。一高の三年生だったころ、貸本屋で正岡子規の『竹の里歌』を借りて読み、短歌に魅了されたことは、茂吉本人が書簡や「思出す事ども」など随想に何度か記している。それをきっかけに歌を作るようになり、帝大に入学した翌年には、伊藤左千夫の門下に入り、本格的に歌へのめり込む。そして、左千夫を中心に創刊された短歌結社「アララギ」で歌を発表し始める。順当にいけば医学部を卒業するのは一九〇九年のはずだったが、最終学年のとき腸チフスを発病したため一年遅れの卒業となった。郷里でかつて「神童」と言われた茂吉だが、卒業生一三二人のなかで一三一番という成績だった。腸チフスだけが成績不振の原因ではなく、歌への熱中が大きな理由だったとみられる。

茂吉の次男、北杜夫によると、「晩年の言葉から察するに、この分野（精神医学）を決して好んでいたわけではなく、むしろ忌避に近い気持を抱いていたことは事実に近かろう」という。婿養子として入籍したころ、友人への手紙に、「今の病院を受けつげば目が廻る程多忙ならむ、斯くて小生は骨を砕き精を灑《そそ》いで俗の世の俗人と相成りて終る考ひにて又是非なき運命に御座候」などと、やや自虐的な文を書いていることからも察せられる。

大学を卒業した茂吉は、半年ほど東京帝大医科大学副手として勤務した後、一九一一年から東京府巣鴨病院の医員となる。東大で指導教授だった精神医学の泰斗、呉秀三が巣鴨病院の院長だったのである。

若き精神科医の悩み

うけもちの狂人《きやうじん》も幾たりか死にゆきて折《をり》をりあはれを感ずるかな
自殺せし狂者《きやうじや》の棺《くわん》のうしろより眩暈《めまひ》して行けり道に入日《いりひ》あかく
自殺せる狂者をあかき火に葬りにんげんの世に戦《をのの》きにけり

これらの歌は、巣鴨病院に勤務していたころに作られた。患者が自殺するというのは、主治医にとって最も胸の痛むことだろう。精神科はその苦悩と最も頻繁に向き合わなければならない診療科である。

今日であれば、統合失調症やうつ病には、ドパミンやセロトニンなど神経伝達物質の働きを強めたり抑えたりして症状を改善する薬物療法があるが、茂吉の時代には精神疾患に有効な薬はなかった。軽い作業を行わせる作業療法、また微温浴や持続浴といった水治療法が行われ、時には睡眠薬が投与されることもあった。症状が改善しないまま、長い入院生活のうちに寿命を終える人や、自殺してしまう人も少なくなかった。

県立長崎病院で診察する茂吉（前列中央、1921年、斎藤茂吉記念館所蔵）

茂吉の歌には、治療の甲斐もなく死んでゆく患者を哀れに思う気持ちがあふれている。職業であれば患者が死ぬたびに落ち込んでもいられないが、慣れてしまうのも好ましくない。一首目の「折をり」には、医師としての誠実さが感じられる。また、二首目の「棺のうしろより」は、葬列に加わっていた可能性を思わせる。「にんげんの世」の無常をしみじみと感ずる茂吉だったのだろう。

歌に込められた茂吉の思いを十分味わうには、当時の精神医療の状況を踏まえておく必要がある。

茂吉が精神科の現場に立つ少し前の一九〇〇（明治三十三）年、精神病者監護法が制定され、精神を病む人を私宅や病院に収容することが是認されていた。精神病院への入院手続きは警察の管轄であった。当時、「衛生行政」はすべて警察の仕事であり、コレラなどの法定伝染病の予防や隔離なども行っていたのである。精神病者の収容も一種の「隔離」だった面は否めないだろう。一九一九（大正八）年には、精神病者の保護や治療を目的とした精神病院法が成立し、私立病院の設立が促された。

　精神病院法は、一定の要件を満たす私立の精神病院を、公立精神病院と同等とみなして「代用病院」に指定するものだった。公立病院と代用病院には、患者の人数に応じて公的な委託費が払われたので、病院とすれば安定的な収入が得られる。後に茂吉が院長を務めることになった青山脳病院は、法律のできた翌年には早くも代用病院の指定を受けていた。養父、紀一の先見性を示す事実である。

　しかし、精神病者監護法が失効したわけではなく、患者の人権に配慮する意識は低いままだった。また、精神病院法ができても病院建設は進まず、全国的に不足していたことを考えると、巣鴨病院の勤務医であった茂吉の忙しさや重苦しい気持ちも理解できるように思う。

くれなゐの百日紅《ひやくじつこう》は咲きぬれど此《この》きやうじんはもの云はずけり
としわかき狂人守《きやうじんも》りのかなしみは通草《あけび》の花の散らふかなしみ

ダアリヤは黒し笑ひて去りゆける狂人は終《つひ》にかへり見ずけり
ひつたりといだきて悲しひとならぬ瘋癲学《ふうてんがく》の書《ふみ》のかなしも

精神を病む患者さんを「狂人」と呼ぶ感覚は、現代の人権意識をもった私たちからはかなり想像しにくい。しかし、一首目でサルスベリ（百日紅）の花を黙って眺める患者の傍らにいる茂吉は、何とかその心に寄り添おうとしていたのではないだろうか。二首目で自らを「狂人守り」と呼んでいるのは、治すことのできない病人をただ見守るしかない無力感の表れのように思える。「かなしみ」が繰り返されているところに、若い医師の純情さも感じる。

三首目のダリアの花が黒いのは、逆光なのかもしれないが、作者である茂吉の心がとらえた暗さであろう。鮮やかなダリアの花に目を留めることもなく通り過ぎる患者は、もはや常人の世界に戻ってくることはない。その絶望感が、精神医学を「瘋癲学」と揶揄したように言ってみせた四首目からも伝わってくる。専門の医学書を抱えつつ、多くの患者を救えない悲しみを痛感する作者である。二首目と同じように、「悲し」「かなし」と繰り返されているところに、当時の茂吉の葛藤が思われる。

「赤光」で一躍有名に

こうした悩み多き病院勤務の傍ら、茂吉は歌誌「アララギ」の編集を担当し、歌を作り続けていた。

一九一三年五月、母いくが亡くなる。このとき臨終の母に会いに行き、最期を看取る連作「死にたまふ母」を収めた最初の歌集『赤光』が同年十月に刊行される。「みちのくの母のいのちを一目みん一目みんとぞいそぐなりけれ」という衝迫した詠いぶり、独特の生々しい描写に満ちた歌集は評判を呼んだ。精神科医としての日常を詠んだ「狂人守」と題した連作も、大きなインパクトを与えたに違いない。茂吉は一躍、歌壇の寵児となる。三十一歳であった。

歌壇デビューを飾った茂吉は翌一九一四年、長くいいなづけだったてる子がやっと数えで二十歳になり、正式に結婚する。その年、茂吉は「アララギ」誌上で「万葉集短歌輪講」をスタートさせるなど、短歌への情熱はとどまるところを知らなかった。一六年には金槐集や良寛和歌集の注釈などを著した『短歌私鈔』、翌年には『続短歌私鈔』、さらに一九年には歌論『童馬漫語』を出版、と精力的に取り組んだ。

短歌への傾倒は、せっかく医学を学びながら患者を治すことのできない葛藤を忘れたい心情も手伝ったのかもしれない。東京帝大を卒業して十年間、茂吉は医学研究に関してほとんど業績らしいものを残していない。この間、母校の副手から助手、そして長崎医学専門学校の教授、と研究者としてのポストを得ながら、医学論文は一九二一年に完成させた「緊張病者ノえるごぐらむニ就キテ」しか書いていないのである。しかも、この論文は第二歌集『あらたま』を刊行した翌月に書き上げられた。たまたまそういうタイミングになったのかもしれないが、短歌がすべてに優先されていた印象を受ける。

短歌に明け暮れる茂吉を、恩師の呉秀三も案じていた。東大から同時期に茂吉と巣鴨病院に入局した下田光造は、後にこんな回想をしている。

茂吉君の頭の中は、当時常に歌のことばかりであつたらしく、専門の医学の方の勉強は一向しない。医局に入つて三、四年もすれば論文の二つ三つは出来るものであるが、茂吉君は何ひとつ書いてゐない有様であつた。養父斎藤紀一氏から依頼を受けてゐられた呉先生も、これには困つてをられたやうで、時々茂吉君を呼んで小言をいはれる。すると、茂吉君は非常につつしんでお小言を頂戴するが、いつも其の時だけであつた。茂吉君にして見れば、どうせ洋行するのだから、論文はその時に書けばよいといふ腹だつたらしい。

下田光造は、躁鬱病に特有な病前性格として、一度起こった感情が長く続く「執着気質」が見られることを報告したほか、学習や作業などを組み合わせた森田療法をいち早く臨床に採り入れるなど、精神医学界に大きな足跡を残した人である。真面目な研究者だった彼は、茂吉の様子を傍で見ていて、さぞはらはらしたことだろう。

下田が「洋行」と書いている通り、茂吉はかなり早い段階から精神医学の本場、ドイツへ留学することが決まっていた。義父の紀一は一九〇一（明治三十四）年から〇三年にかけてパリ大学、ベルリン大学などで脳神経精神学と脊髄病学を修めた。婿養子にも同様の経験を積ませようと考えたのだろう。また、茂吉はそのころまだ学位を取得しておらず、ヨーロッパで精神医学を学び学位論文を作成することは、大きな課題だった。当初は一九一四年に留学する予定だったが、第一次世界大戦が勃発し、日独関係が悪化したために取りやめになっていた。戦争がいつ終わって留学できるかなど、予測がつくものではない。腰を据えて研究するような心境にならなかったのも、無理からぬことだったかもしれない。

大戦が終わり、ヨーロッパ情勢が落ち着いた一九二一年秋、三十九歳の茂吉はベルリンを目指して横浜港から旅立った。文部省の在外研究員という名義ながら、実質的には自費留学であった。いよいよ医学研究者としての日々が始まろうとしていた。

ウィーン時代

茂吉の乗った日本郵船熱田丸は、神戸、門司、上海、と寄港しながらヨーロッパを目指し、約一カ月半かけてマルセイユに到着した。そこから陸路を行き、パリを経てベルリンに着いたのは十二月二十日のことだった。

この時点で留学先がはっきりしていなかったというのも、のどかな時代らしい。ハンブルクか、ウィーン、ミュンヘンのどれかで迷っていた茂吉に決意させたのは、汽車の中での盗難事件だった。

ハンブルクにあった横浜正金銀行の支店から現金を引き出し、ベルリンに戻る汽車の中で、茂吉は銀行の信用状を入れておいた「牡丹色の紙入」を盗まれた。この信用状は「特別《スペシアル》」というもので、引き出した分の金額が銀行から日本へ通知され、そこから支払われる仕組みを保証するものだった。幸い、誰かが持参しても引き出せないような手続きがとられ、大事には至らなかったが、「ハンブルクを気味悪くおもふやうになつた」茂吉は、ひと晩考えて、留学先をウィーンにすることを決めたのだった。

大きなる都会のなかにたどりつきわれ平凡に盗難にあふ
おどおどと伯林《ベルリン》の中に居りし日の安らぎて維也納《ウインナ》に旅立たむとす　『つゆじも』

これらの歌は、帰国後にまとめられた歌集『つゆじも』の末尾に置かれている。単純といえば単純な決断だが、それほど大きなショックを受けたのだろう。

一九二二年一月、ウィーン大学神経学研究所での日々が始まった。この研究所は、かつて恩師である呉秀三が学んだところでもあった。呉が師事したのは、一九世紀末に同所を創設した神経学者、オーバーシュタイナーだったが、茂吉が留学したころには、その弟子であるマールブルクが後継者となっていた。

一月二十日神経学研究所にマールブルク先生（Prof. Dr. O. Marburg）にまみゆ
大きなる御手無造作《みてむざうさ》にわがまへにさし出されけりこの碩学《せきがく》は
けふよりは吾《われ》を導きたまはむとする碩学の髯《ひげ》見つつ居り　『遠遊』

はるばると来て教室の門を入る我の心はへりくだるなり

ウィーン大学神経学研究所は当時、ドイツ語圏のみならず国際的な学術の拠点だった。岡田靖雄の『精神病医齋藤茂吉の生涯』によると、研究所には茂吉のほかに日本人研究者が五人いた。明治政府がドイツ医学を手本として以来、多くの日本人が渡独していたが、ウィーン大学は神経学、精神医学の聖地とも言うべきところだった。すでに四十歳になっていた茂吉が「へりくだるなり」と詠んでいるのは、その有名な研究機関で学問を究めようとする緊張と昂揚だったに違いない。

心機一転して研究に取り組もうとする茂吉に与えられたのは、麻痺性痴呆者の脳の病理組織学的研究というテーマであった。

マールブルクと初めて会った三日後、茂吉はその師であり、自らの恩師が世話になったオーバーシュタイナーに会う。彼の名の表記、発音については、茂吉自身が随筆に「先生のことを維也納の人々は、オウバアシュタイナアと発音してゐた」と書いているが、長年「オウベルシュタイネル」という名で親しんでいたからだろう、一貫してその表記で通している。

一八四七年生まれのオーバーシュタイナーは、脳解剖学に大きな貢献をした人で、茂吉が会ったときには七十四歳と高齢だった。七十歳で教授を辞めていたが、弟子のマールブルクに継がせた後も教室によく足を運び、研究指導していた。

一月二十三日（月曜）、教授材料を指導す。この日オウベルシユタイネル先生（Hofrat Prof. Dr. H. Obersteiner）にまみゆ

はるばると憧《あくが》れたりし学の聖《ひじり》まのあたり見てわれは動悸《どうき》す
門弟のマールブルクをかへりみて諧謔《かいぎやく》ひとつ言ひたまひたり

一首目の「学の聖」という言葉に、茂吉の最大の敬意が表れている。このとき、マールブルクは茂吉の取り組むテーマについて老教授に説明した。説明を受けた老学者は「そうか。それはなかなか骨が折れるじゃろう。しかし辛抱しなさい」と言ったという。同時期にウィーン大学に留学していた仲間の言によると、茂吉のドイツ語の会話はさして達者ではなかったというが、このときオーバーシュタイナーのかけた言葉が、温かみにあふれて茂吉を励ます内容であったことは確かだろう。

老学者は口先だけの人ではなかった。三月十一日、茂吉が一人で「脳のいろいろの部分を切出してゐた」とき、彼が突然その部屋に入ってきた。驚いた茂吉は「手が汚れてゐるので直立して敬礼した」という。そして、切りとった脳のスライスに、「日本から持つて行つた墨を摩り毛筆を以て標を付けはじめた」ところ、老学者はしばらくそれを見ていて「日本人はなかなか器用だ」と独りごとのように漏らした。

この墨を用いる方法は、茂吉が独自に考案したものだった。標本づくりを始めて約二カ月たったころ、その数が多くなったために編み出したという。墨は現在も病理組織などへのマーキング

に用いられるが、一九二〇年代のドイツにおいては随分と珍しかったに違いない。
茂吉が取り組んでいたのは、麻痺性痴呆者の脳だった。梅毒に感染して数年後から十数年後たった男性に多く発症する脳疾患である。梅毒性の脳疾患は当時、神経学会の主要テーマの一つで、日本における病理組織学的研究は世界と比べても遜色なかった。

三月十三日（月曜）、マールブルク先生はじめて予の標本を見る
わが作りし脳標本をいろいろ見たまひて曰く "Resultat positiv !"

標本をほめられて、よほど嬉しかったのだろう。教授の「お、はっきり出てるね」くらいの言葉に興奮した茂吉である。
四月中旬すぎ、茂吉は呉秀三からことづかった贈り物と自分からの贈り物を携え、オーバーシュタイナーの自宅を訪ねる。呉は山水画を彫った銀の瓶子、茂吉は薩摩焼の一輪挿しの瓶子を選んでいた。

四月二十日（木曜）、オウベルシユタイネル先生をクロツテンバツハ街三番地の邸に訪ふ
わが業を励ましたまひ堪忍の日々を積めとふ言《こと》のたふとさ
東海の国よりとほく来りたる学徒の吾よ今日をな忘れそ

老学者は、「ようく御いでになられた。——先程から御待して居つた。……お掛けなさい。お掛けなさい」と、「無量の慈愛」のこもった言葉で出迎えた。そして、茂吉が自分の取り組んでいる仕事について報告しようとすると、何度も“vierwochenarbeit”（四週間仕事）ではだめだから、よくよく辛抱しなさいと諭したという。「ひと月にも満たないくらいの努力では、何もできない」というほどの意味合いだろうか。この言葉を茂吉は肝に銘じ、仕事が捗らずに気持ちがふさぐときには、いつも思い出して励みにした。

「マアルブルク教授予の標本を一覧す」新秋《にひあき》の夜に記しとどむる
ゆうべ《ママ》あやしく日本に帰りし夢見たり呉先生に会ひてをるゆめ

一首目からは、教授のちょっとした一言や指導にも喜んだことが分かる。二首目は、かつての恩師と夢で会ったという内容で、笑いを誘われる。意識下に医学生時代が常にあるような状況だったのだろう、茂吉が研究に没頭していたことがうかがえる。こうした日々を送る中、茂吉がこよなく慕った老学者、オーバーシュタイナーが一九二三年十一月に亡くなった。

ハインリヒ・オウベルシユタイネル先生死し給ひ堪へがてに寂し立ちても居ても
先生の膝下《しつか》にわが業をささげむと心たのしみて日々を競《きほ》ひき
あたたかき御心《みこころ》をもてわがかしら撫でたまひたるごとくおもひし

老碩学の棺《ひつぎ》のまへに相ともに涙垂れてシユーベルトうたふ悲しみ
先生の遺言に「日本医育」のことありとマールブルク教授が語る

茂吉はオーバーシュタイナーの業績だけではなく、その温かみにあふれた人格に深く惹かれていたようだ。留学中にはドイツのあちこちで多くの研究者に会う機会があったが、「つひぞ如是の慈愛に満ちた言葉をば聞くことが出来ずにしまつた」と、老学者の人柄をなつかしんでいる。オーバーシュタイナーは呉秀三のみならず、陸軍軍医学校長を務めた保利真直、東京帝大教授や東京府立松沢病院長を務めた三宅鉱一ら、数多くの日本人を受け入れた。日本神経学会が創立されて以来の名誉会員でもあり、日本との関係は深かった。「日本医育」が遺言に記されていたという五首目は、そのことを裏づける歌である。

研究に勤しむ日々

巣鴨病院時代と打って変わって、この時期の茂吉は研究に心血を注いだようだ。その熱心さのあまり、同僚を相手にいきり立ったこともあった。

この野郎小生利《こなまぎき》なことをいふとおもひたりしかば面罵《めんば》をしたり

当時、マールブルク教授の下で茂吉と二年間机を並べていた西川義英は、同じ研究所にいた日本人研究者が「斎藤君、そんなのろくさいやり方じゃ、出来上がりはしないよ」と言ったとき、茂吉が「何をっ」とこぶしを振り上げたことを記憶している。居合わせた西川が「喧嘩ならウィーンまで来てやる必要はないじゃないか。日本へ帰ってからやれ」と仲裁に入り、その後三人で夕食をとって仲直りしたという。

この一首は恐らく、そのことを詠んだ歌であろう。綿密な組織標本づくりから考えても、茂吉の仕事ぶりは丁寧だったと思われる。それを同国人から「のろくさいやり方」と言われれば、頭に血が上ったのも無理はない。

ウィーンでの生活が一年を迎えたころ、茂吉は孤独に耐え、ひたすら研究に打ち込んだ。

一月十三日（土曜）、維也納著一周年
去年《こぞ》のけふWien《ウィン》に著きたることおもひひとりしづかに夕食すます

二月十一日（日曜）、紀元節
雪ちらちらと降り来りたり日本の紀元節の日に実験をする

一首目では、ウィーン生活が一年になったことを誰かと祝うでもなく、週末も寂しく夕食を済ませる茂吉の姿が見える。二首目は、日本にいれば紀元節だから休日だなあ、と思いながら実験をしているという歌だが、ドイツでも日曜日だったのだから、研究室には茂吉しかいなかったかもしれない。わざわざ「日本の」というあたりに、外国生活が長くなった感慨が滲む。この時期、茂吉は研究論文を準備していた。仕上がったのは三月初旬だった。

残念も何も彼も澹《あは》くなりゆきて重重《おもおも》とせるわが原稿わたす
一区画《ひとくぎり》とおもふ心の安けさに夜《よる》ふけてかへりわが足洗ふ

この二首には、「論文原稿全部纏《まと》めて発行所Deutikeに渡しぬ」という詞書が添えられている。一首目の「残念」からは、多少、不本意に思う部分もなかったわけではないことが読みとれる。けれども、論文の出来不出来はともかく、ドイツ語で一八二ページに及ぶ論文は、「重重」としたはずだ。それまでは、ろくに論文を書かなかった茂吉であるから、やっとすべきことを果たしたという二首目の「安けさ」、満足感も大きかったのだろう。

四月十四日には、「麻痺性痴呆者の脳カルテ」と題する研究論文が印刷されて手元に届けられた。

ぎりぎりに精を出したる論文を眼下に見をりかさねしままに
過ぎ来つる一年半のわが生はこの一冊にほとほとかかはる
幾たびか寝《いね》られざりし夜《よる》のことおもふ憤怒《いきどほり》さへそこにこもりて

「ぎりぎり」「ほとほと」といった表現に、苦労した日々が偲ばれる。三首目は、三句目以下が大幅な字余りになっていることに注目したい。字余り自体、茂吉には珍しい。「憤怒」は「ふんぬ」と読ませても字余りなのに、わざわざ「いきどほり」というルビがふってある。医学者としてのプライドを傷つけられ、眠れない夜があったのだろう。

二十七日には「難儀しつつ為しし実験的論文ひとつ纏《まと》めて故郷へおくる」の歌も作られた。この論文によって茂吉は一九二四（大正十三）年、東京帝国大学医科大学から医学博士の学位を受けることになる。研究論文を一つ書き上げた茂吉にとって、ウィーンはもはやとどまるところではなかった。

次に目指すのは、ドイツ・ミュンヘンであった。ミュンヘンには、呉秀三の恩師であるエミール・クレペリンや、神経病理学の第一人者だったシュピールマイヤーがいた。世界的に高名な彼らの下で新しい研究に取り組むのは、医学者としてどれほど素晴らしいことだっただろうか。

この部屋に留学生と吾なりてまたたくひまも惜しみたりにき

ウィーンを去るときの心境を詠んだ一首である。寸暇を惜しんで研究に打ち込んだ達成感と清々しい心もちが伝わってくる。学位を取得するだけならば、ウィーンでの成果で十分だったが、このときの茂吉の胸には、生涯で初めてといってよい学問に対する渇きのようなものが芽生えていた。

失意のミュンヘン

一九二三（大正十二）年七月、茂吉はウィーンの神経学研究所から、ミュンヘンにあるドイツ精神医学研究所へ移った。この研究所にいたヴァルター・シュピールマイヤーは、クレペリンやニッスルの後を継ぐ精神医学の研究者だった。

初学者のごとき形にたちもどりニツスル染色法をはじめつ
この教室に外国人研究者五人居りわれよりも皆初学のごとし

フランツ・ニッスルはミュンヘン大学医学部の学生だった一八八四年、神経組織が塩基性アニリン色素で染まることを発見し、染色法を確立した。この染色法によって神経細胞内の微細な構造が明らかになり、解剖学や病理組織学の進展に大きく寄与することになった。

クレペリンはニッスルをハイデルベルク大学の助手として迎え入れ、さらに自身の主宰するミュンヘンの精神医学研究所に招いた。呉秀三はハイデルベルクでニッスル本人から染色法を学び、帰国後、巣鴨病院の研究室で弟子たちに伝授した。もちろん茂吉も教わった一人である。

かつてニッスルその人がいた研究所で、彼の見出した染色法を学ぶという感慨がないこともなかっただろうが、四十歳を過ぎて「初学者」のようなことをさせられる悲哀を味わう茂吉だった。二首目は、留学している研究者たちの中で茂吉が最年長だったことを思わせるので、なおさらである。

「アララギ」に所属する歌人で眼科医だった加藤淑子は、『斎藤茂吉と医学』の中で、一九三〇年代に同じ研究所に入った日本人研究者もニッスル染色法を一から習わなければならなかったことに触れ、「恐らく『ニッスル染色法』の本家本元の見識をもち、茂吉ばかりでなく外来者はすべて白紙還元、染色の第一歩より学ばせることを多年原則としたものと見える」と書いている。それでも、茂吉はミュンヘンでの研究生活に胸を躍らせていた。

「小脳の発育制止」の問題を吾に與へておほどかにいます

きのふより暖められし隣室にシユピールマイエル口笛を吹く

一首目には、「シユピールマイエル先生と談《かた》る」という詞書がある。課題を与えられて張り切る気持ちと、「おほどか」と表現された教授の悠揚迫らぬ人柄が感じられる歌だ。二首目の「口笛」も楽しく、シュピールマイヤーという人の明るい印象が伝わってくる。

しかし、幸先よく思えたミュンヘン時代は、茂吉にとって苦悩に満ちた日々となった。

この都市にわれ著きしより一月《ひとつき》ははやくも過ぎて部屋定まらず

わが父が老いてみまかりゆきしこと独逸の国にひたになげかふ

東京の滅びたらむとおもほえば部屋に立ちつつ何をか為さむ

まず、困ったのはミュンヘンに着いてから一カ月たった八月中旬まで、下宿先が見つからなかったことである。次いで八月末、実父である守谷伝右衛門が七月に肺炎のため亡くなったという知らせが来た。それから九月三日に、新聞で関東大震災のことを知る。茂吉は心配のあまり「次の日も、次の日も、教室に行く気にはなれない」という状態で、睡眠薬を服用することもあった。家族や友人の無事が確認され、ようやく気を取り直した茂吉を打ちのめしたのは、長く憧れていた医学者、クレペリンとの出会いであった。

エミール・クレペリンは、さまざまな精神障害を典型的な症状から分類し、内因性の二大精神病として早発性痴呆（統合失調症）と躁鬱病（双極性障害）を定義した人である。その功績は大きく、精神医学の権威として尊敬を集めていた。

茂吉は学生時代に呉教授から初めて「クレペリン」という名を聞いたときから、「彼に対して一種憧憬の情」を抱いていたという。研究所内でハンブルク大学のプチという講師から、「これから講堂で活動写真があるそうですから、一緒に行きませんか。クレペリンも来るそうですよ」と誘われたとき、「クレペリンといふ名を聞いて心悸の亢ぶるのを覚えた」と記している。また、そのときの気持ちを少し誇張すれば、「渇仰仏のまへに額づかんとする衆生の心に相通ふやうなもの」とまで言う。

だから、プチから「ひとつ紹介してあげるから来たまえ」と言われたとき、茂吉は喜んで彼に従った。高名な学者に対して丁寧に名乗り、今ここの研究所にいることを説明して名刺を渡した。

が、クレペリンは名刺を受け取りはしたものの見ようともしない。そして、茂吉に何ら言葉をかけることなく、集まった会衆に呼びかけて精神疾患の症例を映した映写会を始める旨を述べた。茂吉の胸中は穏やかではなかっただろうが、一時間あまりの映写会が終わると再びクレペリンに近づき、礼を述べた。彼はまたしても一言も答えない。しかし、プチが同じように礼を述べると、自分から手を差し伸べて握手した。そこでやめておけばよかったのに、茂吉は自分も握手してもらおうと手を伸ばす。その一瞬、クレペリンはプチと握手した手を引っ込めて、壇から降りた。そればかりか、ジャワから訪れていたドクターたち二人と握手を交わして講堂を出て行ったのである。

この経緯について、茂吉は自ら「エミール・クレペリン」と題する随筆で詳しく書いている。さぞ不愉快きわまりない出来事だったと思われるが、意外にも「私は講堂を出ようとして階段をのぼりながらひとりで苦笑してゐた」と記している。

茂吉が教室に戻ってその一部始終を日本人の同僚に話すと、同じようなことが過去にもあったと教えてくれた。アジア人全般に対して差別感情があったというわけではなく、日本からの留学生に対してのみの仕打ちであり、恐らく第一次世界大戦の際、日本が日英同盟に基づいて参戦し、ドイツと戦ったことへのわだかまりがあるのだろうということだった。

茂吉の恩師、呉秀三が留学してクレペリンにかわいがられたのは、一八九七年から一九〇一年までの時期である。その後に大戦が起こり、日本とドイツが戦った。茂吉がミュンヘンへ行ったのは、大戦が終わってまだ五年しかたっていない時期だったから、クレペリンに限らず、日本人に対して快く思わないドイツ人がいてもおかしくはない。

愛敬の相のとぼしき老碩学 Emil《エミール》 Kraepelin《クレペリーン》 をわれは今日見つ

われ専門に入りてよりこの老学者に憧憬持ちしことがありにき

自分に対して言葉を発せず、握手も拒んだことは「愛敬」が乏しいという表現ではすまされないが、この二首は淡々と詠まれている。クレペリンとの出会いは、ミュンヘン時代の不運な出来事の一つであったが、この時期、茂吉にとってもっと深刻な問題が生じていた。研究の行き詰まりである。

小脳の今までの検索を放棄せよと教授は単純に吾にいひたる

茂吉は研究所に来たとき、シュピールマイヤー教授から研究材料として小脳に変性の見られる組織をもらい、「半年のうちに一気にこの研究をまとめよう」と張り切っていた。梅毒やアルコールなどの外因との関係、血管分布との関係など、いろいろな方向から検討し、標本を作ったり文献を調べたりする毎日を送った末、「大体の結論」を得て、教授の評価を仰いだのであった。

シュピールマイヤーはこう言った。「長い間、なかなか骨が折れたでしょう。結構な研究と思います。けれどもこれは今まとめずに、お国へお帰りになって、もっと症例を多くして仕上げた方がいいと思いますがいかがでしょう」「つまり、材料にはたくさんの問題を含んでいますから、も少し新発見が欲しいのです。それに、あなたはもう初学者ではありませんから、そこの自重も要りましょう」

教授の言葉は、茂吉の随筆「馬」に、記されたものである。そのときの自分について、茂吉は「教授の傍に一しよに顕微鏡をのぞくのを止めて、この詞を聴いてゐた私の顔色は多分変つたに相違なかつた。私は恐らく随分寂しい顔をしたこととおもふ」と振り返っている。シュピールマイヤーの教室に入り、ちょうど五カ月目にあたる十二月二十一日の出来事だった。七月に「『小脳の発育制止』の問題を吾に與へておほどかにいます」と詠まれた教授が、その小脳の研究をもうやめよ、と言うのである。

実は、九月に関東大震災のニュースが報じられて以来、茂吉は東大の教授らからしきりに帰国を勧められていたらしい。また、青山脳病院の院長であった養父の斎藤紀一も、早く留学を切り上げて帰るよう説得する手紙を再三送ってきていた。当時の茂吉が友人の平福百穂に送った手紙には、「青山よりもはや学費のことも困難ゆゑ、早速帰朝するやう申来り候へども目下の小生は大切なる時期にあり、我慢辛抱して日毎に教室にかよひ居り申候」と書かれている。また、友人の渡邊幸造にも、「今回の地震にて青山の病院の損害多大のため至急帰国するやうすゝめられ候へども目下のところは身動きも出来ぬ有様にて、兎に角研究を続ける覚悟仕りし次第に御座候」と、同じ内容が繰り返されている。

義父の紀一は、ウィーンで仕上げた研究論文一本でヨーロッパ留学の成果は十分だと考えたのだろう。青山脳病院は地震による火災は免れたものの大きな被害を受けており、再建のために婿養子の手助けが欲しかった。

茂吉本人とて故国に残してきた家族や病院経営が案じられたが、研究を途中でやめてしまうことは考えられなかった。

この為事《しごと》を今棄てるのは惜しい。それに私は日本に帰つて、業房に籠つてゐられる身分ではない。さうおもふと、私の心はひどく陰鬱になるのであつた。教授は瞬間にあらはれた私の顔の寂しい表情を見てとつたのであらう。『学者は時に大きな犠牲をも払はねばなりません。わたしも嘗《かつ》て、Alzheimer《アルツハイマー》病の例を数ケ年の間検索したことがあります。しかしその時、取りわけ新発見がありませんでしたから私は全部それを棄ててしまひました』。（中略）私はかうべを垂れて暫《しばら》くそこに沈黙してゐたが、やうやう標本の類を片付けたのである。

十二月二十一日のことだった。町のあちこちにはクリスマスの飾りつけが施され、浮き立つような雰囲気だっただろう。その翌々日、茂吉は近くのカフェに出かける。留学生仲間から送られてきた「中央公論」を携え、奥の方のテーブルについた。コーヒーを飲みながら雑誌に掲載されている小説を読んでいるうちに、まぶたが熱くなり、涙がぽたぽたと落ちた。まもなく四十三歳になろうとする茂吉の胸に、さまざまな思いがよぎった。

日本に帰れば「業房に籠つてゐられる身分ではない」という茂吉の言葉は、帰国後は義父の経営する精神病院を手伝わなければならず、研究などしている余裕はないことを指していると思われる。

茂吉の置かれた状況については諸説ある。例えば、近代文学研究で知られる歌人、藤岡武雄は、茂吉は病院経営を継ぐ必要がなく、帰国後は研究に専念するつもりだった、と見る。その大きな根拠は、斎藤家には茂吉が婿養子になった後、長男、西洋が誕生しており、茂吉が留学しているころには医学を志して勉強中だったことである。確かに、この義弟がゆくゆくは病院を継ぐことになるのであれば、学位論文をウィーンで書き上げた後にミュンヘンへ赴いたことも、医学に関する専門書を数多く日本へ送っていたことも、一応は納得できる。

青山脳病院は病床数300を超える大病院で、職員も多かった（1916年、日本近代文学館所蔵）

けれども、カフェの一隅で涙をこぼした心境を想像すると、やはり医学研究に行き詰まった口惜しさだけではなく、「これが自分にとって学問に打ち込める人生最後のチャンスなのに」という、追い詰められた気持ちが強かったように思う。実際問題として、義弟の西洋は茂吉と二十歳も離れており、この時点ではまだ学生だったから、帰国後すぐに病院経営をまかせられるはずもなかった。養父にしても、養子として迎えた茂吉への期待が大きかったからこそ、震災後に早く帰国してほしいと繰り返し頼んだのだろう。

世界的に有名な医学者たちと同じ場所で、新しい知見を得ようとする日々が終わろうとすることに、茂吉は限りなく哀切な思いを味わっていた。

心機一転、そして帰国

一とせの悲喜こもごもを過去として葡萄の酒を今こそは飲め

小脳の研究問題もいさぎよく放棄することに心さだめつ

一首目は一九二三年十二月三十一日のことが詠まれている。「悲喜こもごも」に万感がこもる。二首目は年明けの五日のことである。苦渋の選択だったのだろうが、茂吉は研究をあきらめなかった。小脳研究を中断させたシュピールマイヤーは茂吉に、「今度は動物の実験に取り組んではどうか」とウサギと犬の実験を勧めていた。「いさぎよく」は、次の研究に向けて気持ちを切り換えた清々しさであった。

新しきテーマに入りて心きほひ二匹の兎たちまち手術す

一匹の犬の頭蓋に穴あけし手術にわれは午前を過ごす

けふ第二の犬の頭蓋の手術をばつひに為したり汗垂りながら

三首とも一月の日常を詠んだものだ。もはや茂吉は昨年末まで取り組んだ研究を振り返らなかった。ウサギや犬の大脳皮質から軟脳膜や血管を剝離し、血行障害によって起こった壊死が修復してゆく過程を顕微鏡で観察するのが、新たな研究内容だった。

この為事《しごと》いそがねばならず日もすがら夜を継ぎて運び来りしかども
実験の為事やうやくはかどれば楽しきときありて夜半に目ざむる
兎らの脳の所見と経過とを書きはじめたり春雨ききつつ
たどたどしき独逸《どいつ》文にて記しゆく深秘《しんぴ》なるべき鏡見像を

一首目の「日もすがら夜を継ぎて」は、書簡に書かれた茂吉の忙しさを裏づけている。留学生活も三年目となり、「いそがねばならず」という焦りもあったのだろう。二首目の「やうやくはかどれば楽しきときありて」からは、忙殺されながらも何か手応えを感じ、研究の面白さに目覚めたことがうかがえる。春の雨が降り注ぐ音を聞きながら実験結果をノートに記している三首目にも、研究が軌道に乗り始めた充足感が漂う。四首目の「鏡見像」は、顕微鏡で見た脳組織を指すのだろう。「深秘」を感じるとき、科学者は苦労を忘れ、真理に近づけた喜びを感じる。茂吉もその喜びを感じ始めていたことを示す一首である。

茂吉はこの時期たびたび日本の友人たちに、自分がどれほど疲労困憊しつつ研究に打ち込んでいるかについて書き送っている。「小生も帰朝をいそいで勉強して居ります。二年間馬車馬のやうに働いて、何にも本当に見ないやうな気がします」など、睡眠時間も惜しんで研究に没頭する日々だったことが分かる。

そうした三カ月が過ぎ、ついに論文をまとめるときが来た。数々の実験データを整理し、結論を導き出すのは簡単なことではない。

四月二十六日（土曜）

十六例の兎の所見を書き了へてさもあらばあれけふはやく寝む

五月一日（木曜）、下田君ウインに立つ。教授予の標本を見、予の文章を閲す。
顕微鏡写真とりはじめつ

わが書きし独逸文を教授一読し文献補充のことに及べり

五月五日（月曜）

文献は電文《テレグラム》のごとき体裁に書きてもよしと教授いひたり

五月十八日（日曜）

結論を付けねばならずとおそくまで尚《なほ》し起きゐる夜《よは》がつづきぬ

歌人・茂吉という観点からすれば、事実をそのまま詠んだ歌で面白みに欠けるかもしれない。

しかし、医学者であり留学生だった日々を記録した歌は、当時の医学研究の最先端の雰囲気を伝え、興味が尽きない。

研究テーマの変更を言い渡したシュピールマイヤーは、面倒見のよい人物だったようだ。茂吉が論文執筆にとりかかっていた五月二十一日、自宅に招いて夕食をごちそうした。小脳研究を中途でやめるときには、きっと恨めしくも思っただろうが、この日のことを茂吉は「ワルツール・シユピールマイエル先生をいつの日にかもわれは忘れむ」と詠んだ。そして、いよいよ論文が完成する。

五月二十八日（水曜）

結論の部のつづきをも書きをはり何《なに》といふ心ののどけさこれは

五月三十日（金曜）、公園（englischer Garten）

教授よりわが結論の賛同を得たるけふしも緑さやけし

六月六日（金曜）、昨日、シユピールマイエル教授、プラウト教授の自宅にいとま乞をし、シユワーピング病院に Prof. Oberndorf, Prof. Lange を訪ふ。今日、リユーデイン教授、イツセリン教授に挨拶をいたせり

ミユンヘンの諸教授をけふ訪ねゆき訣《わか》れ告げたり感恩とともに

論文のタイトルは「家兎の大脳皮質に於ける壊死、軟化及び組織化に関する実験的研究」であ

る。大脳皮質から軟脳膜や血管を剝離する手術を施し、術後二十四時間から二十日までの経緯を観察した結果をまとめたことについて、加藤淑子は「わずか二十日目までで、更に長期間の観察が行われなかった点、研究完結を急いだのではないかとも察せられる」と見る。確かにデータ不足の感はあるが、シュピールマイヤー教授は論文の結論について審査し、「賛同」の意を示した。小脳研究について方向転換を促した教授であるから、温情ということは恐らくなかったと思われる。茂吉の留学の日々に終わりが見えた瞬間だった。

研究成果についてはある程度の満足感を得、教授らへの「感恩」も抱いたが、数々の苦い思いを味わったことは忘れられなかった。この年の四月から五月にかけて友人らに送った手紙には「ミユンヘンではどうも苦が多くて成功しませんでした」（渡邊幸造宛）、「どうもミユンヘンは幸福には行きませんでした。教授もウインほど熱心ではありません」「毎日癪にさはつてゐます。兎に角僕にはミユンヘンは失敗でありました」（前田茂三郎宛）など、研究成果を不本意に思う気持ちを繰り返し綴っている。

論文を書き上げ、教授たちに別れを告げれば、あとは帰国までに各地を旅する楽しみが待っていた。六月に入ると茂吉は、ドイツ各地を巡る旅に出かけた。疲れた心身を癒す目的もあっただろうが、留学生としての意識が高かったことを思わせる旅である。

ベルツ博士の遺族訪はむとおもひしが訪ふこともなくこの町を発つ
小さなるこの町に研鑽の学者等をたづぬる心きよくもあるか

見おろして吾等しづかにおもふなりこの古き町に「学」ぞさかゆる
Wilmanns《ウイルマンス》教授にあひてわが父が嘗て来しことをおもひいでつも

最初の一首はシュツットガルトで詠まれた。「ベルツ博士」は、お雇い外国人として日本に長く滞在し東京医学校（現・東大医学部）で教鞭をとった医学者、エルヴィン・フォン・ベルツである。近代日本に内科学や寄生虫病学など医学全般をもたらした功績で知られる。茂吉が東大に入学した一九〇五年にはすでに退官し、ドイツに帰国していた。晩年はシュツットガルトで暮らし、一九一三年に亡くなっていたが、その地へ赴いた際、ゆかりの深い人物として茂吉は可能であれば遺族を訪ねようと考えたのだろう。

二首目は、チュービンゲンで詠まれている。ここで茂吉が会った「研鑽の学者等」は、チュービンゲン学派を代表する精神医学者、エルンスト・クレッチマーやロベルト・ガウプ、そしてガウプの下で研究していたショルツ博士を指す。当時教授だったガウプは、ウェルニッケやクレペリンに師事し、パラノイア研究などで有名である。クレッチマーは、その弟子だった。ショルツは、ミュンヘンのシュピールマイヤーのところでよく会っていた脳病理学の研究者である。

十歳下のショルツとは気安い関係だったようだ。もしかすると、彼がクレッチマーやガウプと会う算段をととのえてくれたのかもしれない。この十数年後、ショルツは米国へ行く途中で日本に立ち寄り、茂吉と旧交を温めている。

三、四首目は学問の街、ハイデルベルクで詠まれた。四首目は、かつてドイツ留学していた養父、紀一のことを回想した場面である。カール・ウィルマンスは、精神病理学の分野で活躍したハイデルベルク学派の研究者の一人である。

教室にては教授Berger《ベルガー》氏と講師Jacobi《ヤコビー》氏とがわれをもてなせり

一年《ひととせ》も心しづかにこの都市に居りたらば好けむとひとりおもへり

そのころのHitzig《ヒツチツヒ》教授の写真をも見せてもらひぬ髯の白きを

ベルリンの研究所にて碩学の二人にあへば心みつるごと

一首目はイエナで詠まれた。ベルガーは、イエナ大学精神病学研究室の教授であり、脳波の発見者として有名である。ヤコビーは脳電位を測定する機械を発明したことで知られる。この翌日は書籍・印刷の街として知られる都市ライプチヒを訪れた。歴史ある書店も多く、茂吉はフォック書店、エンゲルマン書店などに夢中になったようだ。

三首目は養父、紀一の最初の留学地であったハレ大学の精神病学教室を訪ねている。「そのころ」というのは、養父の留学していたころを指す。ヒッツィヒは、犬の大脳皮質に電気刺激を与えると、その部位によって体のいろいろなところに反応が起きることを明らかにした人で、茂吉の訪れる十数年前に亡くなっている。

四首目の「碩学の二人」は、脳神経解剖学の権威であるフォークトと、眼科学のビールショウスキーを指す。フォークトはベルリンに神経生物学研究所を設立し、ビールショウスキーは眼球の向きを変える筋が神経麻痺を起こしたときに現れる特有の症状を発見したことで知られる。

こうして茂吉の足跡をたどると、観光名所を楽しむ旅というよりは、精神医学の権威を訪ねる行脚のような印象を抱く。高名な研究者たちに会わなければならない用事は何もなかった。茂吉は純粋に彼らに会いたくて、あるいはゆかりの地を見たくて、自ら旅程を組んだのである。一九世紀は精神医学の黎明期といわれるが、茂吉の留学した二〇世紀初めは、優れた研究者が科学的に精神疾患を解明し、実効性のある治療を見出そうとしていた。養父の病院を継ぐために精神科を選ばざるを得なかった面もあるものの、茂吉もその勢いと学問としての面白みを感じていたのではないだろうか。

ドイツ国内の旅を終え、ミュンヘンの下宿を引き払うと、いよいよ帰国である。パリで妻、てる子と落ち合って二人でヨーロッパ各地を巡り、十一月末にマルセイユ港から船に乗った。十二月三十日に香港を出て台湾海峡に差しかかった三十一日の午前一時、茂吉は日本からの電報を受け取る。青山脳病院が失火によって全焼した、という知らせであった。「研究者・茂吉」の前途は、ここで大きく変わった。

留学から帰る旅の途中、パリで妻てる子と（1924年、斎藤茂吉記念館所蔵）

歌人の「空白」

留学時代の三年間は、「歌人・茂吉」にとってはどんな時期だったのだろう。

巣鴨病院に勤めていたころは、医学研究よりも短歌に熱中していた印象が強い茂吉だが、留学中には寸暇を惜しんで研究に勤しんだ。それは、自らの実験や論文執筆を題材にした歌から見て取れる。「初学者」扱いに耐え、休日も実験室に足を運んだ日常が、何と克明に記されていることだろう――と、ここで疑問が生じる。歌に詠まれた学究の徒としての姿が本当であったなら、茂吉はどうやって歌を詠んだのだろう。それほど研究に打ち込んだなら、歌を詠む余裕など到底なかったはずなのに。

長崎に赴任してから留学へ旅立ちウィーンに着くまでの歌が収められた歌集は『つゆじも』、ウィーンでの日々を詠んだ歌をまとめた歌集は『遠遊』、ミュンヘン時代と帰国の際の船旅が詠まれたのは『遍歴』である。『つゆじも』には七二一首、『遠遊』には六二三首、『遍歴』には八二八首の歌が収められている。留学していたころの歌だけに限っても、優に一千首を超える。茂吉は一体いつ、これだけの歌を詠んだのか。

実は、『つゆじも』『遠遊』『遍歴』の歌が作られたのは、留学当時ではなく、帰国後だいぶたってからだったと見られるのである。

茂吉は、留学前に『赤光』『あらたま』という二冊の歌集を上梓した。だから、『つゆじも』以降の三冊は、詠まれた内容からすると、第三歌集から第五歌集に相当する。しかし、茂吉にとって三冊目の歌集は、一九四〇年三月に刊行された『寒雲』であった。『つゆじも』は一九四六年、『遠遊』は一九四七年、『遍歴』は一九四八年に出され、刊行順では七冊目から九冊目の歌集となる。四十代前半の留学は、茂吉にとっていわば第二の青春という側面もあったが、その日々を詠った歌集は、ヨーロッパ留学から二十年以上の歳月を経てようやくまとめられたのだ。茂吉は六十代後半を迎えていた。

実際に編集されたのは、『つゆじも』『遠遊』が、刊行の六、七年前にあたる一九四〇（昭和十五）年と翌年、『遍歴』は刊行前年の一九四七年とされるが、それにしても留学から随分と長い年月が流れている。歌人の岡井隆は、創作時期のはっきりしている作品との比較などによって、『つゆじも』は相当の部分が、昭和十五、六年の日付けを持つ創作」とみる。また、歌人の小池光は、留学時代の歌が収められた『遠遊』『遍歴』について「これは四十代の茂吉と六十代の茂吉との協同作業による『合作歌集』みたいなもの」「これくらい巨大な時間スパンを抱えてしまうと、作歌年代とはいつの時を指すのか、もはや誰にも、正確には茂吉自身にもそれと限定できない」と評している。

二十年もの長い時間を経て留学時代の歌が歌集としてまとめられた背景には、いくつかの要因がある。その最も大きなものが、留学時代の忙しさである。

まず、留学していたころの茂吉の作歌状況を確かめてみよう。

実質的な留学生活が始まった一九二二（大正十二）年の五月には、友人に宛てて「小生は、毎日、研究室での為事ですつかりつかれて夜は何も出来ずに寝てしまひ、実に平凡な生活をいたし居り候」と書いている。翌年春には、別の友人たちに「光陰矢の如くどうも気がいそぎます歌を作りたいと思ふことも極くたまにはあります」「歌ごゝろも極めて稀に湧き候。それが歌とならずにしまひ申候。さういふ生活に御座候」などと書き送った。

この時期、共にマールブルク教授についていた西川義英は、「歌はできるか」と訊ねたとき、茂吉が「どうもできない」と答えたことを記している。また、同時期にウィーンにいた西村資治も、茂吉に歌のことを訊ねた際、「なかなかできないよ、君」と額に皺を寄せて答えていた様子を回想している。

研究拠点がミュンヘンに移った一九二四（大正十三）年になると、いよいよ時間に追われるようになったようだ。友人たちに宛てた手紙には、「夜帰宅すると綿のやうに疲れて、何する勇気もなく、そのまゝ床のなかにもぐりこみます」「毎日毎日馬車馬のやうに働いて、為事が何時了るかなどいろいろ考へることがあります。歌をつくりたくなることが度々あります。しかしそのまゝ消えて、形になりません。これは暇のないせいです《ママ》」と書いている。

こうした日常を裏づけるものとして、留学を終えて帰る航海中に書かれた「日本帰航記」が挙げられる。船から見える風景の描写のほかに、歌もいくつか書き留められているのだが、満足のいかないものだったらしく、「久シク歌作ヲ止メテヰタカラドーシテモ出来ナイ」という嘆きが記されているのだ。

これらの資料から、留学時代は歌を作るのに十分な時間がないほど、茂吉が実験や論文執筆に追われていた事実が浮かび上がる。では一千首を超える歌は、どこから生まれたのか。

長い年月を経て

それを可能にしたのは、恐らく茂吉の手帳と思われる。茂吉は長崎時代から晩年に至るまで、医学関係のメモや旅先で見聞きしたこと、そして歌の原案などを手帳にこまめに書き残した。亡くなってから見つかった手帳は六十五冊に上り、三年間の留学生活のメモやスケッチは約十冊の手帳に記されている。

手帳には歌もいくつか残されているが、ほんのわずかでしかない。留学時代について詠まれた作品について、小池光は「ある場合には手帳のメモなどを参考に、あらたに作られたのも混入したであろう」とみている。

そうした事実を歌から読み取ることは、不可能ではない。例えば、屈辱的なクレペリンとの出会いについて詠まれた歌を改めて見てみよう。

愛敬の相のとぼしき老碩学 Emil《エミール》 Kraepelin《クレペリーン》 をわれは今日見つ
われ専門に入りてよりこの老学者に憧憬持ちしことがありにき
『遍歴』

歌から伝わってくるのは、醒めた感興である。長年敬愛の情を抱いていた有名な科学者から心ない仕打ちを受けた驚きや悲しみ、そして憤りは全く感じられない。これは、気性の激しい茂吉とも思えない詠みぶりである。

この出来事を詳しく振り返った随筆「エミール・クレペリン」からは、少し本音を垣間見ることができる。茂吉は「クレペリンは無邪気である」と余裕を示し、過去の国家間の関係を忘れられない老学者を嗤《わら》ってみせるのだが、その後クレペリンを学会などで見かけた折には粘着質の憤りを見せる。たまたま目が合うと、クレペリンの方では目を逸らすのだが、「私はかまはず彼を凝視してゐた。私は表情筋の一つをも動かすことをせなかつた」というのだ。「表情」ではなく、「表情筋の一つ」としたあたり、医学者らしい表現であり、また茂吉らしいこだわりを感じさせる。

この随筆は、一九二六年四月に刊行された東大医学部の同窓会誌「鉄門」に「業余の漫筆」として掲載されたものだ。クレペリンとの邂逅から三年ほど経った段階でのことでもあるし、己の惨めさを同窓生に向けて書くことも気が進まなかったのだろう。けれども、ふだんの生活では人一倍激しやすい性格だった茂吉が、本当にこんなふうに達観したわけではない。そのことは、次男の北杜夫が『壮年茂吉 「つゆじも」～「ともしび」時代』に書いている。

しかし、歌よりも、のちに書いた随筆よりも、更に更にこの些少な事件は茂吉を憤怒させたのだ。留学中のことなどほとんど語らなかった父が、クレペリンの「無礼さ」について昂奮した口調でしゃべるのを、中学時代から晩年の箱根の勉強小屋の二人暮しのときまで、私は幾度聞かされたことか。とにかく父は、「うぬれ、この毛唐め！」と心の中で歯ぎしりしたのである。「毛唐」という言葉は随筆にも出てこない。しかし、私は幾度となくそれを聞かされたから、「楡家」の中では、教室を去りゆくクレペリンの後ろ姿を凝視しながら立ちつくす徹吉に、「毛唐め。この毛唐め！」と、田夫のような罵詈を幾遍となく繰返させたわけである。

文中の「楡家」は、北の代表作『楡家の人びと』を指す。明治から昭和にかけて日本が激動する時代と家族の歴史とを重ねた小説で、「徹吉」は茂吉をモデルにした人物である。留学した徹吉が煮えくり返るような気持ちでクレペリンをにらむ場面は迫力があり、実際の茂吉もそうだったに違いないと思わせる。

クレペリンとの出会いを詠んだ歌が収められた『遍歴』は、一九四七（昭和二十二）年に編集された。実際に出会ったときから二十四年がたっており、息子に示した憤りが歌に反映されなかったとしても不思議ではない。もちろん、自らの体面を保つという意識は働いたに違いないが、歌から伝わってくる醒めた感じは、深い憤りが年月によってかなり薄められたことを示しているようだ。

あはれあはれ電のごとくにひらめきてわが子等すらをにくむことあり　『白桃』

茂吉は家族に対してよく「かみなり」を落としたという。長男の茂太も、次男の北杜夫も、その気性の激しさに辟易したことを度々書いている。「わが子等すら」瞬間的に憎らしく思う親の感情をとらえたこの歌は、一九四二（昭和十七）年に刊行された歌集『白桃』に収められている。クレペリンへの憎しみが留学中に詠まれていたら、どんな作品になったのだろうか。留学時代がリアルタイムで詠まれなかったことを考えさせる歌を、もう一首挙げたい。

電信隊浄水池女子大学刑務所射撃場塹壕赤羽の鉄橋隅田川品川湾　『たかはら』

これは一九二九（昭和四）年十一月に、朝日新聞の企画で土岐善麿や前田夕暮らと飛行機に乗り、「空中競詠」を行ったのをきっかけに詠まれた歌である。初めて飛行機に乗った興奮そのままに、上空から見えたものが順に述べられている。名詞だけを並べるという思い切った手法で有名な歌だ。しかし、この手法で詠まれた一首が、『遠遊』にもあるのはどういうことだろう。

クールベの海波図ゴオホのガツシエ像デユレルの父の像カタリナの像　『遠遊』

これは、ウィーンでの研究生活が始まった一九二二年の八月、休暇でドイツ各地を旅したときのことを詠んだ一首である。絵の好きな茂吉は、フランクフルトを訪れた際、シュテーデル美術館へ足を運んだ。歌は、この美術館に所蔵された作品を列挙している。

「クールベの海波図」は、よく知られた連作「波」の一つで、今もシュテーデル美術館の収蔵作品だ。「カタリナの像」は殉教した聖女、カタリナのことだろう。カラヴァッジョやムリーリョなど多くの画家が好んで描いたが、詠まれているのは同美術館の収蔵作品、ルーベンスの「聖カタリナの婚約」と思われる。「デュレル」はデューラーのことだが、何の絵を指すかははっきりしない。

「ゴオホのガツシエ像」はゴッホの「医師ガシェの肖像」であろう。同じタイトルの作品が複数あり、油彩二点、エッチング一点が残されており、当時シュテーデル美術館には油彩の一点が収蔵されていた。この絵は一九三七年、ナチスによって「退廃的」だと見なされ、他の八百点近くの美術作品と共に没収されてしまうのだが、茂吉は知る由もなかった。

ともあれ、年明けから根を詰めて研究していた茂吉が、指導教授が休暇をとって温泉地へ転地するというので、ようやく夏に旅を思い立ったのである。久しぶりに訪れた美術館で絵を見た感激は大きかったに違いない。だから、この歌が実際にシュテーデル美術館を訪れた際に詠まれた可能性もないことはない。

けれども、『赤光』『あらたま』の歌を見ると、全体にしらべはあくまでもなだらかであり、太々とした息づかいが感じられる。幼いころから絵画を愛し、ことにゴッホへの傾倒は大きかった茂吉だが、久しぶりに絵を見たという感激だけで、このような実験的な歌を作るだろうか。それよりも、生まれて初めて飛行機に乗った感激を表した「電信隊浄水池〜」が先に作られ、十年後に留学時代の歌をまとめるとき、かつての感動を思い出して同じ手法を用いた、という方が自然ではないだろうか。

「空中競詠」は、歌人たちにとって大きな経験だった。何しろ、まだ旅客機がなく、民間人が飛行機に乗れる機会は限られていた。茂吉と共に搭乗した土岐善麿は、ローマ字書きの異色の歌集を編み、口語調を生かした歌で知られる歌人である。このときは「たちまち正面より近づき近づく富士の雪の光の全体」という非定型の歌を作っている。また、前田夕暮は「自然がずんずんからだのなかを通過する——山、山、山」という有名な一首を詠んだ。この二人が「空中競詠」をきっかけに自由律短歌に取り組むようになったことからも、飛行機に乗るのがいかに大きな体験だったかが分かる。

一方、茂吉は飛行機に乗った日の即詠では、「飛行機にはじめて乗れば空わたる太陽の真理を少し解せり」など、定型を守った従来の詠みぶりで表現した。しかし、自分でも飽き足りなかったのだろう、後日「虚空小吟」と題した五十六首をまとめて発表した。「電信隊浄水池～」はその中の一首であった。岡井隆は、善磨や夕暮らへの対抗意識について触れ、この歌を茂吉の「名だたるモダニストたちに対するひとつの応答」とみている。

こうした経緯を考えれば、「クールベの海波図～」の一首が、「空中競詠」以前に作られたということはあり得ないのではないか。

医学研究の断念

二十年余りの歳月を経てようやく留学時代の歌が作られた背景には、「医師・斎藤茂吉」の苛酷な歩みがあった。青山脳病院の火災は、研究者として生きる道を困難にした。

一九二四（大正十三）年十二月二十九日の深夜、青山脳病院から出火し、病棟と家族らが居住していた三戸が全焼した。三百人余りの入院患者のうち二十人と、職員二人が死亡した大惨事であった。出火原因は、餅つきの火の不始末とみられる。運の悪いことに、病院の火災保険は十一月で失効していた。養父、斎藤紀一はこのとき六十五歳と老境に入りつつあり、病院の再建は帰国した茂吉にまかされることとなった。焼け跡に再び病院を建設することが警視庁に許可されず、郊外の土地を購入するための金策に奔走しなければならなかったのも、大きな負担であった。

ヨーロッパから日本へ送っていた専門書の焼失も、茂吉を非常に落胆させた。留学当時、茂吉は身を削るような節約を重ねて医学や心理学に関する大量の本を購入し、せっせと船便で送りだした。書籍代は、当時の日本円にして一万数千円に相当したとみられる。

医学の書あまた買求め淡き淡き予感はつねに人に語らず　『遍歴』

焼あとに掘りだす書《ふみ》はうつそみの屍《かばね》のごとしわが目のもとに
くろこげになりゐる書をただに見て悔しさも既《はや》わかざるらしき　『ともしび』

「医学の書あまた買求め」たのは、研究を続けたいという「淡き」期待を抱いていたからではないか。『遠遊』には「日本に帰りてよりの事のためこの小実験をわれは為たりき」という歌もあり、帰国後も研究に携わる希望を抱いていたことを思わせる。

黒こげになった書物を「屍」にたとえたのは、研究者であろうとする自らの屍を見るような心境だったからだろうか。あまりの驚きと落胆に、「悔しさ」さえもはや湧いてこない茫然自失の状態だった。

けれども、茂吉はこの時点で研究への道をあきらめたわけではなかった。それは、帰国した年の四月に福岡で開催された日本神経学会総会に、「中枢神経系ノ代償（Reparation）機転ニ関スル実験」を出題していたことから明らかだ。学会当日、会場に足を運ぶことができなかったのは、時間と旅費を惜しんだことが考えられる。三月下旬の友人宛の手紙には「旅費無きゆゑ福岡の神経学会総会には行かぬ。たゞ演説だけ友人にたのみ代演してもらふ筈なり」としたためてある。もし、茂吉が研究者の道を断念していたなら、最後の学会発表の場と考え、万難を排して福岡へ赴いたのではないだろうか。

実際、茂吉は翌一九二六年四月、東京大学で開催された日本神経学会総会で、「重量感覚ト疲労トノ関係」について発表した。加藤淑子は、帰国後の茂吉に実験を行う機会はなかっただろうから、このときの報告はウィーンにおける研究を主体とするものだったと推察している。病院再建に向けて忙殺される中で学会発表したことは、茂吉の志を何よりも示す事実であろう。

けれども、現実は厳しかった。焼け跡にバラック建ての診療所を仮設して外来診察したり、病院建設のため銀行や友人に多額の借金を申し入れたりする一方で、茂吉は原稿料のためにいろいろな雑誌に随筆を寄稿した。友人宛の手紙には「散文の方が、まづくとも原稿料が余計なので、煩悶してゐます。書くのがいやだし、原稿料が欲しといふのです」「『改造』には驚くなかれ百三十五六首出し候。皆原稿料とりの歌也」と、少々自虐的な言葉も書かれている。同人誌である

「アララギ」に寄稿しても、基本的に原稿料は出ない。「改造」などの総合誌は稿料がよかったのだろう。

研究者のなかには、病院の火災によって医学研究を断念した茂吉が、その苦しみを文学への情熱に昇華し、せきを切ったように書いたと見る人もいる。しかし、学会発表の事実や、友人らへの手紙を見る限り、少なくとも帰国後二年ほどの間は研究をあきらめていなかったと思われる。

それでも、多忙をきわめる日々が続くうちに、帰国当初の研究に対する情熱は少しずつ衰えていった。一九二七（昭和二）年二月に書かれた「オウベルシュタイネル先生」と題するエッセイは、数回に分けて月刊誌「脳」に掲載されたものだが、その末尾には寂しい心境が記されている。

私の現在は全く業房《ラボラトリウム》から離れてしまつた。私は一開業医として籠居の生活を敢てしてゐる。かくの如くにして私の残余の生活は終るであらう。ある時には維也納の業房に心張つて働いてゐたときのありさまが、幻のごとくに浮んで来ることがある。あのあたりには未来に向つて予感があり希望があつた。（中略）けれども現在の私の心境は全く異つてしまつた。私が節倹して蒐めた文献は紅炎の裏に燃えはてて、業房の中に於ける私の希望も同時に無くなつたと謂つていい。

研究の道を続けたいという「淡き淡き予感」を胸に秘めていた茂吉だったが、それが既に失われてしまった現実が吐露された文章だ。苦労して買い求めた「文献」を失った痛手がやはり大きかったことも、ここには記されている。「一開業医」という言葉には、苦い思いが滲む。温かい人柄のオーバーシュタイナーと共に、研究に打ち込んだかつての自分の姿をもはや遠いものとしてなつかしむしかない茂吉だった。

青山脳病院が新たに東京府松沢村（現・東京都世田谷区）に開院したのは、この文章が書かれた二カ月後である。これが本院となり、青山に残る診療所は分院となった。ほどなく、茂吉は正式に院長職を継いだ。紀一の実子、西洋はまだ二十八歳であり、病院経営を担うには若すぎた。依然として多額の負債を抱え、診療に追われる日々が続いた。

一九三五（昭和十）年二月、ミュンヘンで指導を受けたシュピールマイヤーの訃報が、伝えられる。

業房をわれ去りしより十年《ととせ》経てSpielmeyer《シユピイルマイエル》先生悲し　『暁紅』

実験室で口笛を吹くなど明るい性格だった教授の死を、茂吉は心から悼んだ。それと同時に、教授の下で研究に打ち込んだ日々から「十年」という歳月が過ぎてしまったことにも深い悲しみを覚えた。

このとき茂吉は五十三歳、「アララギ」の中心として活躍し、柿本人麿研究に心血を注いでいた。全集で四冊分を占める大著『柿本人麿』は、一九四〇（昭和十五）年に完結する。そして同年、第二歌集『あらたま』の刊行以来、実に十九年ぶりとなる歌集『寒雲』『暁紅』が続けて出版される。長崎時代からヨーロッパへ出発するまでの歌をまとめた『つゆじも』、ウィーン時代の歌をまとめた『遠遊』の編集作業が始まったのも、この年である。

『遠遊』『遍歴』は、小池光の言うとおり、「四十代の茂吉と六十代の茂吉との協同作業」といった感のある歌集だ。留学中のメモを頼りに記憶をよみがえらせ、現在形の歌にして歌集にまとめるというのは、随分と手間のかかるものだろう。当時の記憶と感情は遠ざかり、歌の文体も語彙も大きな変化を遂げているのだから、ある種の演技とも言える。そうまでして、なぜ茂吉は、この二冊の歌集をまとめたのか。

その理由は、茂吉の医学研究への思いの深さにあったのではないだろうか。ヨーロッパでの日々は、茂吉にとってかけがえのない時間だった。一流の医学者たちと肩を並べつつ実験を重ねた思い出は、生涯の宝だったのではないか。いくら歌人として高い評価をされようとも、研究から遠ざかり「一開業医」として生きる寂しさは埋められない。また、茂吉は人情に篤かったから、世話になったオーバーシュタイナーやシュピールマイヤーへの恩義に応え、医学研究の成果を挙げられなかった自分を悔やむ気持ちもあっただろう。

『遍歴』の後記によると、「はじめは厳選して、『遠遊』、『遍歴』を一巻とするつもりであつたが、中途から方針をかへて、粗末な歌をも全部収録して、二巻とすることとした」という。「方針」がいかなるものかは、何も説明されていない。ふつうに考えれば、一冊に収めるには歌数が多すぎたことが可能性としては高い。二冊の歌の合計は一、四五一首である。けれども、茂吉の歌集はもともと収められる歌数が多く、『寒雲』など一、一一五首に上るから、「厳選」すれば一冊にしても構わなかったと思われる。わざわざ二冊にする意味は、どこにあったのか――。『遠遊』の口絵にはオーバーシュタイナー教授の写真、『遍歴』の口絵にはシュピールマイヤー教授の写真がそれぞれ掲載されている。留学中の歌を二つに分け、「ウィーン時代」と「ミュンヘン時代」を別々の歌集として編んだのは、両教授への感謝を平等に表したいという気持ちが強かったからではないだろうか。

われ医となりて三十年を過ぎたるをかへり見すれば一人の狂人守　『のぼり路』

茂吉の恩師、呉秀三は精神病者の置かれていた悲惨な状況を何とかしようと尽力し、「狂」という言葉を病名から除き、精神疾患に対する社会の認識を変えようとした人であった。茂吉自身、「呉秀三先生を憶ふ」と題した随想で、「私が教室に入つたころには、もはや病名から、『狂』の文字は除かれてゐた。従来、躁鬱狂と謂はれてゐたものが躁鬱病となり…」と書いているから、師の目指した理念はよくよく理解していたはずだ。

けれども、文学者である茂吉にとって、「狂」はまた別の意味を持っていたのではないだろうか。誰もが時として、常ならぬ精神状態に陥ることがある。恋愛もそうであるし、怒りや悲しみのあまり、一時的に常軌を逸した行動をとることは珍しくない。茂吉自身、五十三歳で「アララギ」の若い女性歌人との恋に墜ちた経験があり、自らの感情の激しさを持て余したことも多々あったに違いない。

六十代の茂吉が自らを「一人の狂人守」と詠んだのは、自分に潜む「狂」を見つめるまなざしがあったからだと思う。それは恐らく文学者としてのまなざしでもあっただろう。三十歳のころ、精神科医である自らを哀れむように「としわかき狂人守りのかなしみは通草の花の散らふかなしみ」と詠んだ茂吉だが、「一人の狂人守」には、臨床医として、また一人の人間としての謙虚な思いが感じられる。

活動の中心は徐々に、医療から短歌へとシフトしていった。青山脳病院の院長となって七年後の一九三四年、茂吉は診察を本院と分院のそれぞれ週一回に減らす。一九四五年三月、戦局が厳しくなるなか、青山脳病院は東京都に買収され、翌月には都立松沢病院梅ヶ丘分院として発足する。診療所として機能していた青山の分院は、五月の東京大空襲で焼失し、青山脳病院の四十年余りの歴史に幕が下りた。茂吉はちょうど六十三歳の誕生日を迎えたばかりだったが、再び臨床医として患者を診ることはなかった。

第3章　生命科学者を支えた歌──柳澤桂子の場合

二〇世紀は「生命科学の世紀」と呼ぶにふさわしい時代だった。遺伝や免疫の仕組みが次々に解明され、ＤＮＡの二重らせん構造も明らかになる中、生命の謎を解こうと多くの研究者が細胞生物学や分子生物学の分野でしのぎを削った。柳澤桂子もその一人である。

「順風満帆」「前途洋洋」──才能豊かな若き女性研究者には、そんな言葉がぴったりだった。お茶の水女子大学理学部を卒業後、米コロンビア大学の大学院に進み、慶應義塾大学医学部分子生物学教室の助手となった柳澤は、伴侶を得て子どもにも恵まれた。仕事と家庭の両立に追われつつも、研究に情熱を注いでいた彼女がある日突然、原因不明の難病に見舞われるなどという事態は誰も予想していなかった。

いま、柳澤桂子は優れたエッセイストとして知られている。数々の著作を読んだ人であれば、病に冒される以前の彼女がどれほど研究者として華々しく活躍したかもよく知っているはずだ。そして、どうやら短歌を作っているらしいことも。けれども、彼女がどれほどこの小さな詩型に支えられ、美しい言葉を紡いできたかを知る人は、それほど多くないのではないだろうか。柳澤のこれまでの歩みを振り返りつつ、彼女の歌を深く味わってゆこう。

植物を見つめる

柳澤桂子は一九三八年一月、東京に生まれた。父、小野記彦は細胞遺伝学者だった。「桂子」という名は、父が尊敬する植物生理学者、柴田桂太の名からとったものである。

柳澤が四歳のとき、父が旧制松山高等学校へ赴任し、一家は自然豊かな環境で暮らすようになる。エッセイ『二重らせんの私』には、小さな女の子が好奇心いっぱいに戸外を探索していた日々が書かれている。「クモがいて、ヘビがいて、ホタル、ムカデがいて、レンゲ、ナズナ、キンポウゲ、オニタビラコ、ヒメジョオンからタマスダレ、シャガにいたるまで、私のまわりにはいのちが溢れていた」

少女は、毎日野原や川原を歩きまわった。土の匂いが好きだった。草の種類が違えば香りもそれぞれ違うことを自分で見つけた。そして、いろいろな疑問を抱くようになる。ある日、彼女は思いきって父親に「お花は折られても痛くないの?」と訊ねた。植物を研究していた彼は「痛くない」と即答したが、幼い娘は納得できなかった。道ばたに折れたタンポポの茎から白い液が溢れているのと、心が痛んだ。そして、「植物が悲しんでいる証拠をみつけたい」と思って、彼女は前にも増して熱心に野原を歩いては、草花の上にかがみこんだり触ったりして時を過ごすのだった。

別のときには「植物はなぜ動かないの？」と訊ねた。好奇心旺盛な娘のために、父はオジギソウとムシトリスミレの鉢植えを持って帰り、触れると葉が閉じる様子や、昆虫をつかまえる生態を見せてやった。また、一つの側面にだけ穴をあけた箱の中でハツカダイコンを育てる実験もやってみせ、光を求めて茎が伸びてゆくことを教えた。

父に買ってもらったルーサー・バーバンクの伝記『刺のないサボテン』は、柳澤をすっかり魅了した。バーバンクは米国の植物学者で、多くの作物の品種改良に成功した育種家として知られている。特にジャガイモとサボテンの品種改良は有名だ。バーバンク種のジャガイモは今もアイダホ州の名産であり、とげのないサボテン「バーバンクウチワサボテン」は食用、飼料用に使われている。

柳澤は複数の著書で、第二次世界大戦の終わった七歳のクリスマスに、この本をもらったと記しているが、これは彼女の思い違いである。愛育社から刊行された「愛育文庫」第三十二巻、『刺のないサボテン』が出版されたのは一九四六年十一月十五日なので、八歳のクリスマスだったはずだ。出版されて間もない新刊、それも植物に関する本をクリスマスのプレゼントにしたあたりに、父親の情報への目配り、娘への愛情と期待が感じられる。育種によって植物をいろいろ改良できるという事実は、少女を驚かせた。

後に柳澤が理学部植物学科へ進学するのは、父という優れたメンターの存在が大きかったに違いない。彼女は短歌を詠むようになってから、父を偲ぶ歌をいくつも作った。

咲きさかるチューリップの前ポーズ取る父の居た日は温かかりき
父の膝にすっぽり座り朝刊の匂いをかぎし幼日ありき
いわずともこころ通じしわが父は医療ミスにて急逝したり
「お父様お燗を一本つけましょう」逝きて十五年　年は流れる
亡き父の九十三の誕生日　梔《くちなし》の花折りて捧げん
iPad父にあげたしどんなにか驚くだろう胸が高鳴る

一、二首目は幼かったころの回想の歌である。知的で優しかった父の愛情に包まれていた幸福な気持ちが、読む者の心も温かくする。三首目以降は父を見送った後の思いが切々と詠われている。亡くなって何年たっても折々に思い出し、お燗をつけてあげたり、ｉＰａｄを見せたりしたくなる存在だったのだ。

父の歌の多さに比して、母を詠った歌は少ない。しかも「あの人はもういないのだわが母よ生前はまだよく理解できざりし」のような、やや距離を感じさせる詠い方である。科学者だった父は、「いわずともこころ通じし」人であり、父と娘という関係を超えた特別な存在だったのだと思われる。

勉学の日々

都立戸山高校を卒業した柳澤は一九五六年、お茶の水女子大学へ進学する。

あるとき学内で見かけた白髪の女性を見て、柳澤は心を躍らせた。それは、日本初の女性理学博士、保井コノだった。当時すでに退官していたが、論文作成のため時折研究室に来ることがあった。炭化過程における植物組織の変化などについて明らかにした保井については、父からよく聞いており、「私の心の中ではキュリー夫人の次の位置を占めていた」という。顕微鏡をのぞく保井の姿に、科学を究めようとする者の美しさを見た柳澤であった。保井の最後の論文は一九五七年、七十七歳のときに発表されている。

お茶の水女子大学で卒業研究のための実験に手づくりの無菌箱を用いた（1959 年）

　いよいよ卒業論文を書く段になり、柳澤は「過酸化水素に対する大腸菌の抵抗性」をテーマに選んだ。植物学科の指導教授の専門はカビだったのに、彼女はどうしても大学で習っていない大腸菌の実験がしたかったのだ。当時、生物学の最先端の研究は大腸菌やウイルスといった微生物を材料に行われていた。ペニシリンや銅に対する抵抗性をもつ大腸菌の突然変異体が、整数比で上昇するということを知り、彼女はいたく感銘を受けた。そして、自分でも何か大腸菌に関する新しい事実をつかみたいと願い、過酸化水素への抵抗性を思いついたのだった。指導教官もいないのだから、大学側は困惑したに違いない。

また、現実的な問題としてカビの研究をする人たちと同じ部屋で実験すれば、空気中にカビの胞子が浮遊することは避けられない。きちんとしたデータを得るには、通常以上の注意深さが必要とされた。柳澤は実験道具や検体に胞子が付着しないよう、角材やビニールシートを買ってきて、自分で木製の無菌箱を作った。勝手にテーマを選んだということで、ピペット類などの実験器具も大学からは支給されない。自分で購入した四本のピペットを繰り返し滅菌して、本を頼りに実験を繰り返した。その結果、過酸化水素に対する大腸菌の抵抗性のレベルは、きれいな整数比を示した。怖いもの知らずの若い学生がつかみとった幸運だった。

四〇億年生の本能競いきし生き物たちとこの星に棲む
生物が三〇〇〇万種いるという地球の上で私も一種

後年こうした歌を作るようになったのは、幼いころから動植物に親しみ、実験動物として大腸菌も扱った経験が関わっているだろう。微生物のふるまいに生命の不思議を見た柳澤にとって、さまざまな生物と自分は等しく地上に生きる存在であった。「三〇〇〇万種」は未分類のものも含めた生物種の数であるが、「ヒト」はそのうちの「一種」でしかないのだ。

首尾よく論文を書き上げた柳澤は一九六〇年春、卒業と同時に遺伝学を研究する婚約者との結婚のために渡米し、彼の留学先である米コロンビア大学に入学することになった。入った研究室は分子生物学者、フランシス・ライアンの教室である。六〇年代は、分子生物学が研究分野の花形だった。ワトソンとクリックがＤＮＡの二重らせん構造の仮説を発表したのが一九五三年であり、一九六二年には二人にノーベル賞が授与されることになる。たった四種類の塩基が複雑な生物の性質を決める仕組みを探ろうと、世界中の科学者が研究に打ち込み、新しい発見が相次いでいた。

ライアンの弟子だったジョシュア・レーダーバーグは、大腸菌にも雌雄があり、ＤＮＡは雄から雌の細胞に入ることを発見して、一九五八年にノーベル生理学・医学賞を受賞した。そのこともあってライアンの研究室は人気が高く、教授と助教授以下、大学院生八人、博士研究生五人、テクニシャンと言われる研究補助員が三人いた。大学院では六〇単位取り、学位論文を書かねばならない。一学期に二回行われるテストの平均点が八〇点未満であればC評価で、Cが二つあると落第という厳しさだった。コピー機のない時代、論文や参考書は書き写すしかなかった。実験の合間に図書館へ行っては本を書き写す柳澤の指には、いつも大きなペンだこができていた。

芸術と科学

大学生活はハードだったが、その合間に美術や音楽にふれることは大きな喜びだった。

彼女はほとんど毎週のようにカーネギー・ホールに通った。歴史あるホールだが、「ファミリー・サークル」と呼ばれる天井桟敷の席は、学生にとっても手軽な価格だ。留学していたのは、レナード・バーンスタインが一九五八年にニューヨーク・フィルの音楽監督に就任したばかりのころだった。四十代のバーンスタイン率いるニューヨーク・フィルの若さあふれる演奏は柳澤を魅了した。また、ボストン、シカゴ、フィラデルフィアといった米国の主なオーケストラや、ヨーロッパのオーケストラ、ソリストたちの優れた演奏を堪能した三年間だった。

あるとき、大学のニーヴィス・ラボラトリーのホールのピアノを弾いたことがある。幼いころからピアノの音が大好きで、自分から習いたいと母に頼んだという。音感の鋭い子どもで、日本の童謡や学校のオルガンの音は好きではなかった。ショパンの「雨だれの前奏曲」を弾き始めた時のことだった。「久しぶりにピアノに触れた指の先から、なんともいえぬ望郷の思いが、私の心に流れ込んできた。私は立ちあがって、静かにピアノのふたを閉めた。思い出を振り切るように、ピアノのそばを離れた」。緊張感に満ちて勉学に励んでいたときには心の奥底に沈められていた記憶――両親に慈しまれて育った日々がよみがえってきたのだろう。

音楽は常に柳澤と共にあった。病んでからは殊に深い慰めとなった。

白黒のテレビで初に観しものはショパン弾くコルトー指太かりき
ピアニッシモつづいて音は炸裂す宇宙を破る若きユンディ・リ
霧の夜の遠い汽笛を聞くようにバッハを弾きたい元気な指で

アルフレッド・コルトーは二〇世紀前半を代表するフランスのピアニストである。一九五二年には最初で最後の来日を果たし、各地で精力的に演奏会を開いた。プログラムの中心はショパンであり、前奏曲や練習曲の全曲、スケルツォ、バラードなどを披露した。柳澤がテレビで初めて観たのは、来日の際のニュースか特別番組だったのではないだろうか。

ユンディ・リは二〇〇〇年、ショパン国際ピアノコンクールで中国人として初めて優勝したピアニストである。この歌はショパンの「木枯らしのエチュード」「スケルツォ第二番」などを想起させる。

三首目の「元気な指で」には胸を衝かれる。後にピアノを弾くこともできないほどの病に襲われるなど、留学時代の柳澤は思ってもみなかった。そのことを思うと、病床の心を音楽に委ねる歌がいっそう胸に迫ってくる。

夏空に星飛ぶごとくバッハ満ち望みなき身に望み生まるる
生きることに意味などいらぬ無伴奏チェロ組曲の深き瞑想
コーヒーをベッドの中で飲みながらトスティを聴く初夏の夜明けに

柳澤が愛したのは音楽だけではない。ニューヨークにはさまざまな美術館や博物館がひしめき合っている。メトロポリタン美術館、グッゲンハイム美術館、〝MoMA〟の愛称で知られるニューヨーク近代美術館、アメリカ自然史博物館、ホイットニー美術館……。とりわけ柳澤が愛した

1963年春、ニューヨーク近代美術館の中庭で

のは、マンハッタンの北端にあるクロイスターズ美術館である。メトロポリタン美術館の別館であるこの美術館は、五つの中世ヨーロッパの修道院を解体して運び、再構築されたものだが、一つの建築物として調和のとれた美しさを誇る。

私はこの美術館が好きで、何度も訪れた。四季折々に異なった美しさをもっていたが、やはり一番美しいのは若葉のクロイスターである。それも、ぬれて歩ける程度の糠雨《ぬかあめ》の日がよい。萌《も》え出たばかりの若葉が霧雨に煙り、その先にハドソン河が霞《かす》んで見える。灰色の石畳は湿りをふくみ、鈍く光っている。雨をふくんだ足音までが美しさを増すように思われた。やがて見えてくるクロイスターの回廊の柱も雨をふくんで茶色を深めている。

霧雨の中にスカーフを被《かぶ》って何度もたたずんだ。立ちあがる湿った香りの中に中世のいのちが蘇ってくるように思われた。

『二重らせんの私』には、若かりしころの柳澤の写真が何枚か収められている。白いスカーフを被ってクロイスターズ美術館で写された姿は、まるで尼僧のような清らかさと美しさを湛えている。MoMA の中庭で写された一葉は、声をかけられふっと振り返ったような自然なスナップで、柳澤の腹部はやさしい膨らみを見せている。

好きだったクロイスターの回廊に何度も立ちし二十代の私
MoMA の中庭で胎児孕みて写されし私は宇宙を知らなかった

三年間の留学生活は、科学者としての実技や流儀を学ぶだけでなく、さまざまな優れた芸術にじかに触れる日々であった。

美術や音楽は、科学とは無関係と思われるかもしれない。しかし、一つの事実に出会ったときに、そこからどれだけのものを読み取れるかという感性は、よい芸術に接することによって培《つちか》われると私は感じている。科学的思考というのは、けっして論理の積み上げだけでできるものではなく、直観とひらめきがたいせつである。それを育てるものが芸術の中にあるのではなかろうか。ニューヨークが世界の科学の中心になっている要素の一つにこのようなこともあると私には思えるのである。

優れた科学者には、ふとした瞬間に自然界の美しい法則や真理を感得することがあるのだろう。それはテストで得点するためのノウハウしか身に付けていない秀才には決して得られないものだ。芸術の奥深さと自然界の不思議さとを知る者だけに、世界はひらかれているのかもしれない。

知の最先端で

柳澤の留学していたころの米国は、生命科学の歴史そのものであった。コロンビア大学では、ショウジョウバエの遺伝研究で有名なテオドシウス・ドブジャンスキーが、一九六二年まで教授として勤めていたほか、発生学や分子生物学の分野で研究者たちがしのぎを削っていた。また、ニューヨークでは、第一級の科学者たちによる講演や討論会が頻繁に行われており、柳澤はそうした熱い議論のいくつかを目にする機会に恵まれた。

その一つが、ニーレンバーグとオチョアの顔合わせである。当時、遺伝情報であるＤＮＡ（デオキシリボ核酸）がＡ（アデニン）、Ｇ（グアニン）、Ｔ（チミン）、Ｃ（シトシン）という四つの塩基から成ることは分かったものの、それがどう並ぶとアミノ酸をコードするのかについては全く手がかりがなかった。ところが一九六一年、モスクワの国際生化学学会でニーレンバーグとマテイという若い無名の研究者が、人工的に作ったRNA（リボ核酸）によってフェニルアラニンというアミノ酸を合成することに成功したと発表した。これは、連続した三つの塩基が一つのアミノ酸に対応することを示す成果であり、遺伝暗号全体を解読するうえで大きな手がかりとなる実験結果だった。

一九五九年度のノーベル生理学・医学賞を受賞したセベーロ・オチョアも、同じ時期に同様の実験に取り組んでいた。一九六二年春にニューヨークで開かれた討論会に柳澤が参加した際、三十五歳のニーレンバーグはちょうど彼女の右手の少し前の席、五十七歳のオチョアは彼女の左手後ろにすわっていたという。塩基配列の意味するものが何か、二人が激しく議論し始めると、間にはさまれる格好になった二十代半ばの柳澤は、身を縮めて見守るしかなかった。四種類の塩基による遺伝暗号は六十四通りだが、すべての暗号が解明されたのは一九六六年のことである。

別の討論会では、遺伝情報の伝達の仕組みについて議論されていた。アミノ酸をコードしているのが三つ連なった塩基だとすると、それとくっついた直線状の転移RNAは、どうやってたんぱく質を合成するメッセンジャーRNAの鍵穴に入り込むのだろう――というのがテーマだった。最後列で手を上げて立ち上がったのは、分子生物学という分野を創始した一人、サルバドール・ルリアであった。ルリアは、転移RNAがヘアピンのように折れ曲がっていて、その曲がった部分にメッセンジャーRNAにはまる三つの塩基があると考えれば、うまく説明がつくのではないかと意見を述べた。

多くの人がRNAをまっすぐなイメージでとらえており、ルリアの「コロンブスの卵」的な直観の素晴らしさに、会場は一瞬静まり返ったという。その後、転移RNAの構造は、ヘアピンよりも複雑なクローバーの葉のような形をしていることが解明された。「葉」の一つの折れ曲がったところにある三つの塩基が、メッセンジャーRNAにはまり込む、という仕組みはルリアの予言したとおりだった。

ニーレンバーグは一九六八年、ルリアは一九六九年にノーベル生理学・医学賞を受賞する。きら星のような科学者たちが切磋琢磨する姿を、柳澤は目の当たりにしていたのだ。まさに生命科学の黄金期だったことを示す出来事であり、研究者の卵にとって何ともまぶしい光景だった。

学位論文の執筆に明け暮れていたころ、コールド・スプリング・ハーバー生物学研究所から講演依頼が来た。コールド・スプリング・ハーバーは、ニューヨークから鉄道で一時間ほどのロングアイランドにある小さな町だが、町の名を冠した非営利の民間研究所には国際的に有名な研究者がたくさんおり、分子生物学のメッカとして知られていた。

後にルリア、デルブリュックと共にノーベル賞を受賞したハーシーを始め、世界的な研究者が居並ぶ中、柳澤は「大腸菌のβ－ガラクトシダーゼの合成の制御」という題で講演した。講演後の質問は、遺伝子の発現を制御する「リプレッサー」がRNAなのか、たんぱく質なのか、という点に絞られた。柳澤の実験でも、はっきりした答えは得られておらず、議論は白熱した。大腸菌のリプレッサーの数は非常に少ないので、検証が難しかったのだが、一九六六年にようやくたんぱく質であることが判明した。このときの講演について柳澤は「外見で差別されることなく、一人前の研究者としてあつかわれたことは、私に大きな自信をあたえてくれた」と当時の喜びをつづっている。

演壇を降りた柳澤のもとへ、後ろの方から一人の女性がつかつかと歩み寄った。コールド・スプリング・ハーバー研究所にいたバーバラ・マクリントックだった。マクリントックはトウモロコシを使った研究で、早くも一九四〇年代に遺伝子が染色体の上を動く可能性を示唆していた。まだ、動く遺伝子「トランスポゾン」の存在が認められない時代であり、彼女は長く不遇の時代を送った。しかし、マクリントックの研究に対する一九六三年当時の評価について、柳澤は「遺伝子が染色体の上を動き回るなどという説は信じがたいものであったが、博士の研究は緻密で非の打ちどころがないので、誰も否定することができなかった」と書いている。その彼女が目の前に現れたのだから、柳澤の感激も並大抵ではなかった。

小柄で日焼けしたマクリントック博士は眼鏡の奥で優しく微笑みながら、私の手をしっかり握って言った。

「とてもおもしろい研究です。しっかりがんばっていいお仕事をしてくださいね」

私の手は震えていた。五〇歳を優に過ぎ、一生を独身でトウモロコシに捧げてきた高名な学者が二〇歳を出たばかりの外国の女性の手を握るためにわざわざ人をかきわけて、最後列から出てきてくれたのである。おしろい気も口紅もなく、ざんぎり頭の博士も女性が研究をつづけていくことの苦しさを知っていたのであろう。

バーバラ・マクリントックがトランスポゾンの発見によってノーベル生理学・医学賞を授与されたのは、柳澤と握手を交わしてから二十数年後、一九八三年のことだった。マクリントックは八十一歳になっていた。そして、原因不明の痛みや嘔吐、しびれによる入退院を繰り返していた柳澤は同じ一九八三年、勤め先の三菱化成（現・三菱化学）生命科学研究所を退職し、研究生活にピリオドを打つことになる。

出産、研究、そして発病

いよいよ学位論文を書き上げようとしていた一九六三年三月のある朝、柳澤は突然、洗剤の匂いに吐き気を催した。つわりの始まりだった。

妊娠を確認するために、コロンビア大学医学部の産婦人科へ赴いた。対応したランドラム・シェトゥルズは当時すでに、男性をつくる精子と女性をつくる精子の形と大きさが違うという学説を発表していた。後にパーコール法として日本でも行われる男女産み分けは、この事実をもとに編み出された方法である。受診の結果を聞こうとする柳澤に、シェトゥルズ教授は得意気に自説を語ったという。

つわりに苦しみながらも、学位論文の準備は着々と進んだ。日本で勉強した受験英語が役に立たないことを痛感しつつ、ライアン教授の指導を受けて書き進めた。その一方で、Ph. Dを取得するために、ドイツ語とフランス語の勉強もしなければならなかった。体調の悪さを抱え、多忙を極める日々だったが、このとき日本語の美しさを認識したことは、後年、柳澤が短歌という詩型を選びとったことと無関係ではないだろう。

私は外国語を学べば学ぶほど、日本語が美しく思われ、日本語の美しさにのめりこんでいった。語感、調べ、リズム。そして、その奥に潜む歴史までもがいとおしいものに思われてきた。また、日本語を学ぶために費やした労力は、言葉を覚えるということ以上の何かを私にあたえてくれたように思えるのであった。

1963年、帰国後まもないころ。大腸菌を使って研究していた（前列右）

最終口頭試問にもパスし、柳澤はPh. Dを得て、コロンビア大学大学院博士課程を修了した。出産に備え六月早々帰国した彼女のもとに、ライアン教授の訃報が届いたのは七月半ばのことだった。心臓まひによる突然死だったという。柳澤は四十六歳の恩師の早すぎる死を悲しみつつ、やがて生まれてくる生命について思いを巡らせた。八月の終わり、彼女は無事に第一子を出産した。

出産後、柳澤は慶應大学医学部の分子生物学教室の助手になったが、研究生活は一年しか続かなかった。夫の赴任に伴う渡米、また二度目の妊娠、出産があったため、七年間、現場を離れざるを得なかったのである。再び研究の現場に戻ったのは、三菱化成生命科学研究所の研究員となった一九七一年だった。

二人の子どもを出産した経験は、私生活のみならず研究生活をも変えた。

自分のからだの中で、別のいのちが育っていくという体験は、私の生命観を大きく揺るがせた。最初に感じたかすかな胎児の動きに胸はときめいた。日々活発になっていくいのちを私の中に抱えながら、生命のもっとも神秘的な部分をからだの内側から実感することになる。四〇週が無事に過ぎ、長い苦しみののちに、突然世界が光り輝く出産の瞬間。生まれた子供の肺胞の一つひとつに、今空気が流れ込んでいく。

このような経験は、私を発生学の研究に駆り立てた。整数化されるいのちや、試験管の中の反応として検出される生命現象には、私は満足できなくなっていた。私は、ハツカネズミを使って、〇・一ミリに満たない受精卵がどのようにしてネズミの形になるのかという研究をはじめた。

柳澤が新たに取り組んだのは、発生学の研究である。たった一個の受精卵細胞から、どうやって個々の組織や臓器がつくられ、個体にまでなるのか。そのために必要な遺伝情報のスイッチのオン・オフ機構を突きとめようとする学問だ。彼女は、マウスのしっぽが短くなる突然変異の原因を明らかにしようと、T突然変異遺伝子と胚の発生の過程について調べた。

マウスの実験は、まずマウスを飼育するところから始まる。研究には少なくとも一〇〇〇から二〇〇〇匹が必要だが、遺伝的に管理された系統のマウスは、近親婚を続けたために非常に弱い。飼育室の温度や湿度を厳密にコントロールし、細菌感染を防ぐための空調にも気を配らなければならない。一匹ずつ個体として区別するために耳に小さな穴をあけて番号をつけ、出生歴、交配歴、妊娠歴、出産歴を記録し、そこから適当なペアを選んで交配させる。

これだけ煩雑で経費もかかる研究は、昭和四十年代の日本の基礎発生学の分野ではまだおこなわれていなかった。このような材料を選ぶことは無謀とさえ思われた。しかし私の決意はかたかった。生物学においても人間のためになる研究をはじめるときがきていると思った。迷いはなかった。

1974年、三菱化成生命科学研究所にて研究者仲間と（右から二人目）

七五年には生命科学研究所の主任研究員となり、研究の成果も順調に得られていたが、柳澤には不安があった。六九年ごろから原因不明の頭痛や嘔吐、めまいに悩まされており、次第に症状が深刻化してきたのだ。一カ月に一度の周期で、頭痛、めまい、嘔吐、腹痛、また何日も眠り続ける傾眠などが襲ってくる。その発作が起こると五日間くらいはベッドから起き上がることができず、回復には二週間ほどかかる。そして、やっとよくなったかと思うと、一週間ほどで次の発作が起こる。しょっちゅう脳貧血のような症状が起きるため、研究室の休養室で横になりながら、何とか仕事を続けた。

自身の述懐によると、「研究室の中にベッドを置くことを真剣に考えた。そして、ふと、その考えの異常さに気がついた」。けれども、出勤できなくなっても柳澤はあきらめなかった。研究室の顕微鏡を家にもって帰ってもよいという許可を得て、自宅で伏せりつつ研究を続けた。三菱化成の研究所では通常、病気欠勤が続くと三年で解雇されることになっていたが、「人事課の好意で」五年まで延長することができた。

しかし、ついに「もうこれ以上どうしようもないという日」がやってきた。上司から自宅に、解雇を知らせる電話がかかってきた。柳澤は万感を込め、「ありがとうございました」と言うことしかできなかった。一九八三年十一月のことである。

病気との闘い

研究生活をあきらめなくてはいけないことに、柳澤は打ちのめされる思いだった。「わが子のように大切に育んでいた仕事が奪い去られたのだ」という言葉には、引き裂かれるような痛みと絶望が感じられる。十二年間勤めた研究所の実験室は、使いやすいように自身でととのえられていた。細心の注意を払って育てたマウスは一、〇〇〇匹近くに上った。マウスが病気になれば、一匹ずつ手に包んで温めたりもした。何もかも、これからだった。幼い子どもたちを育てながら苦労して勤めてきたのに、ようやく子どもの手が離れた時期に、なぜこのような状況に陥ったのか――。運命を呪いたい思いだった。

歩くこともできなくなり、電動車椅子を使うようになった。しばしば病状がひどくなり、入院しなければならなかった。激しい痛みをモルヒネは和らげてくれず、まくらから頭を持ち上げることさえできない時期もあった。しかし、最も柳澤を苦しめたのは、初期に医師や家族の理解が得られなかったことである。原因が分からず、診断名がつかない。いろいろ検査をしても機能的な異常が見つからないので、医療者のなかには「あなたの心がけが悪いから」「生活態度が悪いから」と、患者である柳澤を責める人もいた。

その果てに心の病と誤診され辛き言葉を浴びせられ来し
病より医師の言葉が辛かりき桜の花も灰色帯びて

病状は悪化の一途をたどり、とうとう何も飲み込めなくなった。食べられなければ死んでしまうため、中心静脈栄養法を勧められた。足の付け根や鎖骨の下、首などの大きな静脈から針を刺し、心臓のそばの太い静脈へ高カロリーの輸液を注入するのだ。その療法に抵抗感を抱いた柳澤は、担当医に「食べ物を食べられなくなったら、動物は死ぬ運命ではないでしょうか」と訊ねた。

担当医は「でも、生きつづければ、まだ動物以上の何かができるでしょう」と答えた。

けものなら死ぬであろうに人ゆえに医学によりて生きて苦しむ
生きるという悲しいことを我はする草木も虫も鳥もするなり

中心静脈栄養を受けているときも、痛みは絶えず襲ってきた。じっと寝ていられないほどの痛み、そして家族に大きな負担をかけているという苦しい思いがのしかかってきて、柳澤は夫と主治医に、「輸液のチューブを抜いてほしい」と頼んだ。しかし、子どもたちが強く反対した。きっと新しい治療法があるに違いない、という長男の意見に家族がみなうなずいた。そして、モルヒネの効かない痛みを、抗うつ剤の服用で取り除くことができるという情報を得て、精神科医の往診を受けた。この医師は、柳澤の病気は中枢神経の代謝異常による「慢性疼痛」ではないかと考えたようだ。抗うつ剤などの一週間の服用で、全身の強い痛みとしびれが取れ、起き上がれるようになったときの喜びは大きく、「奇跡」としか思えなかった。一年二カ月の中心静脈栄養の日々が終わり、再び食物を口にすることができるようになったのである。

一口のパンが喉《のみど》を通った日私は真紅の薔薇になった

自分の存在を否定したくなるような年月を経て、柳澤は自らを「真紅の薔薇」というあでやかなものに重ねて詠った。それは久々に味わった、生を肯定する喜ばしい思いであった。回復への希望が与えられたことで、大輪の花がひらくように心も大きく開放された。

ちょうどそのころ、見知らぬ医師から一通の手紙が届いた。金沢大学医学部の小児科医だった佐藤保が、柳澤の著書『認められぬ病――現代医療への根源的問い』を読み、彼女の病気は「周期性嘔吐症候群」ではないかと書いたものだった。佐藤は小児科に入局した当初、定まった周期で数日間、激しい嘔吐発作を繰り返す子どもに会い、その後も似た症例にいくつか遭遇したことから、この病気の治療と解明に取り組んでいたのである。

佐藤は、周期性嘔吐とうつ病の関係から、副腎皮質刺激ホルモン（ＡＣＴＨ）を放出させるホルモン（ＣＲＦ）に着目していた。このＡＣＴＨと抗利尿ホルモン（ＡＤＨ）の異常放出によって、さまざまな身体の変調や痛みが出ることが分かっていた。柳澤の病気は、まさに「ＡＣＴＨ－ＡＤＨ放出症候群」という内分泌異常だった。一九九九年夏、発病から実に三十年の月日がたっていた。闇の中をさ迷うような日々の後に、やっと診断が下ったことは柳澤にとって第二の「奇跡」に思われた。

絶え間ない痛みや嘔吐、しびれ……しかし、そうした身体の苦痛よりも、医療者からの心ない言葉、愛する家族からの理解が得られないことの方がつらかった。診断名が明らかになり、「心因性」などではなかったことで、家族の心は再び一つになった。

病名が判明する前の歌には、理解されない悲しみや苦悩が濃く滲んでいる。

疎まれず生き終わるすべありやなしや彗星は尾を引き去りゆきぬ
冬樹々のなかでいのちは立っている眠れば死ぬと思うがごとく
うらうらとまどろむごとき花のもと身は冷えびえと春を拒めり

一首目の「疎まれず」には、病む自分が家族や医療者に疎まれているという思いが見える。「彗星」のように、かすかな尾を曳きながら遠くへ行ってしまいたい作者である。二首目の「冬樹々」には、恐らく寝たきりになってしまった自分が重ねられている。寒さに耐えて立つ樹木の姿に、生きることに必死な生命への感動がある。三首目は、春の訪れに花々が咲きだす様子を見ながら、病んでいる自分の身体はその喜びの季節を拒んでしまうという痛々しさが詠まれている。こうした歌を読むと、「私は真紅の薔薇になった」という一首にこめられた喜びがいかに大きかったかが分かる。

病名がはっきりしたことで勇気づけられた柳澤は、米国の周期性嘔吐症の会に入会し、会報に掲載される新しい論文をむさぼるように読んだ。内分泌の異常によって身体が影響されるメカニズムを知り、いろいろな症状に納得する思いであった。その一方で、これまで受診した医師たちがなぜこの病気について知らなかったのだろう、という思いにも苛まれた。嘔吐症状を診る消化器系の医師であれば、可能性の一つとして疑ってほしかった……。しかし、一度は「病名も分からないまま死ぬ覚悟」をした柳澤にとって、再び家族と食卓についたり、家のなかを歩きまわったりできるようになったのは、何よりも嬉しいことだった。

短歌との出会い

研究生活をあきらめて数年が過ぎた一九八六年ごろ、柳澤は一冊の歌集を手にした。中城ふみ子の『乳房喪失』である。

中城は乳がんを患いながら、最後まで短歌を詠み続けた歌人だ。「短歌研究」の新人賞第一回で特選に選ばれ、一躍注目された。女性が自分の身体を詠うこと自体が珍しかった時代、乳房全摘の手術体験を真っ向から詠った連作に対して、「ヒステリックで身ぶりを誇張している」「時代遅れで田舎臭い」という手厳しい評もあったが、その才能は歌壇の内外で注目された。特選になったのが一九五四年四月、歌集『乳房喪失』を刊行したのが同年七月。その一カ後に三十一歳で亡くなるという、ドラマティックな生涯であった。

中城の作品には、病気に屈服しない強靭な精神が詠われている。

冬の皺よせゐる海よ今少し生きて己れの無惨を見むか
治療まつ癌患者の無口なる群よ日光の季節はとほく
魚とも鳥とも乳房なき吾を写して容赦せざる鏡か
葉ざくらの記憶かなしむうつ伏せのわれの背中はまだ無瑕《むきず》なり
失ひしわれの乳房に似し丘あり冬は枯れたる花が飾らむ

傷つきやすい心を抱えつつ、乳房を切除された自らをひたと見つめる姿勢が、柳澤の胸を揺さぶった。三十一文字という小さな詩型に、生への執着や死に対する恐怖など激しい感情が詠い込まれていることにも驚いた。「歌というものは、悲しみや苦しみを何と深く表現することができるのだろう」

短歌には不思議な作用がある。絶望する自分、悲嘆にくれる自分……どん底にいる自らを詠うことで、なぜか慰められ、癒される。恐らく、中城ふみ子の歌を読んだ柳澤は、彼女に自身を重ね、ある種のカタルシスを得たに違いない。

柳澤は、自分も歌をつくりたいと願った。一つには「短歌の勉強によって語感を磨くことは、自分の仕事にも役に立つ」と考えたからだ。研究者の道は閉ざされたが、この時期からサイエンスライターとして執筆を依頼されるようになっていた。一般の人たちのために分かりやすく、やわらかく生命科学を解説することは彼女にしかできない仕事である。そして、「病気がもっと悪くなって、文章を書けなくなったとき、短歌なら書けるかもしれないという思惑」もあった。病気の進行を恐れつつ、書き続けることへの強い思いが柳澤を支えた。短歌結社に入って勉強しようと考えた。

短歌の世界には、結社という古い形が今も残っている。主宰者が結社誌を発行し、会員がそこに作品を投稿する。結社によって指導方法は異なるが、例えば会員が月ごとに十首送って、主宰者など選者がよい歌だけを数首選んで雑誌に掲載するという形がある。添削されなくても、各自で掲載されたものと落ちたものとを比べ、歌のよしあしを学んでゆく仕組みだ。もちろん、実際に会員同士が顔を合わせて行われる歌会も、大事な勉強の場である。

与謝野晶子は「新詩社」という結社に所属し、結社誌「明星」に寄稿した。斎藤茂吉は「アララギ」に所属し、同名の結社誌に作品を寄せた。柳澤は『乳房喪失』と出会った一九八六年、短歌結社「音」に入会した。新詩社の流れをくむ、一九八二年につくられた結社だ。病床にあるので歌会には参加できず、毎月送られてくる結社誌を丹念に読む年月だった。その中で、「歌の出来不出来は別にして、私は確かに語感が鋭くなっていくのを感じました」という。

一方、病状は重くなるばかりで、ついに「もういよいよ書けない」という状態に至った。しかし、「そんな苦しい状況でも短歌は作れました。紙と鉛筆一本。短歌は私を病気の苦しみから救ってくれました。おそらく私が老いて何もできなくなっても、短歌は私の表現手段でありつづけてくれるだろうという自信を得たのもこのときです」と柳澤は述懐する。

一九九八年に出版されたエッセイ集『生と死が創るもの』と『癒されて生きる――女性生命科学者の心の旅路』に自作の短歌を数首挿入したのは、そんな歌への信頼が確固たるものになっていたからではないか。「音」に入会し、十年以上たった自信もあっただろう。すぐに愛読者から「ぜひ歌集を出してほしい」「もっと柳澤さんの歌が読みたい」という声が多数寄せられた。

同年十二月に刊行された、初めての歌集『冬樹々のいのち』は、動植物など自然の描写に定評のあるイラストレーター、赤勘兵衛のイラストを組み合わせた「歌画集」というかたちであった。

花は咲きつづく

紋るごとき総身の痺れ耐えにたえ視野にかすれる紫の花
刻こくが苦しき世にもはこべらの真白き花は咲きつづくなり

闘病生活のなかで柳澤が見つめ続けたのは、植物の勁《つよ》さであり美しさ、優しさだった。幼いころから野原の草花を見つめ続けてきた彼女にとって、植物は最も近しい存在であり、懸命に咲く花の姿は何よりの励ましに感じられた。苦しければ苦しいほど、無心に咲く美しさが思われた。とりわけ柳澤の心をとらえたのは、無垢な「真白き花」であった。

二冊目の歌集『萩』（二〇〇七年）には、多くの白い花々が詠われている。それは、彼女にとって一つの理想の姿、憧れだったように見える。

生も死も越えし優しさ白木蓮《はくれん》の花ほぐれゆく音も立てずに
生きる意味問いもしないで咲いている白き山茶花冬空に冴え
アマリリス宇宙の鼓動にあやされて無心にひらく八重の純白
今生は病む身に耐えて生き抜こう後生は白い椿になりたい

一首目の「白木蓮」は、やわらかな中に「生も死も」乗り越えた勁さを感じさせる。厳しい冬を耐えて咲く木蓮の花の「優しさ」に惹かれている作者の心が感じられる。二首目の「白き山茶花」もまた、生や死を超越した存在として捉えられている。どうしても「生きる意味」を問うてしまう自分だが、山茶花のようにありたいと思う作者だったのだろう。

三首目に詠われたアマリリスは、「宇宙の鼓動」に連動して咲くと捉えられている。自然界のすべてはその「鼓動」に連なるものであり、自らの意思で何か為そうとしてもうまくいくものではない——そんな達観が「無心にひらく」に感じられる。

四首目は「今生」と「後生」の対比が、かなしくも美しく詠われている。柳澤は二〇〇四年に出版した『生きて死ぬ智慧』で、般若心経を自らの言葉で表現するという試みをしており、仏教に心をひかれていたことが明らかだ。もともと彼女は、大いなる存在に対する敬虔な心を持っていた。「私にとって実験とは神に問いかけ、神の答えを待つことだった。研究とは神との対話である。謙虚に自然に対して耳を傾けるとき、何かが語られることがある。あたえられるのである」という言葉もある。

『生きて死ぬ智慧』のあとがきに、柳澤は「宇宙の真実に目覚めた人は、物事に執着するということがなくなり、何事も淡々と受け容れることができるようになります」と記している。病名がつかず、病気のつらさを周囲に理解されなかったとき、恐らく彼女は自らの病気を受け容れられない状態にあったはずだ。この一首には、現世の「病む身」を受け容れた後の、せめて来世は「白い椿」としての穏やかな一生が与えられますように、という祈りが込められている。

「真白き花」にも増して柳澤が愛した植物は、「羊歯《しだ》」である。理学部植物学科で学んだ彼女にとって、シダ類は地球の歴史を知る最古の陸上植物であり、さまざまなインスピレーションを与える存在だったのだろう。

葉を巻きて昏《くら》き緑に沈みたる羊歯の震えに雪は降り積む
庭石に貧しき羊歯の葉は震え真白き冬の月は笑わず
雨の中痩せゆく羊歯の葉の裏に胞子をあまた身ごもりており
私が羊歯だったころ降っていた雨かも知れぬ今日降る雨は

寒さに強い種類もあるが、大体においてシダ類は高温多湿を好む。一首目では雪に耐えているような姿が、闘病する柳澤と重なる。二首目の「羊歯の葉」も寒さに震えており、皓々と輝く月の様子から作者自身の感じている冷たさが伝わってくるようだ。

三首目は、葉に胞子嚢をつけたシダの様子を「身ごもり」という言葉で表現したところに、シダとの心理的距離の近さが感じられる。四首目ではさらに「私」と「羊歯」が一体化する。「私が羊歯だったころ」は、どの時代としても構わないが、やはりシダ類が現れた四億年前の古生代をイメージするのがよいのではないだろうか。この一首について、柳澤は『生命の不思議』で次のように書いている。

西暦二〇〇〇年という年に、この地球上に人間として生きている。その偶然に、私は自然に笑みがこぼれるような喜びを感じている。私は存在しなかったかも知れないし、何かほかの生物だったかも知れないのだから。(中略)滝のように降る雨に、私は一瞬、自分がシダだったときに、こんな雨が降っていたという幻想に引き込まれていった。

柳澤は自分の「幻想」について、「科学では許されない非現実的なイマジネイションを膨らませることに文学は寛容だ」と言う。しかし、この歌が寝たきりの状態にまでなった最も苦しい時期に作られたことを考えると、最古の陸上植物と自分を重ねた着想は、科学者ならではの豊かで力強い想像だと感じ入る。

生命の連帯感

柳澤の歌には、動物の妊娠や出産を詠ったものがいくつもある。病臥する自らの存在を離れ、遥かな海を思う歌が多い。それは身動きのとれなくなった自身から、魂を飛翔させようとするような表現である。と同時に、それは他の動物に自らを重ねる深い共感でもあった。

鯨にも陣痛があるのだろうか遥かに思う重く病みつつ
身籠もりし鯨は大きなお腹して水面《みのも》に寝てるよい仔を産んでね
今きっとどこかの海で海豹《あざらし》が仔を産んでいる地球は回る

海豹の胎児に瞳ができるころ海よ静かにさらさら歌え

一首目は原因の分からない痛みに耐えつつ、ふと鯨の出産時の痛みに思いを馳せた内容だ。陣痛にも似た激痛だったことをうかがわせるが、韻律がやわらかく魅力的な歌である。二首目は、「よい仔を産んでね」という、話しかけるような結句が胸に響く。

三首目は、生命の営みが絶えずつながってゆく様子が美しく詠われている。人間も含め地上の生き物がどうあろうと「地球は回る」という達観も深い。四首目は、視覚系の発生が妊娠のきわめて早い時期に行われることを知ると、いっそう味わい深いだろうか。胎児が無事に育つよう、海に対して「静かにさらさら歌え」と呼びかける作者の優しさである。

こうした作品に詠われた鯨や海豹といった海生動物から、「明星」で活躍した山川登美子の一首を思い出す。

おっとせい氷に眠るさいはひを我も今知るおもしろきかな

与謝野晶子のライバルとしても知られる登美子は、結核を病み、二十九歳で亡くなった。この歌は、「オットセイが氷上に眠るときの幸福を、熱に苦しむ身となった今、私も知るようになった。なんとおもしろいことか」と、病む自分を客観視した内容である。高熱を出し、氷嚢を当てていたのだろうか。死を目前にして、自らをオットセイに重ねてみせた達観というか余裕に、迫力が感じられる名歌である。

しかし、柳澤の歌も負けてはいない。登美子は「おもしろきかな」と、病む自分と同時に「おつとせい」をも突き放すのだが、柳澤作品には鯨や海豹と同化したあたたかさがある。かつて「自分のからだの中で、別のいのちが育っていくという体験は、私の生命観を大きく揺るがせた」と感激した彼女自身の言葉も思い出す。妊娠、出産という体験が、自分も同じ哺乳類であるという実感を抱かせたことは間違いない。発生学の研究に携わり、マウスを用いた実験をしていた柳澤は、まざまざと「海豹の胎児に瞳ができる」様子を思い浮かべていたはずだ。ここにも、「私が羊歯だったころ」と伸びやかに想像の翼を広げ、他の生命と自分を重ねた生命科学者の感性を見ることができる。

病と向き合う

短歌は、苦しみや悲しみを注ぐのに適した小さな器である。乳がんを患った中城ふみ子も、結核を病んだ山川登美子も、死の恐怖のなかで歌をつくり続けた。痛みや気分の悪さは数値化や画像化のできないものであり、他人に理解してもらうことが難しい。しかし、歌に表現されれば、わずかなりとも人に伝えることができる。柳澤は病床の苦しみを、懸命に詠い続けた。

日に何度心臓発作の苦しみに耐えてニトロの苦き甘さよ

麻痺強きひと日も暮れて枕辺に春の嵐の音つのりゆく

しかし、こうした苦しみがそのまま詠われる時期は短かった。柳澤は次第に、病む自身の肉体から心を自由に解き放つようになる。それは何という強靭な心だっただろうか。

麻痺進み疲れて重き両の手は満月一つ磨きしごとく
人生を成就できない悲しみは月で汲み上げ銀河に流す
十五年病臥する身はようように透きてこころは宙に溶けゆく

一首目では、重たく感じる両手の麻痺について「この痺れは、まるで満月を磨き上げたせいみたい」と美しく空想している。大きな満月を磨くのは、さぞ力が要ることだろう。この比喩を思いついたとき、思うようにならない腕や手の重たさを悲しみつつも、柳澤の頬にはふと微笑が浮かんだのではないだろうか。

二首目の「人生を成就できない悲しみ」は、研究者としての道を断たれた、やり場のない悲しみであり憤りでもあっただろう。誰にもぶつけることができず、自らの胸を苦しく巡り続ける思いを、彼女は空想によって遥かな月まで出向き、井戸から水を汲み上げるように「汲み上げ」る。そしてそれを、宇宙を流れる広大な「銀河」へと流してみせたのだ。柳澤の「悲しみ」がいかに大きくても、銀河の大きさからすれば小さい。歌の力によって、彼女は自らの「悲しみ」を昇華させることができたのだと思う。

三首目の「宙に溶けゆく」は、一種の悟りの境地だろうか。生きている肉体も心も、本来は透明になることはない。けれども、十五年の闘病は、あたかも「身」が「透きて」いるような感覚を与え、野心や功名心といった、優れた研究者であれば当然抱くさまざまなものと訣別した「こころ」を与えたのだ。

ベッドで原稿を書くことも多かった（1993年ごろ、朝日新聞社提供）

背が縮んだ十二センチも。小柄なおばあさんなり歯はまだあるが

私を終わらす時期が迫りくるこのようにしか生きられなかった

苦しみて四十余年病み通し最後は癌もすてきじゃないか

寝たきりの生活は、心も身体も痛めつけた。一首目の破調は、乱れる気持ちの表れでもあるだろう。身長が十二センチも縮んだのは、筋肉と骨量の著しい減少によるものと思われる。「歯はまだあるが」という結句には痛々しさを感じるばかりだ。二首目の「このようにし

か」という諦念に満ちた言葉も同様である。

しかし、三首目の奇妙な明るさには、胸を衝かれる。長い長い闘病生活の果てに、癌まで発病したことを、柳澤は笑ってみせるのだ。「やれやれ、今度は癌なの？　もう何も驚かないわ」とでも言いたげな作者に、私たちは言葉を失ってしまう。「すてきじゃないか」という結句は、山川登美子の「おつとせい氷に眠るさいはひを我も今知るおもしろきかな」を思わせる迫力である。

こうした歌は、悟りの境地というのとも少し違うだろう。柳澤は繰り返し、さまざまな願いを歌にしている。それは、本当にささやかな願いである。ささやかなのに叶えられない現実に、読む者の胸は詰まる。

ラヴェンダーの野に寝てみたいその次は波打ち際を歩いてみたい

どのくらい土を踏まなかったことだろう幾年も風にも祈らなかった

ときめきて劇場の席に座りし日たびたびありきもはやなからん

半生を病み過ぎしことははかなくてなせざりしことのしきり思わる

どれも切ない歌で具体的だが、四首目だけは、何をしたかったのかはっきりとは書いていない。恐らく、波打ち際を歩いたり、劇場に足を運んだりすることではないはずだ。柳澤にとって最も大切だったこと――「なせざりしこと」は、生命科学の研究だったのではないだろうか。

時繁く昔のことを夢に見るマウスの尾から採血をした
タイマーを五つ並べて実験したのは遠きコロンビア大学
風邪気味のマウスを胸に温むるわれ若かりしポニーテールの

この三首は、いずれも二〇一二年に出版された最新歌集『四季』に収められている。それまでの歌集には、こんなふうに実験に勤しんだころを回顧する歌はない。発病から四十年余、柳澤はようやく「若かりし」ころの自分を振り返ることができたのだ。

著書に添えられた当時の柳澤の写真は本当に愛らしく、その後の発病と長い闘病生活を思うと胸を抉《えぐ》られるような気持ちになる。死んでしまいたいほどの苦痛を味わっているとき、人は最も幸福だったときの思い出に浸ったりはしない。それは現実の苦しさを増強させるものである。長い髪をポニーテールにまとめ、顔を輝かせて研究に打ち込んだころの彼女がいとおしくてならない。そして、そのころの自分を回想する柳澤の穏やかな境地に、胸を締めつけられる。研究に打ち込んだ日々を詠った、これらの歌にこそ、最も柳澤らしい姿が映し出されているのである。

柳澤桂子の短歌は、多くの人を感動させる。作品の力に励まされ、慰められてきた人も少なくないだろう。そのことを重々知りつつ、彼女が科学者としてずっと研究に携わっていたら、どれほど多くの業績を挙げていただろうかと思わずにはいられない。

写真：柳澤桂子氏提供（139ページを除く）

第4章　物理の世界から科学ジャーナリストへ——石原純の場合

アインシュタインの相対性理論が世界を揺さぶるよりも前に、その重要性をいち早く見抜いていた一人の物理学者がいた。彼はその後ヨーロッパに留学し、アインシュタインその人の下で学んだ後、帰国して大学で研究を続けた。学究の日々が断たれたのは、やがて不惑を迎えようとするころ、一人の女性への恋ごころが募ったことが直接の原因だった。

石原純という理論物理学者の名は、やがて科学ジャーナリストとして広く知られるようになる。子どもたちのために分かりやすく科学のエッセンスを伝え、初学者のために懇切な入門書や辞典の編纂に携わった。戦時中には反科学主義やファシズムに対して鋭く批判し、真の科学的精神を教育する重要性を説き続けた。

石原の心には常に、歌があった。科学の世界における真理の探究も、自らの胸に満ちてくる思いを表現することも、すべてつながった美しい喜びであった。その純粋な生き方を歌と科学の両面から探ってみたい。

貧しさのなかで

石原純は一八八一（明治十四）年、東京市本郷区（現・東京都文京区）に生まれた。父、石原量《ひとし》は、三河西端藩士であったが、明治維新後に小学校教員を務めた後、母親と上京する。まもなく宣教師から洗礼を受け、プロテスタントの信者となった。長男である純が生まれたころは、教会の牧師となって働いていた。母、ち勢《せ》は東京の生まれで、量とは教会で知り合って結婚した。

石原が小学校に上がった一八八七年、ち勢は脊髄炎で亡くなる。石原と弟の謙、妹のつゆは父方の祖母に育てられた。翌年四月、妻を亡くした傷心を抱え、父親は伝道のため愛知県へ赴任することになり、子どもたちも一緒に旅立った。船便で先に送っておいた荷物が船火事で焼失するという災難に遭い、一家の先行きはあまり明るくなかった。この時代、まだキリスト教は普及しておらず、石原は転校先の同級生から「ヤソ、ヤソ」とからかわれ、いじめられたという。十一月には別の学校に転校し、翌八九年六月には再び上京し、最初に入学した本郷の小学校に戻った。そのころの思い出を石原は「昔の本郷」というエッセイに書いている。

私の生家の屋敷内はおよそ二百坪ばかりもあつたので、果樹や草花なども植ゑてあり、片隅にはちよつとした畑もあつた。私が東京育ちでありながら草花などを好むのもそのお蔭であると思はれる。果樹のなかには、梅や杏や栗や柿や柘榴や無花果などもあり、桑の実が熟したり、西洋苺なども植ゑられてゐた。その外に青桐や桐や芭蕉や山梔子《くちなし》や紫陽花《あぢさゐ》や紫苑や

紅花草や雪の下などもあり、まはりは杉墻《がき》で囲まれてゐた。つまりかういふ植物が私の幼な友だちでもあつたのである。（中略）

私は本郷小学に通つてゐた頃、その帰りがけに友だち同志でよくこの大学の構内に遊びに来た。今の川上御殿のある辺りの松の木の枝に大きな蛇のゐるのなどをも見たことがある。その辺りで遊んでゐると、時々は巡視がやつて来ては叱つたので、みんなはその姿を見つけると、「それ山おまはりが来たぞ」と云つては逃げだした。しかしそれでもこの校内で無邪気に遊ぶのはその頃の楽しみの一つであつた。

庭の草木を「幼な友だち」と呼ぶあたり、植物に対する親しみや自然への関心の深さが感じられる。文中の「大学」は、現在の東大・本郷キャンパスである。当時は赤門を入ってすぐに小高い築山があり、近所の子どもたちはそこでよく遊んだらしい。「山おまはり」「巡視」というのは、大学構内を見回る警備員のことであろう。石原は幼年期の自分について、「元来、私は幼いころから進んで人なかに出ることなどが嫌ひで、むしろ自分だけの世界を楽しみたい気もちの方が強かつた」と書いているが、活発に友だちと駆け回ったこともあったのだ。

一八九一年、母親代わりに面倒をみてくれていた祖母が亡くなる。純が小学校を卒業して私立の郁文館中学に進学したころ、父は牧師を辞め、家計は苦しかった。中学二年生になった秋、石原が東京府尋常師範学校の入学試験を受けたのも、学費のかからない師範学校への転学を考えたからだと思われる。体格試験で不合格になったため、そのまま郁文館で学び続けることになった

幼少期、父と弟妹と（右端が純）

が、石原と弟の謙は翌年、「自営館」という勤労学生のための宿舎に入る。日本キリスト教会派の牧師、田村直臣の設立した施設で、働きながら勉強する学生たちが共同生活をするシステムになっていた。二人とも館内にある活版工場で働き、キリスト教関係の書籍や雑誌、さまざまな文書の印刷に携わった。ちょうど同じ時期、後に作曲家となる山田耕筰も自営館で暮らし、活版に従事していた。

生活苦から父は本郷四丁目に所有していた土地を抵当に入れ、さらには宅地内にあった二つの家屋のうち、一軒を売り渡した。もう一軒には、父と妹のつゆが住み、石原と謙は、日曜ごとに帰宅したという。

中学時代の石原の成績は優秀だったが、郁文館を卒業する年に受けた第一高等学校の理科の入学試験には落ちてしまった。自営館で再び働きながら郁文館の補習科で勉強を続け、翌年には合格を果たした。

文学も理学も愛する石原にとって、文理どちらに進むかは迷うところだった。歌集『靉日《あいじつ》』の「序」には、「高等学校にはいる時にどの科を選んだらいゝかと云ふことに迷ひました。試験の都合やその外の思惑から私はとうとう理科へはいつておのづから理論物理学の攻究へ向かつてまるりました」と記されている。その一方で、「私は中学時代には家の事情で多少の苦学を経験したが、中学を卒業して一高の入学試験を受ける折には、やはり自分の気の向くまゝに理科を志望して、入学後には物理学科を選んだのであつた」とも記している。

一高に合格した石原は自営館を出て自宅に戻り、一高の南寮に入寮する。一高の二年次が終了するころには、物理学を志すことを決めていた。一九〇二（明治三十五）年、石原は東京帝国大学理科大学理論物理学科へ入学する。東京開成学校と東京医学校が合併して東京大学が発足した一八七七（明治十）年当時は、物理学、数学、星学を合わせて物理学科と呼ばれていたが、四年後にはこの三学科が分離し、石原が入学する前年には、物理学科は理論物理学科と実験物理学科に分かれた。石原は理論物理学科の第二回生となる。

このころ、石原は短歌への関心を深めていたようだ。一九〇二年七月ごろから「阿都志《あつし》」というペンネームで日刊紙「日本」に歌を投稿し始める。石原の名前「純」は、「じゅん」と音読みされることが多く、自ら「じゅん」とルビをふった刊行物もある。家族や友人に「あつし」と呼ばれていたのかどうかは不明である。この新聞には一八九八年、正岡子規が「歌よみに与ふる書」を十回連載して、大きな話題になっていた。「貫之は下手な歌よみにて古今集はくだらぬ集に有之候《これありさうらふ》」という一文で有名な歌論は、旧派の中堅以上の歌人たちに衝撃を与える一方で、文学を志す、あるいは愛好する青年たちの喝采を浴びた。恐らく石原も、その一人だったのではないだろうか。

「日本」紙上への投稿は約一年続いた。子規が亡くなった一九〇二年九月には、「石原阿都志」

による「正岡先生の御墓に詣でゝ」と題した八首が掲載されている。「日本」への投稿が一年ほどで終わったのは、根岸短歌会の機関誌「馬酔木《あしび》」が一九〇三年六月に創刊され、そこへ入会したからだろう。同年七月に発刊された「馬酔木」第二号には、石原阿都志の二首が採られている。

大学での勉強は本格的な域に入っていた。二年への進級時、理論物理学科の一年生八人のうち、進級できたのは石原を含め三人だった。三年への進級時には、石原も留年となってしまった。二度目の二年生となった年は、石原にとって多難な年だった。十一月に父と弟が同時に腸チフスにかかって入院し、父はそのために五十五歳で亡くなったのだ。

弟の病気と父の死だけでも大変なことだが、入院費や付き添いなどの費用をどう捻出するかという問題が大きかった。このときは母方の祖母と父の知人が物心両面で支えてくれたことで、石原は何とか家計をやりくりすることができた。母方の祖母はクリスチャンで、自分の孫のみならず多くの青年を世話したという。

父と弟の入院、そして父の葬儀に追われ、十一月から石原は講義にほとんど出席しなかったが、物理学科の「ニュートン祭」の準備のため、十二月に入ると何度か大学に足を運んだ。ニュートン祭は、アイザック・ニュートンの誕生日が十二月二十五日であることにちなんで、大学の物理学科の学生と教授らが開く忘年会のような催しである。東大物理学科の卒業生によると、「世間はイエス・キリストの誕生をクリスマスとして祝うが、われわれは物理屋だからニュートンの誕生を祝って楽しもう」ということで始まったとされる。東大では理学部が発足してまもない一八七九年から毎年開かれていたので、石原のときにはすでに四半世紀続いた伝統あるお祭りであり、二年生が幹事役を務めることになっていたため、石原は準備のために心ならずも時間を割いたようだ。ニュートン祭は今も、東大をはじめいくつかの大学で開催されている。

慌ただしく一年が終わり翌年の春を迎えたころ、石原の胸にはようやく父の面影が去来した。

ちゝのみの父にわかれて百日しもゝはぬ日はなく春たちにけり
こふれども父はいまさず山吹の花しさきつゝちりにけるかも

草木が芽吹く春に、命のはかなさや、妻を早くに亡くし清貧に甘んじた父の生涯をしみじみと思う石原であった。歌は大きな慰めであり、「馬酔木」の中心の一人である伊藤左千夫の家を訪ねることは、当時の唯一の楽しみだった。

相対性理論との出会い

経済的に困窮していた石原だが、学問の道をあきらめることはなかった。一九〇六年七月に理論物理学科を卒業すると、そのまま大学院に進んだ。妹のつゆがこの年、陸軍大尉と結婚して家を出たことは、妹が伴侶を得たという喜びのみならず、長兄としての責任が少なからず軽くなることでもあっただろう。弟の謙も東京帝大文科大学哲学科に在学しており、二人での暮らしが始まった。

石原は生活費を得るため、早稲田大学や都内の複数の中学校で教えながら、研究に打ち込んだ。アルバイト先での授業は週に二十時間を超えた。その当時の多忙さについて、後に石原は「ともかくも一家を立てねばならなかつたし、したがつて卒業後は諸処の中学をかけもちで教へるのに忙がしく、これと同時に自分の研究をも始めて漸次興味を深くしていつた」と振り返っている。

当時の物理学教室には、鶴田賢次、田中舘愛橘、長岡半太郎の三教授がおり、石原は長岡の下で「分子的物質論」を研究した。長岡は、プラスの電荷を帯びた原子核の回りをマイナスの電荷を帯びた原子が回っているという、土星型の原子モデルを提唱したことで知られる。

大学院に入った一年後、石原は、同じ年に入学した星学科の橋元昌矣《まさお》の姉、いつと結婚した。親友だった橋元は既に卒業し、麻布飯倉にあった東大の付属機関、東京天文台に助手として勤めていた。結婚とも関係するのだろうか、石原は一九〇八年四月に退学して陸軍砲工学校教授となった。そして一九〇九年十月、最初の論文「運動媒質の光学」を、東京数学物理学会で発表した。

この論文は、アインシュタインの相対性原理に基づいてドップラー効果や、透明な物質の屈折率と光波の速度、真空内を運動する物体の境界における反射と屈折などが論考されたもので、日本で初めて相対論について扱った論文とされている。アインシュタインが「どんな運動をしている観測者から見ても、光の速度は同じ」とする特殊相対性理論を発表したのは一九〇五年である。石原は大学院のころから、これをはじめとする一連の論文に注目していた。

科学史家の西尾成子によると、アインシュタイン理論のもつ重大な意味が広く理解されるようになったのは、ミンコフスキーの空間時間論が発表された一九〇七年から〇八年以降のことという。数学者であるミンコフスキーは、空間の三次元と時間の次元を組み合わせた四次元の時空を用いることで、相対性理論が定式化できることを明らかにした。

そのことを考えると、石原がアインシュタインの理論に着目したのはかなり早く、彼の研究が世界的水準にあったことが分かる。西尾は、石原の論文発表以降の十年間に「東京数学物理学会記事」に掲載された論文を見る限り、相対論の研究発表はほかにないという。石原は一九一〇年にも合計四編の相対論関係の論文を発表し、それらの論文の抜き刷りをアインシュタインへ送った。

砲工学校教授となった石原は、一九〇八年十一月に創刊された「アララギ」の同人となっていた。アルバイトに忙殺されていたころは、「馬酔木」の歌会には何とかして出ていたものの、歌作は滞っていた。「馬酔木」が〇八年一月に終刊となり、その中心だった伊藤左千夫が「アララギ」創刊に関わったため、彼に従う形で入ったのである。

石原と伊藤は師弟の関係を超えた、よき友人でもあったようだ。石原のエッセイには、大学時代の思い出として、「私が大学で物理学を学んでゐたことから、左千夫翁はいろいろと自然の現象について訊ねられることも多かつた」「左千夫翁がさういふ事がらにもかなりに興味をもつてゐられたといふことは、世間では恐らく知らないであらうが、これも短歌などを通じて本当に自然を愛するといふ心から、そのさまざまの不思議さについても知りたいと思はれたのに違ひない」と記されている。

一九〇九年から一〇年にかけてハレー彗星が接近した際、彗星の尾の中を地球が通過するというので、社会的にも大きな話題となっていた。左千夫は彗星や他の天体についても、石原に熱心に質問した。

彗尾《ほゝきを》のながくし曳けば飛ぶを近みうち見る天を掩ふときあらむ
稀星《まれほし》のすぺくとるとぞ幾條《いくすぢ》のひかりかゞやく諸星に似ず
天に充つる輻射のあれば箒ほしのうす尾はなびく日にそむく方に

いずれも一九一〇年三月の「アララギ」に発表された歌である。彗星の「彗」は「ほうき」を表し、一首目の「彗尾」は彗星の尾のことだ。このときのハレー彗星は、最接近時には〇・六等の明るさにまでなったから、彗星の長い尾も肉眼でよく見えただろう。石原が自ら付けた註に、「ハレー彗星の尾の中を地球の通過する方に数月の後なり」とある。彗星が太陽面を通過する五月半ば、地球がその尾の中を通ると見られていたので、そのときには「天空全体をおおうときが来るだろう」というわけだ。世紀の天体ショーに石原が胸を躍らせたことが伝わってくる。

二首目の註には「すぺくとる（彩帯）は光源の組成を徴《し》るすべき随一の現象なり」とある。「稀星」は彗星、「諸星」は諸々の星、つまり恒星を指す。スペクトルを分析することで、天体の物理情報や構成している物質を特定することができるが、連続した光を放っている恒星のスペクトルと、太陽に暖められて生じたガスで光っている彗星のスペクトルとでは、全く「似ず」というのだ。独立した結句には、科学者らしい感激が感じられる。

三首目は「彗星の尾は以て輻射圧の存するを証するに足る、因て歌はんとする処は之を解する者のまゝなり」と解説されているが、当時のアララギ同人の何人くらいが理解しただろうか。「輻射圧」は、光が物体に当たって吸収あるいは反射されるとき、物体の表面に及ぼす圧力のことを指し、放射圧とも光圧ともいう。彗星の尾は、構成物の違いから「プラズマの尾」と「ダストの尾」の二種類が観測される。太陽光の圧力である「輻射圧」と、個々のダスト粒子が太陽を巡る軌道運動の両方の影響を受けて広がるのが「ダストの尾」であり、三首目の「箒ほしのうす尾」はまさにそれを指す。だから、「日にそむく方」、太陽から遠ざかる方向に「なびく」のである。

光が波の性質と同時に、粒子の性質も持つことを理論的に説明したのがアインシュタインだった。三首目は、天体現象が淡々と詠まれているようだが、「天に充つる輻射」という表現には、「光は波でもあり、粒子でもある」という量子論の最先端の考えが投影されている。このときは、光が粒子であるという考えは物理学者の中でもまだ認められていなかったのである。時代を先取りした物理学者、石原純の特筆すべき一首といえるだろう。

仙台、そしてドイツへ

ハレー彗星が遠ざかりつつあった一九一一年五月、石原は東北帝国大学理科大学物理学科の助教授として赴任する。東北帝国大学は一九〇七年、東京、京都に次ぐ三番目の帝国大学として設立された。二つの文科大学から成る帝国大学だったが、理科大学の開校は一九一一年だったので、初年度に赴任したことになる。

着任してまもなく、石原は「東北数学雑誌」の創刊号に、「相対性理論における空間時間変換について」と題する論文を発表する。また、「東北帝国大学理科報告」に、「光量子論への寄与」を寄稿した。これは日本で最初に書かれた量子論の研究論文である。

量子論の研究はまだ始まったばかりだった。物理学者たちは量子論の重要性は認めたものの、光そのものが粒子性をもつという光量子論については否定的な考えの研究者が多かった。光量子論が広く受け容れられるようになるのは、一九二二年から翌年にかけて、X線を物体に照射すると散乱したX線の波長が最初の波長よりも長くなる現象「コンプトン効果」が発見されてからである。X線はエネルギーの高い光であり、この現象は光が粒子であることを示すものだ。石原が当時は少数派だった光量子論を支持したことは、物理学者としてのセンスのよさを示しているだろう。

論文を発表してまもなくヨーロッパ留学の命を受け、一九一二年三月末に仙台を出発する。最初の留学先であるミュンヘンに着いたのは、四月下旬であった。二年間の留学期間の最初の半年は、ミュンヘン大学のゾンマーフェルトの下で研究する予定となっていた。ゾンマーフェルト自身、優れた物理学者だったが、パウリやハイゼンベルクといった非常に優秀な弟子を何人も育てたことで知られる。

我にとほき国のことばのいたづらに耳に聞きえず話すすべもなしに
人もあらぬ実験室の夜の更けにしづかに響く装置を聞きぬ

初めての海外でもあり、最初はドイツ語を聴きとるのが難しかった。一首目からは、もどかしい思いが伝わってくる。大学では、ゾンマーフェルトの熱力学、金属電子論のほか、ラウエの「相対性原理」などの講義を聴講した。二首目の「装置」というのは、熱力学の実験装置だろうか。

うすぐらくけふも雨降れり室《へや》にありて「相対論」を草しつゝありぬ
書きさして展《ひろ》げしまゝの論稿が今朝も尚つくゑの上にあるなり

一首目は、雨の降り続くもの憂い日に、相対論に関する論文を執筆していることが詠われている。「うすぐらく」というのは、部屋の中であると同時に、石原の心でもあっただろう。二首目は、書かねばならぬ原稿が一向に進まない憂うつな気分が詠われている。このころ、石原はゾンマーフェルトから何度も書き直しを命じられていた。ドイツ語の問題だけではなかったようだ。石原が輻射に関して量子を仮定した論文を書いたところ、彼に「これもおもしろい考え方だが、どこか日本の雑誌へでも出したらよかろう」と言われたことがエッセイに綴られている。

次の半年は、ベルリン大学で量子論の創始者、マックス・プランクの下で学ぶことになってい

同じ自営館で暮らし、同時期に留学していた山田耕筰とベルリンにて（右が石原、1913年4月）

た。当時のベルリン大学はドイツにおける科学研究の中心だった。やがて核分裂を発見する物理学者オットー・ハーンや、物理化学者のヴァルター・ネルンストら、後にノーベル賞を受賞する研究者が集まっていた。

研究室では毎週一回、図書室でコロキウム（談話会）が開かれた。新しく発表された重要な論文について誰かが紹介し、参加者がそれぞれ意見を述べ合うという形式だった。ドイツでの生活にも慣れ、心の余裕が生まれたのだろう、石原はこうした場を楽しむようになっていた。エッセイに「大家の説であるからといつても、一歩も譲るやうなことはない。ここに真理を追究するといふ熱情の溢れがほとばしつて、いかにも愉快である」と記している。

そんなコロキウムの自由な雰囲気を、石原は歌に詠んでいる。

学者の会に我が来て強くみてる空気の圧を感ずるもよし
冬の夜を空気の張れる室にみちて理学論ずるあまたの人かも
或るときは我が疑へる学説をよしと思ふ人も多くゐにけり

一、二首目の「空気の圧」や「空気の張れる」といった表現からは、研究者同士が論を戦わせるときの心地よい緊張が伝わってくる。一首目は、緊張感に満ちた会に出席した充実した思いが詠まれている。留学してからだいぶ経ち、少し自信が出てきたのではないだろうか。三首目からも、余裕ある心もちが分かる。

留学二年目となり、石原はベルリンを離れてスイスのチューリッヒ工科大学へ向かう。いよいよアインシュタインに会えるのだ。エッセイには「欧州に行つて私はアインスタインに親しく接する機会を得ることを自分の最も大きなよろこびの一つに期待して居りました」とある。初めて会う物理学者は穏やかな風貌で、「温和な姿のなかに、どこか芸術的に深みのある素質」を感じさせる人だった。

名に慕へる相対論の創始者にわれいま見ゆるこゝろうれしみ
われの手をひたすらにとりてもの言へる偉《おほ》いなるひとをまのあたり見る
世を絶えてあり得ぬひとにいま逢ひてうれしき思ひ湧くもひたすら

あるとき、石原は大学の近くの並木道で、ひょっこりアインシュタインと会う。すると彼は、唐突に「輻射はやっぱり量子的な関係に支配されているよ」と話しかけた。自分の論文に対するゾンマーフェルトの冷淡な態度を思い、石原は深く感激した。けれども、それにもまして感じ入ったのは、アインシュタインが続けて「チューリッヒの空は美しいではないか」と言いながら春の空を仰いだことだった。その瞳には「遠いはるかな理想」がこもっているようでもあり、石原は「私はこのうつくしい並木道でのゆかしげな情景をいつまでも忘れられずに心にのこしてゐるのです」と書いている。

チューリッヒでの滞在期間は、一九一三年四月から七月までの四カ月間と短かったが、石原にとっては忘れ得ぬよき日々だった。一つには、スイスはドイツ語、フランス語、イタリア語圏が交りあい、さまざまな国からやってきた人が多かったことが関係するようだ。石原は「元来が国際的であつて、従つて我々のやうな東洋人が行つたにしても、少しも外国人扱ひをしないので、それだけでも気もちがよい。大学の教授や学生にしても、却つてスウィス生れの人々は少数派であるといふほどの有様であるし、私の住んでゐた下宿などにもほとんど他国人ばかりが集まつてゐた」と記す。

ベルリン大学と同様、ここでも毎週決まった曜日の夜にコロキウムが開かれ、盛んに議論が交わされた。コロキウムが終わると、今度は湖岸のカフェでビールを飲みながら、また議論を楽しむのである。「実に学者らしい、しかもまことに楽しい会合であつた」という。チューリッヒ湖畔は、空気の澄んだ日にはアルプス山脈を望むことができる。町の人々の憩いの場であった。

夜の会終ふる時刻頃《ときごろ》を学者らのむれぞよめけり教室のまへ
街なかのカフェーの庭に夜おそく語り疲れておもゐひにけり

美しい自然と温かい人情に恵まれた日々を過ごした後、石原はアインシュタインとの別れを惜しみつつ、チューリッヒを発つ。次なる目的地はロンドンだった。実質的な留学は終わっていたようで、大学などの研究機関には行かず、論文を書く一方で旅を楽しんだ。

一九一四年三月、石原はロンドンを後にして、パリへ向かった。一カ月ほど滞在し、再びベルリンを訪れると、チューリッヒからベルリン郊外のダーレムへ移り住んだばかりのアインシュタインと再会することができた。彼はカイザー・ヴィルヘルム協会の物理学研究所（現マックス・プランク研究所）の所長になったばかりであった。

ベルリンを発った石原は一路、日本を目指す。二年ぶりに日本の地を踏んだのは、五月初めだった。

研究と歌、そして恋

石原は二年間のヨーロッパ生活で、九本の論文を書き上げた。ミュンヘンで書いた光量子論を除く八編が相対論関係の論文だった。アインシュタインが一九〇五年に発表した相対論は、互いに等速直線運動をしている系に限っていたので「特殊相対論」と呼ばれる。それを一般化した理論が一般相対論、あるいは重力場の理論であるが、留学してからの石原は、主に重力場の理論に取り組んだ。

アインシュタインは一九一五年、重力場の方程式を得ることに成功し、翌年初めにかけて一般相対論を完成させた。けれども、石原はそれを知らなかった。帰国して約二カ月後に第一次世界大戦が勃発し、ドイツとの研究上の交流が途絶え、科学雑誌の入手もできなくなっていたからである。

石原は留学していた一四年半ばまでに知っていた研究の動向をもとに、自らの研究を進めるほかなかった。一八年までに書いた論文は十六本に上る。うち、九本が相対論関係、七本が原子構造とスペクトル、X線などに関するものである。

酸素おほき朝の気はよし実験に興ずるこゝろ我れにそゝりて

研究生活は石原にとって好もしいものだった。そのころ書いた文章に、「私は毎日を自分の研究室にくらしながら、いつもしみじみと朝の謙譲なる溌溂と夕の傲岸なる沈鬱とを感ずるのでした。そしてそれぞれに平明の歓喜と深刻な哲理とを味はずには居られませぬ」というものがある。三十代の研究の日々は充実していた。そして、研究の傍ら歌を詠むことは、ごく自然なことだった。

夏の休み日の
実験室は寂しかり。

鋼鉄《はがね》のうへの面錆《おもさび》を見る。

電子うごく世界のさまを想ひをれば、
黄なる書物が
我が眼に触れぬ。

美《いつ》くしき
数式《すうしき》があまたならびたり。
その尊とさになみだ滲《にじ》みぬ。

一首目は、大学が夏休みになり、静まり返った学舎の雰囲気が伝わってくる。二首目は、目には見えない「電子うごく世界」の様子をまざまざと思い描く物理学者の心が詠まれている。その世界にしばらく浸った後、不意に現実の「黄なる書物」が視界に入って驚く作者である。数式の美しさに感じ入る三首目の「尊とさ」には、二通りの解釈が考えられる。一つは、自然界がすっきりと美しい数式で解き明かされたことの尊さ、もう一つは、その数式を得るまでに費やされた研究者の時間と苦労の尊さである。この歌にはそのどちらもが含まれるかもしれないが、石原純という人の心を思うとき、前者の「尊とさ」の方が当てはまるように思う。

帰国して三年半がたった一九一七年暮れ、石原の自宅で歌会が開かれた。実は東京で育った彼にとって、仙台は「限りなく淋しい処」であった。最初に赴任したときには「陰気に黙々と閉された街」という印象を受けたが、その印象は留学から戻っても変わらなかった。一つには、歌を作り歌について語り合える人が周囲におらず、刺激に乏しく物足りなかったようだ。毎月「アララギ」に歌を送っても、評してもらう場がなければ張り合いに欠ける。そんな折、東北大の同僚が歌に興味をもったのがきっかけで、数人が集まって歌会を開くことになったのだった。

石原は嬉しかった。その昂揚感からだったのか、歌仲間から「アララギ」の会員である原阿佐緒が東北大附属病院に入院していることを聞いて、見舞うことにした。阿佐緒は宮城県黒川郡宮床村の生まれである。「女子文壇」で与謝野晶子に見出されて新詩社に入り、いくつかの雑誌に歌を発表していたが、新詩社の出していた「明星」が終刊したこともあり、一九一三年に「アララギ」に入会していた。すでに『涙痕』『白木槿《しろむくげ》』という二冊の歌集を刊行し、気鋭の女流歌人として名が通っていた。

当時、阿佐緒は二度目の結婚をして東京に住んでいたが、夫とうまくいかずに子ども二人を連れて帰郷し、このときは異常妊娠の処置のため入院していた。心身共に疲れ果て、悲しみの底にあった阿佐緒は、「アララギ」の重鎮であり、東北帝国大学教授である高名な学者が訪ねてきたことに大きな驚きと喜びを感じた。石原は年明けに「アララギ」の仙台歌会を自宅で開くことを知らせ、阿佐緒は出席すると返事した。二人の心は急速に接近した。

阿佐緒は、最初に石原と会ったときについてこう記している。「私は早速寝台の敷布の下にかくしてあつた、小さいノートを出して氏に見せながら、『みんなだめで御座いませう』など丶云つたりした」――。未完成の歌稿を見せるというのは、心を見せることであり、「みんなだめで御座いませう」という言葉は、褒められたい気持ちの裏返しである。阿佐緒の態度は、控えめながらコケティッシュなものを少し感じさせる。ともあれ、歌が二人の心をぐっと近づけたことは間違いない。

翌一九一八年の初めから春ごろまで、二人の間では歌を巡る親密なやりとりが行われた。阿佐緒の歌稿に石原がコメントを書き込んだり、添削したりしたノートはいま、仙台文学館に保管してある。

ノートには、阿佐緒が万年筆で一ページに五首ずつ書き込んでいる。石原はそこに赤ペンで、よいと思われる歌に○や◎を付けたうえ、コメントを加えている。二百首余りの中で目立って多いのは、実家に残してきた二人の子どもを恋う歌である。阿佐緒の実家のある宮床村（現・大和町）から仙台までは、今でも車で約四十分かかる。幼い子どもと離れて過ごす入院生活は、母親にとってつらいものだっただろう。

子らの寝息しづまる待ちてひそやかに夜の灯をかゝげ旅支度すも
わが飼へる懸巣の餌を忘れなと子に云ひおきて家を出でけり
パンを買ひじやむを買ひつゝ児ら待てどなか〳〵は来ずいらだゝしもよ

一、三首目には○、二首目には◎が付けられている。一首目について石原は、「『かゝげ』は非常にいゝ言葉です」、二首目へは「淡々しい中に云ひしれぬ親しみのこもつたうたです。私の大へんすきな歌です」と書き込んだ。三首目には「素朴な云ひあらはし方ですけれど、却てその心にふさはしい処が見られます」など、いずれも几帳面な筆跡で丁寧にコメントされている。

このノートから分かるのは、石原がごく初期から、既婚であり幼い子どもがいるという阿佐緒の身の上を理解していたことである。子どもの歌が多いからこそ、阿佐緒が安心して歌稿を石原に見せたという面もあったかもしれない。互いに恋ごころを感じ始めていた当初から二人は、自分たちの恋が困難を伴うものだと、よくよく分かっていたのだ。

うつそみはいたづきおほし。
離れゐるひとも病むといふに
遇はずかなしき。

しみじみとこゝろ泣きたり。
ひととゐて、
いひ解きがてぬさびしさをもち。

石原の心は揺れていた。一首目の「うつそみ」は現実世界、「いたづき」は心労や骨折りを指す。離れている二人がそれぞれに病む悲しさが詠まれている。二首目の「ひと」は、妻とも阿佐緒とも解釈できる。「さびしさ」は人間存在そのものの孤独感だろうか。

そんな状況が続いていた一九一九年五月、石原は「相対性原理、万有引力論及ビ量子論ノ研究」により、帝国学士院恩賜賞を受賞する。権威ある学術賞を三十八歳で受けた感激は小さくなかった。

ひたすらに虔《つつ》しみごころ我れに湧きぬ。
希《ねが》ひ稀なる賜《たま》ものくだる。

賜はりし賞に値ひせぬ我れなるを
慮《はか》る惶《おそ》れも人間《ひと》ゆゑにもつ。

これらの歌は「賜賞」と題して詠まれた十五首の一部である。謙虚な面持ちで受賞に臨む研究者の姿が思い浮かぶ。私生活では二男二女の父親であり、まもなく五人目の子どもが生まれることになっていた。はた目には公私ともに幸福そのものに見えた石原だが、実際にはそうではなかった。阿佐緒との関係は深まっており、家庭内には不穏な空気が満ちていた。

原阿佐緒記念館（宮城県黒川郡大和町）には、石原純から阿佐緒に宛てた手紙が数通収蔵されている。この中に、日付も署名もない長い手紙がある。便箋六枚には、阿佐緒に対する恋慕、妻との不和についての苦しみが連綿と綴られている。二人の関係はすでに石原の妻も知っており、温和な彼女が夫を責めたてることもあった。

　私は今ほんとう《ママ》に自分の一生の絶大の岐路に立つて苦しんでゐます、こんな岐路があらうとは夢にも想はなかつたことです（中略）それが苦しければ苦しい程、知らず〳〵の間にあなたに対する愛が育くまれてゐたのです。（中略）今では抑へやうとしてもなし難いこの熱愛のこゝろを自分ながらどうすることも出来ないやうに思ひます。

　阿佐緒はこの年の四月、中学に進学する長男と二人で仙台に移り住み、石原は大学の帰りなどに、その家を訪れることもしばしばあった。七月、阿佐緒と夫の協議離婚が成立する。離婚は二人の心境に少なからぬ影響を与えただろう。石原の家庭を壊すことを避けようとしたのか、阿佐緒は石原の教え子で、自分より二歳下の青年と付き合ったりもしたため、そのことが石原を苦しめた。

　そんな状況を考え合わせると、この日付も署名もない手紙が書かれたのは、一九一九年の夏ごろだったと推定される。「家庭をそこなふことは大きな罪であること、そう《ママ》なれば世間に対しても自分はその侭でゐられぬことも承知してゐます」と綴った石原の心には、もうすでに覚悟ができていたのかもしれない。そして、この悲痛な叫びのような手紙の末尾は、「名も何も書きませんのを御ゆるし下さい。この手紙は御読みの後は御心にだけのこして、火中して下さい、これだけは是非聞いて頂きたいせめてもの御願ひです」と結ばれている。この手紙が結局燃やされずに残っていることこそ、阿佐緒の石原に対する愛情の証ではないだろうか。

転落と転身

一九二一年七月二十六日、東京朝日新聞に「恋の噂に石原博士　社会の煩わしさを語る」という見出しの記事が掲載された。続いて二十八日には報知新聞が「学術擁護のために石原博士に忠告　東北大学の教授学生が」という記事を載せ、三十日の各紙は一斉に石原と阿佐緒との恋愛について大々的に報じた。

石原は報道に対して一切弁明しなかった。各紙が書きたてる前の七月二十八日には、東北帝国大学総長に辞意を表明した。阿佐緒は求められるまま、東京朝日新聞のインタビューに応え、「私は石原さんを誘惑はせぬ」という記事が出たが、大方の新聞では阿佐緒を「妖婦」扱いし、石原に同情的な見方をした。石原は優れた研究者であったから、辞職を惜しむ声が高まったのだろう、同僚たちの働きかけもあって休職願が出され、八月五日付で休職が許可されることになった。

一方、阿佐緒については、「アララギ」会員でもあった三ヶ島葭子が誠意をもって取材を受け、「婦人公論」や「新家庭」の九月号に彼女と石原を擁護する文章を寄稿した。葭子は石原もよく知り、二人の関係を見守ってきた一人であった。しかし、このことがなぜか「アララギ」の編集兼発行人であった島木赤彦の逆鱗に触れ、葭子は破門されてしまう。

渦中の石原は破門とはならなかったが、こうした「アララギ」の体質への疑問、また歌についての考え方の違いが明らかになっていたこともあったため、一九二一年九月の投稿を最後に、「アララギ」を離れる。

ちょうどそのころ、石原と阿佐緒は仙台を離れ、千葉県安房郡保田町（現・鋸南町）の松音楼旅館で生活するようになっていた。旅館は「アララギ」同人で千葉県出身の古泉千樫の口利きによるものである。互いの家族を置いて、新たな人生を始める決心をした二人だった。仙台に比べると格段に東京から近く、石原のもとへは出版社の編集者たちが足しげく訪れた。

石原は子ども向けの科学読みものも多く著した（いずれも理科ハウス所蔵）

十月に岩波書店が創刊した「思想」に「相対性原理の神髄」を寄稿して以降、石原は同誌のほとんどの号に原稿を寄せている。岩波書店との関係は深く、この年の十二月、『相対性原理』『エーテルと相対性原理の話』という二冊を刊行した。前者は「科学叢書」でやや専門的な内容であり、後者は「通俗科学叢書」で一般向けに解説されたものである。同月に改造社から『アインスタインと相対性理論』も出版された。

岩波書店、改造社ともに、創業まもない出版社であった。そして、実は石原がスキャンダルに巻き込まれる以前から、一般の読者向けに相対性理論の本を書いてほしいと依頼していた。改造社を興した山本実彦は、一九二二年にアインシュタインを日本へ招くという大きな企画を成功させた人物である。すでに一九二〇年の時点で石原にアインシュタイン招聘について相談していた。こうした事実を考え合わせると、阿佐緒との関係で悩んでいたころの石原には、科学ジャーナリストに転身する道が見えていた可能性がある。

時代の流れも石原の味方だった。一九一九年五月二十九日、南米大陸の西側からアフリカ大陸の西側にかけて皆既日食が観測された際、アインシュタインの相対性理論の正しさが証明されたのだ。イギリスの天文学者のグループの観測によって、星の光が太陽の重力によってゆがめられた時空を進むと、重力が凸レンズのような役目を果たし、光源の位置がずれて見える現象を確認することに成功した。太陽は非常に明るいので、この現象は皆既日食が起こったときでないと観測できない。研究グループは、ニュートン力学によって計算されるよりも、はるかに大きなずれであることを確かめたのである。アインシュタインの名はたちまち広く知られるようになり、相対性理論への関心が一気に高まった。

こうした出来事を受け、二一年十二月に刊行された石原の相対性原理に関する三冊の著作は、いずれもすぐに増刷となり、次々に版を重ねた。この年、月刊誌「科学知識」（日本科学協会）が創刊されたのに続き、二三年には「科学画報」、二四年には「子供の科学」（いずれも誠文堂）が創刊されている。時代は、科学ジャーナリストという新しい専門家を求めていた。石原純こそ、その求めに最もふさわしい人物だった。

もともと石原は大学にいたころから、科学の世界について分かりやすく書くことを科学者の大事な仕事のひとつと考えていた。超音速気流の研究で知られる物理学者エルンスト・マッハは、科学史家や哲学家としても業績を残した人だが、石原は彼の著作を非常に愛した。マッハのみならず、ボルツマンやヘルムホルツといった優れた物理学者の随想はいずれもやわらかな詩情にあふれていると言い、「むづかしい科学書だけが科学を薦めると見るのは誤りで、かやうな随想録によつてこそ却つて人々が真に科学を愛好するやうになるのである」と書いている。

一方、千葉の旅館に石原を訪ねてくるのは、科学書の編集者だけではなかった。この時期にアルス出版からの勧めを受け、石原は一九二二年五月に初めての歌集『靉日《あいじつ》』を上梓した。『靉日』の「靉」は、雲が行きかねて止まること、またその様を指す。石原は、自らの心がたゆたうような歌の数々を、あてどなく流れる雲と重ねたのかもしれない。

この歌集の特徴のひとつは、一首が二〜三行に分けて記されていることだ。石原は「序」で、三十一音といっても「実はそのなかに多様の韻律を含んでゐる」「この韻律の変化を形式のうへに幾分なりともあらはして、視覚に対しても単調さを与へない方がよくはあるまいか」という考えから、分かち書きを試みたことを記している。後に石原は、三十一音にもこだわらない口語自由律の「新短歌」を目指すが、その萌芽の感じられる第一歌集といってよい。

おのづから好めるものにひた向ひ
こころ足りゆくたのしさを愛づ。

向学のよろこびに浸り、
日ねもすを部屋にはこもる
其の日続けり。

天つちに恒《つね》変りなき真ことあり。
そのすがた見むいのちたふとし。

こうした歌は、物理学を研究するときの石原の偽らぬ思いだったのだろう。一首目は、心の赴くままに研究生活を続けてきた幸福が詠まれている。二首目の「向学のよろこび」も同様の思いだろう。三首目の「恒変りなき真こと」は、自然科学の真理である。それを究めようとする科学者の生涯の尊さであり、研究一筋に生きてきた石原の純粋さが表れている。

そんな彼が自分でも思いもかけず恋に墜ちた。自らの激しい感情に戸惑い苦しんだ石原だったが、今やその苦悩も過去のものだった。『靉日』に残された相聞歌は、決して激しい感情を詠ったものではない。

我れに来むさびしきことを
ひそかにもこの夜はおもふ。
はやく寝ねつゝ。

病みふせるひとのまなこゆ
おのづから落つる涙を
我が手に拭《ふ》くも。

きみに逢はず久しと思ひ、
羊歯の葉の伸びゆく朝を
ひとりさびしむ。

一首目は、いずれ到来する「さびしきこと」を一人ひそかに思う夜が詠われている。「さびしきこと」は、家を出て阿佐緒と共に暮らすことであろうが、もし家を出ない選択をしても、それはそれで「さびしきこと」に違いない。二首目の「病みふせるひと」は、阿佐緒だろうか、いつだろうか。こぼした涙を拭いてやりつつ、自分にはどうすることもできない無力感のようなものを感じる石原だった。病気を癒すことも、その心の痛みを癒すこともできないのだ。

歌は石原にとって、決して余技ではなかった。穏やかで端正な詠みぶりであるが、魂を傾けて新しい表現を追求すべきものだった。石原は、阿佐緒こそがその志を一にするパートナーであり、真の理解者だと思い定めたのではないだろうか。

だから、決して家族を捨てて顧みなかったわけではない。石原が千葉の保田町へ移り住んでから妻や子どもたちへ書き送った書簡が数多く残されているが、それはいずれも愛情と思いやりに満ちた内容である。

いつへは「この頃はいろ〳〵仕事してゐます。岩波で出す書物も来月一杯に出来るでせう」などこまごまと近況を報告し、仙台にいる家族に不自由なことのないよう心を配っている。長男、紘《ひろし》は十四歳で中学受験を控えていた。彼にはローマ字で「学校はどんなですか？　中学へ入る勉強をしていますか」と訊ねている。

長女の雅代《まさよ》には「間《ま》があつたら母さんのお手伝ひもなさい。さうしてみんなをかあいがつておあげなさい」、小学校に上がったばかりの綏代《やすよ》には、全文カタカナ書きの手紙をしたためるなど、それぞれの年齢に応じた心配りがみられる。まだ四歳だった次男の統《おさむ》は、家族から「おちゃちゃちゃん」の愛称で呼ばれており、綏代への手紙には「オチャチャント　ナカヨク　アソビ　マスカ」などとも書かれている。

「トウサマヨリ」で結ばれた数々の手紙や絵葉書を見ると、石原がやむにやまれぬ心境で新しい生活を選びとったことがうかがえる。いつの弟であり、東大時代の友人である橋元昌矣との関係が変わらなかったことからも、石原が家族を大事にし続けたことが分かる。橋元は石原の死後も、何かと子どもたちの面倒をみて頼りにされていたという。

歌の世界を通した狂おしいまでの阿佐緒への恋着は、理性では抑制することができなかったのだ。それは物理学の真理を探究する心と同様、激しく一途なものだったに違いない。そして、その情熱はやがて、新しい短歌へと向かうことになる。

科学ジャーナリストとして

歌集が出た一九二二年の十一月十七日、アインシュタインが改造社の山本の招きによって来日した。日本へ向かう船の中で、光電効果の光量子的解明に対してノーベル物理学賞が与えられることが知らされたこともあり、日本中がアインシュタイン・ブームに湧き立った。到着した神戸港では、石原をはじめ、東京帝大の長岡半太郎、東北帝大の愛知敬一ら物理学者らが迎えた。

四十二日間の滞在中、石原は講演の通訳を務めるために、ほとんどずっとアインシュタインに同行した。一般向けの講演では、通訳というよりはむしろ内容を分かりやすく解説する役目もあっただろう。会場では当日券を買おうとする人々が行列をなし、立ち見が出るほどの人気だった。東京をはじめ名古屋、京都、大阪、神戸、福岡と、老学者は精力的に講演活動をこなした。

石原の仕事は、科学を志す青少年に大きな影響を与えた。後にノーベル物理学賞を受賞した一九〇六年生まれの朝永振一郎は、こう回想する。「中学五年生のとき、有名なアインシュタインが来日した。何もわからぬのにジャーナリズムはいろいろと書きたて、なまいきな中学生もそれに刺激されて、なんにもわからぬのに石原純先生の本などを手にしたりした。（中略）物理学というものは何と不思議な世界を持っていることよ、こういう世界のことを研究する学問はどんなにすばらしいものであろうかと思われた」

一九一一年生まれの坂田昌一は、アインシュタインが来日したときはまだ小学生だったから来日講演は聴かなかったが、高校時代に石原純の講演を聴く機会があり、それがきっかけで物理学者になったと振り返っている。坂田は、湯川秀樹、朝永振一郎と共に素粒子物理学の発展に寄与した一人である。石原が多くの著作をものし、一般向けの講演活動なども行ったことは、日本の物理学界に大きな実りをもたらしたのだった。

そして、石原は研究者だけを見ていたのではなかった。『アインスタインと相対性理論』の序文には、「出来るだけ平易に且つ簡略にその要を汲む」という、自らの執筆についての基本姿勢が記されている。そこには、科学の世界の美しさを多くの人に伝えたいという信念が感じられる。

アインシュタイン来日の翌年八月、石原の休職期間は満期を迎え、東北大学を正式に辞めるに至った。そのころ、石原と阿佐緒は仮住まいをしていた旅館から、同じ保田町に建てた家に移っていた。新居に移り住んで一カ月ほどたった九月一日、関東大震災が起こる。小高い丘の上に建つ二人の家は倒壊しなかったが、町のほとんどの建物は全半壊となり、「津波が来る」と海沿いから逃げてきた人々の避難所となった。お嬢さん育ちの阿佐緒も率先して炊き出しをしたり負傷者の手当てをしたり、甲斐甲斐しく立ち働いた。

震災後、石原は「地震は予知し得べきや」「地震学の本質とその現時の欠陥について」といった原稿をいくつもの雑誌に寄稿し、地震学という分野がまだ新しくて未熟なことや地震予知の難しさを説いた。このことは、すでに彼が科学ジャーナリストとして認知され、意見を求められていた事実を示すだろう。石原は地震のメカニズムや地震学の現状について丁寧に解説すると共に、社会として地震予知をどう考えるかということについても踏み込んだ意見を書いている。

今度の地震による直接並びに間接の損害が巨億にのぼり、一つの戦争のそれよりも遥かに洪大なのを思つたなら、その研究のために費すところの如きは真に言ふに足らないものであることを顧みるに充分でありますまいか。試みに現時の地震学教室並びに震災予防調査会の費用をたとへば航空軍備のために要するためのものと比較してごらんなさい。（中略）それによつて幾分でも地震学の研究が進められるならば、一つの国家又は社会のみではなく、私たちすべての人間の幸です。況んやまた人間の文化的所産たる純正科学の進歩をもこれによつて期することが出来るのではありますまいか。

地震予知についての難しさを説きつつ、社会的資源の分配を考察した視点が光る文章だ。長く研究生活を送ってきた石原であるが、早期からこうしたジャーナリスティックなまなざしをもっていた。

一九三一年四月、岩波書店から「科学」が創刊され、石原はその編集長となった。創刊号の巻頭言には、専門的な研究に従事する学者が他の分野における最新の知見を知るための雑誌であると同時に、一般読者や将来研究者になろうとする人たちに役立つ「一般科学雑誌」を目指すことが謳われている。当時、理化学研究所にいた寺田寅彦が、創刊前の打ち合わせの席上で「科学がどんなにおもしろいかをわからせるやうにしなければいけない」と発言した事実も書かれており、石原がその言葉に共感したことがうかがえる。

寺田は物理学者として研究に従事するだけでなく、漱石門下の俳人として知られ、科学に関する優れた随筆を書き、幅広く活躍していた。金平糖を作る過程で角が発生する仕組みや椿の花の落ち方など、身近な物理現象について科学者ならではの捉え方をした随筆は、多くの読者を魅了した。おそらく科学ジャーナリストという新しい仕事を手探りで始めた石原にとっては、よきロールモデルだったのではないだろうか。

「科学のおもしろさ」を伝えるため、石原は子ども向けの科学読みものにも熱心に取り組んだ。一九二八年に出版された『子供の実験室』（アルス）以降、『私たちの日常科学』『地球の生ひ立ち』『偉い科学者』など、つぎつぎに子どものために執筆した。これらの本は、いろいろな実験や現象をやさしく解説するだけでなく、その原理が深いところまで解説されているのが特徴だ。たぶん、離れ住む五人の子どもたちの顔を思い浮かべながら執筆したこともあっただろう。石原の三人の息子がいずれも理系に進んだのは偶然ではなかったはずだ。

中でも、一九三五年に配本の始まった「日本少国民文庫」（新潮社）は、文学のみならず歴史や理科に関する読みものも収めた画期的なシリーズで、石原は『人間はどれだけの事をして来たか』『世界の謎』を担当した。「山本有三総編集」と銘打たれたシリーズだったが、実際には吉野源三郎が編集長を務め、石井桃子らがスタッフとして内容の選定や編集に携わった。当時の石原は多忙を極めており、東大理学部物理学科を出たばかりの矢島祐利にいろいろと手伝ってもらっていた。矢島は後に科学史家になるが、石原と同席した「少国民文庫」の打ち合わせで「学校を出られたばかりで花のような石井桃子さん」が印象深かったと楽しげに述懐している。

同時期に石原が関わっていたのが、『岩波理化学辞典』の編集である。岩波書店は月刊誌「科学」の創刊に先立ち、全二十四巻に及ぶ『岩波講座物理学及び化学』の刊行を進めるなど、科学関係の出版に力を入れていた。『理化学辞典』の編集者は、石原を主任とする三人、そして寺田寅彦ら編集顧問三人によって進められた。

物理学と化学を中心に、境界領域、隣接分野である数学や天文学、生物学なども含めるという編集方針がとられ、初版の項目数は一万三千に上った。編集に携わった玉蟲文一は、「とくに第1版の編集に際しては、主任の石原先生が一人でほとんど全部の原稿を綿密に検討され、時にはその内容・表現に対してかなり思い切った修正を加えられた」と回想し、「『理化学辞典』第1版は科学者石原純の心血を注いだ作品」と称えている。石原が関わった版の最後の増補改訂は一九四九年であり、その後は改版されて現在に至る。

こうして石原が活動範囲を広げ、「科学」も順調に刊行されていた一九三六年二月、寺田寅彦が急逝した。五十七歳であった。「科学」は二月号の巻頭言に「寺田博士を悼む」を掲げ、「芸術と科学とのおもしろみを最も深く体得された博士こそ人間としての至上の幸を攫み得た一人である」と悼んだ。石原は「寺田寅彦追悼号」を特集した「思想」三月号にも寄稿しており、通常は研究者が取り組むことのない複雑な事象に何らかの法則を見出そうとする「独創的な寺田物理学」を称賛して故人を偲んでいる。

同年五月、石原が東京朝日新聞に寄稿した「科学とジャーナリズム」は、寺田亡き後、自らが科学ジャーナリズムを率いようという決意から書かれたのではないだろうか。石原は、科学ジャーナリズムの目的とするものは「いわゆる通俗科学ではない」と言い切っている。

読んでおもしろさうな通俗科学は人々を物知りにすることができるかもしれないが、（中略）単なる趣味としてではなく、精神的にまた物質的に、より緊密に働きかけるところの内容をもつものこそ特に望ましいのである。（中略）我々の希望するのは科学並びに科学的思考が社会への不断の進展を実現することにある。これがためには科学者とジャーナリストとのよき協力が行はれなくてはならない。

新しい短歌を目指して

石原と原阿佐緒が互いの家族と別れ、千葉の保田町へ移り住んだのは一九二一年十一月だった。地元の歌人たちと「保田短歌会」を作り、月に一度の歌会を開くなど、二人は文学活動を共にした。

この時期の石原はすでに「従来の定型的短歌」を作ることへの興味をほとんど失っていた。「アララギ」は歌壇において隆盛を誇っていたが、石原は「赤彦氏等の主張たる写実的写生に固定するの弊がそこに生じた」「これらの人々が既に相当の年輩に達し、作歌技巧にも老熟してきたために、一般に溌溂奔放の要素がほとんど影を潜めるに至つた」といった側面を見ている。

石原は、もっと自由に、もっと時代に合った短歌表現をしたいと考えた。三十一音という定型を離れ、口語体を用いようとしたのである。そうした表現を試みたのは石原だけではなかった。

一九二四年、北原白秋や前田夕暮、土岐善麿らが立ち上げた歌誌「日光」は、「反アララギ」派のさまざまな歌人たちが、象徴主義的歌風を目指して結集した超結社の歌誌だ。古泉千樫、折口信夫、川田順、木下利玄、と多彩な顔ぶれであった。

石原は「日光」創刊号から「短歌の新形式を論ず」と題した評論を寄稿するなど、口語自由律短歌への傾倒を強めてゆく。創刊号には、評論に加え「短唱数篇」と題した作品も収められている。「本号に発表した作品は短唱と題しておきましたが、これも短詩と名づけても短歌と言うてもよいと思います」と書かれており、「短歌」や「短詩」といった名称には拘泥せず、新しい詩歌を目指していたことが分かる。

靉日荘の前で阿佐緒と共に（千葉県鋸南町所蔵）

三年後に「日光」が廃刊になると、自ら「渦状星雲」や「三角州」「短歌創造」「立像」「新短歌」などの雑誌を創刊し、独自の世界を作ろうと取り組んだ。

鵞鳥の翅から曾《かつ》て鵞ペンがつくられ、
黄いろい蝋燭の光りのもとで、
人々は原始的な科学を愛しはじめた。

星がきら〳〵と輝く。
あそこにも
電子分裂が行はれてゐるんだ。

雨滴《うてき》の楽譜をでもつくらうと、
うつとり
わたしはそれに聞き入つてゐる。

一首目は、人間が科学というものを意識し始めた素朴な時代を想像した歌で、温かみに満ちている。英語の pen の語源は、羽根を意味するラテン語 penna であることからも、鳥の羽を筆記具にした歴史の古さが分かる。ロウソクの光を頼りに文字を書いていた人々への作者のまなざしは、慈しみに満ちている。二首目は、遠く輝く星を眺め、分子雲が多数の塊に分裂して恒星になるプロセスを思う科学者のまなざしが詠われている。三首目は、雨滴を音符に見立て、雨の降る様子を楽譜のようにとらえた想像が楽しい。その楽譜から妙なるしらべを聞くことのできるのは、詩人だけである。

石原にとって、物理学の研究と歌作は決して別々のものではなかった。「科学と芸術」と題するエッセイを読むと、そのことがよく分かる。

科学と芸術とが著しく隔たつてゐるやうに考へるのは、それは科学をも、また芸術をも本当に理解してゐない人々の、まるで表面的な見方に外ならないのである。科学にしても、芸術にしても、それの真実の機微は自然や、ないしは人生の内奥に深く触れることであつて、これを逸しては科学も芸術もその本当の意味を失つてしまふのである。

この文章の中で石原が、自分には科学と芸術それぞれに新しい発展を望む心がある、と書いていることは、彼の知的好奇心やフロンティア精神を思わせて興味深い。『現代短歌全集　第十三巻』の「石原純集」の後記には、「馬酔木」に所属していた学生時代からすでに「私の平凡嫌ひの性質」があり、従来の短歌に飽き足らず、新しい表現を志したことが書かれている。誰かの歩いた道ではなく、自分が切りひらいた道をゆくことこそ、石原にとって常に喜びだったのだ。「科学と芸術」には、「物理学の上でかつて相対性理論や量子の問題を考究したのもそれであつたし、短歌に対して子規の歌論に傾倒し、さらに後には現代において適切な内容を盛り得るための新短歌を主張するに至つたのも、また同じ意味にほかならない」と述べている。そして、このエッセイを自らの短歌で締めくくっている。

ふたつの　扉がある。ふたつの道がある。心を愛しめと、かつて神はをしへた。

こうした新しい取り組みは、阿佐緒自身の求める方向とは違っていたようだ。そのことが、二人を徐々に隔てるようになったのだろうか。一九二八年九月、阿佐緒は石原の留守中に、書き置きを残して郷里へ帰った。前年に、阿佐緒がかつて一緒に「アララギ」で歌を詠み、信頼し合っていた友人、三ヶ島葭子が亡くなったことも、彼女の孤独感を強めたのかもしれない。七年間の同棲生活であった。

大学教授のポストも名誉も捨てて、新しい人生を選びとった石原の失意はどれほど深いものだったろう。石原はそれまでも、子どもの病気などを除けば、ほとんど日常の出来事を直截的に詠むことをしない歌人であった。阿佐緒との別れについて詠んだと思われる歌は少ない。また、その悲しみに浸る間もなく、仕事に追われていた。一九二九年から三一年にかけて刊行された『岩波講座　物理学及び化学』の編集と執筆、三一年に創刊された「科学」の編集、『岩波理化学辞典』の編集と執筆……阿佐緒が去って半年後、石原は千葉を離れて都内へ転居した。仕事量の多さを考えれば、もっと早く利便のよい東京へ移ってもよかったと思われるが、心の整理がつかなかったのではないだろうか。

ひそかな暗夜は

愛撫にふさはしい感さへ湧くが、
人生は
永劫にひとりである。

阿佐緒が去って、ちょうど一年たったころ、「三角州」に発表された連作「偏執」の冒頭部分である。前半部分が穏やかな調子であるだけに、後半の「人生は／永劫にひとりである。」という断定が、鋭く突き刺さる。三行目から四行目にかけての改行は、深い裂け目のような沈黙を思わせる。あふれんばかりの愛情を妻子に注ぐ一方で、新たな伴侶との生活を選びとった人生であったのに、究極においては「ひとり」だという達観が胸に迫ってくる。

不屈の科学精神

科学ジャーナリストとしての仕事は順調に見えたが、世の中の戦時色が強まるにつれ、少しずつ行く手に暗雲が垂れ込めた。一九三七年に日中戦争が始まり、翌年には国家総動員法が公布される。物資や金融、資本と同様、人的資源も統制の対象となり、官民の科学者と産業界を結びつけて技術の自給自足や科学総力の発揮を目指す「科学動員」が始まった。

こうして国策として科学振興の必要性が叫ばれるようになると、戦時においては軍事に役立つ技術研究が最優先されるべきだという論調も出てきた。それに対して石原は、適切な技術振興には基礎研究が重要であり、科学研究の自立性を重んじるべきだと主張した。

各研究機関で研究テーマが重複しないようにすべきだという答申について、一九四〇年一月号の「科学」の巻頭言は、「研究題目の重複を無意味であるとみる如きは、恐らく科学研究の本質を理解することなく、それをあたかも普通の官庁事の如くにみなしているのではないか」「科学研究の成果は決して最初から予期されるものではなく、いつ誰によって優れた発見や発明が獲得せられるかは、それが成功した後でなければわからないのである」と批判している。この巻頭言は恐らく、編集長であった石原によって書かれたものだろう。

あらゆるところで全体主義が進み、言論統制も厳しくなっていった。石原が原稿を書ける機会は、少なくなる一方だった。けれども、石原が持論を曲げることはなかった。

敗戦直後の一九四五年秋、同年一月から休刊となっていた「科学」九月号が刊行される。巻頭言の見出しは「科学と自由」であった。「今さらながらいかに我々が〝自由〟から遠く隔離監禁されていたかを知って驚く」「従来の〝科学〟とはすなわち〝技術〟であり、新兵器の発明生産に役だたしめようという役割を押しつけられたものに過ぎない」「科学は元来自由を欲する。否、自由の天地の下でなければ科学は科学たり得るものでない」――石原は、科学の研究が自由な精神に基づいて行われるとき、どれほど喜び

1930年代半ばごろの石原

と感動に満ちたものであるかをよく知っていた。また、科学ジャーナリストとして筆を執る立場から、戦時下の言論統制の下でいかに人々が締めつけられたか、身をもって知る一人だった。

続く「科学」十月号の巻頭言では、今後の科学研究や科学教育のあり方を見据えている。「気宇を広大に」というタイトル通り、科学研究や教育の目標は、新しい科学文化を作り上げ、それを通して世界文化に寄与することだと提唱した内容である。そして、そのために「いま日本の科学者技術者は敗戦の現実にうちのめされて呻吟すべきときではない」と、人々を力強く鼓舞した。研究現場と出版ジャーナリズムの両方を知り、広い視野を持つ石原こそ、戦後日本の科学研究をよき方向に導くリーダーとなるはずだった。この巻頭言が、最後の原稿となるなどと誰も思わなかった。

一九四五年十二月中旬、石原は路上で意識を失っているところを発見される。全身を強く打ち、腕を骨折していることから車にはねられたと思われた。事故当時、身元が分からず、病院ではなく警察の留置場で保護されたのは不運だった。その後、慶應病院に入院したが、右腕は切断せざるを得なかったという。記憶も失われ、入院生活は長期に及んだ。「科学」や「少国民文庫」の仕事を手伝った矢島祐利は、「もうお見舞いに行くのさえ遠慮した方がいいのではないかと思われる」状態だったことを記している。

人生、それはひとつの数奇な
　不連続的表象であつた。

そして明るい陽《ひ》のまへに暗んでゆく
雲は　時刻《とき》を　知らない。ふと　生れて、やがて、消え失せ、
でも常に悠々と　心伸びやかである。

石原は、流れゆく雲の「悠々と　心伸びやか」な様に、一つの理想を見ていた。科学研究における自由、そして短歌表現の自由を追求した石原にとって、『靉日』という雲の様子を表す歌集のタイトルは、彼の心そのものだったのではないか。

一九四七年一月十九日の夕刻、石原は脳溢血で亡くなった。「数奇な不連続的表象」をいくつも連ね、石原純という類まれな純白な雲は、陽光輝く彼方へと帰っていった。六十六年の生涯であった。

写真：理科ハウス提供（180ページを除く）

第5章 細胞のふるまいと歌の狭間に――永田和宏の場合

「二足の草鞋を履く」という言葉がある。辞書的には「通常は両立し得ない異なる二つの仕事を一人で行う」ことを指し、多才な人への褒め言葉のように用いられることも多いが、もともとはあまりよい意味には使われなかった。どちらかを本業として精力を傾けるべきだという考え方からだろう。

永田和宏は長らく苦しみつつ、細胞生物学と短歌という「二足の草鞋」を履き続けてきた人である。どちらか一方において一流の域に達するのも至難であるが、両方の世界でフロントランナーとして走り続けている。

永田は、どんなふうに科学と文学に出会ったのだろう。そして、どうやって自らの仕事として両方に取り組み続けてきたのだろう。

細胞という微小世界

永田和宏は分子シャペロン研究の第一人者である。「シャペロン（chaperone）」という語はもともと、ヨーロッパで若い女性が社交界にデビューする際、彼女をエスコートする役目を負う年配の女性を指す言葉であり、一八世紀末に書かれたジェイン・オースティンの『分別と多感』などに出てくるのが、古い用例とされている。一体どんな分子なのだろうか。

ＤＮＡの二重らせん構造が明らかになったとき、四種の塩基配列の情報によってアミノ酸が正しく配列されれば、たんぱく質が自然に合成されるものと考えられた。ところが、実際はそう単純ではなかった。

細胞の内部では、二個以上のアミノ酸が結合しただけの鎖状や環状の不安定なものから、安定した立体構造となったたんぱく質まで、さまざまな状態のものがリボソームや転移ＲＮＡ、水分子などとひしめきあっている。このぎゅうぎゅう詰めの状態では、水になじみにくいもの同士がくっつき合いやすく、本来作られるべきたんぱく質とは違ったものが誤って作られることも起こる。シャペロンはまさに、わけ知りの介添え役よろしく、未熟なたんぱく質を一人前のたんぱく質にするまで世話をする働きをする重要な分子なのである。

永田和宏は一九八六年、コラーゲンの生成にかかわるシャペロンを発見した。コラーゲンは、私たちの体を構成する全たんぱく質の三分の一を占める重要なたんぱく質である。だから、コラーゲンが作られるために特異的な機能を持つシャペロンの発見は、非常に大きな注目を集めた。

その「HSP47」というたんぱく質をつくる遺伝子を見つけ、さまざまな働きを明らかにする過程で、永田は日本におけるシャペロン研究の第一人者として認知されるようになったのである。

わが見つけわが名付けたる遺伝子をもてるマウスを手の窪に載す　『饗庭』

液体窒素に蔵いおくべく胎児の細胞にわが釣りし遺伝子を導入す

我がみつけたる遺伝子七つわれの名ときりはなされて残りゆくべし　『後の日々』

受精後十一日目に必ず死ぬことになつてゐるわれの遺伝子欠損マウス　『夏・二〇一〇』

遺伝子一個を見つける——それは、決して簡単なことではない。たんぱく質をコードしている暗号部分もあれば、その読み取りを指令する部分もある。どちらにせよ、塩基配列が分かっただけではなく、その遺伝子がどんな働きをしているか特定できなければ、「発見した」とは言えない。標的とする遺伝子を働かないようにしたノックアウトマウスを作って機能を確認したり、逆に外来遺伝子をマウスに組み込んだり、というプロセスを重ねて検証してゆく。一、三首目の「見つけ」「みつけたる」という言葉の背後に流れた長い時間を思う。

二首目の「釣りし」は、バイオサイエンスの研究者が現場で使う言葉そのものが使われていて愉快だ。ごく短い塩基の連なりを人工的に作り、それで目的とする遺伝子を「釣る」という作業がある。分子プローブ（探り針）と呼ばれる塩基の連なりは、特定の遺伝子と反応しやすい部分をもつように設計、合成されているため、ゲノムの中から目的とする遺伝子だけを取り出すことができるのだ。あたかも魚釣りをするような言葉が、この一首のなかで研究現場の雰囲気を生き生きと伝えている。

四首目に「必ず死ぬ」とあるのは、永田の発見したコラーゲン生成に関わるシャペロンを持たないマウスだからだ。この分子がなければ正しくコラーゲンが作られず、生命を維持することができない。

肝硬変や動脈硬化、肺線維症といった「線維化疾患」は、コラーゲンが異常に蓄積されることによって起こる病気である。いずれも現在は有効な治療法のない難病だが、コラーゲン生成に関わるシャペロンの合成を抑制したり、その作用を阻害したりすることで病気の治療ができないかという研究が進められている。そんな可能性があるため、永田の発見した遺伝子「ＨＳＰ47」を扱った論文は、これまでに六〇〇本以上も報告されている。

まさに「世界の永田」とも言うべき成果だが、そこに至るまでの道のりは平坦ではなかった。彼はもともと学生時代には物理を専攻しており、いくつかの転機を経て現在に至るのである。その道のりを幼少期から歌と共にたどってみたい。

もっとも古い記憶

永田和宏の生まれたのは一九四七年五月、滋賀県高島郡饗庭村（現・高島市）、琵琶湖のほとりである。二歳のときに母が結核を発病したため、近所に住む知り合いの老婦人のところに預けられた。結核予防法ができ、ストレプトマイシンが公費負担となって普及するのは一九五〇年代半ば以降のことである。

難産の末に生まれたひとり息子を手放すのは、若い母親にとってつらかっただろうが、幼い永田にとってもそれは大きな試練だった。父は妻の薬代を得ようと京都に出て働き始めた。

カラスなぜ鳴くやゆうぐれ裏庭に母が血を吐く血は土に泌む
呼び寄せることもできねば遠くより母が唄えり風に痩せつつ
鶏頭の花の肉襞　夏を越え母に胸部の翳ひろがりぬ

こうした作品は、永田が三十四歳で出版した第三歌集『無限軌道』に収められている。恐らく本人にとっても、どこまでが現実の記憶か、人に聞かされた話かは判然としないだろう。ただ、幼い子の胸にあふれていた母親を恋しく思う気持ちだけはずっと残ることになった。

一九五一年一月、母が亡くなる。敗戦直後の日本において、結核は死因の第一位だった。後年、永田は「母の姿かたちは、私にはまったく記憶がない。もっとも古い記憶は、葬式の朝、父に連れられてその枕元に座らされた場面である」と述懐する。母の顔を覆っている白い布を父が取ったとき、幼い永田が何か言った。その言葉に、臨席していた人々がいっせいに声をあげて泣いたという劇的な場面を鮮明に覚えているという。

母が亡くなってしばらくの間は、同じ生活が続いた。父親が京都の勤め先から帰るのは、一カ月に一度ほどだった。毎回、何かおもちゃをお土産に持ち帰る父であった。幼い永田にとって、それだけが楽しみだった。

やがて、父が再婚し、新しい母との三人の生活が始まった。

物理に魅せられて

小学生になった永田を夢中にさせたのは、科学読みものシリーズ「なぜだろう　なぜかしら」だった。改編を重ね、今も刊行されている実業之日本社のロングセラーである。伝記物語も好きで、エジソンやジェンナー、キュリー夫人、そして野口英世や湯川秀樹などに憧れた。「ぼくは将来、科学者になりたい」と作文に書いたこともあった。

中学生になると、ラジオ作りに熱中した。「くず屋さん」のところへ行き、金属のくずの山の中から壊れたラジオをもらっては分解した。使える部品を集めてラジオを組み立てるのだが、ラジオを聞くことだけが目的ではなく、一つ一つ丁寧に部品を回収するプロセスも好きだった。

秋の日の鉱石ラジオあの頃か母なきことにようやく慣れて　『華氏』

高校に入学すると、物理が好きになった。塾の先生から「教科書に載っている以外の解き方をしてごらん」といつも言われ、人とは違う解き方をしよう、といろいろな解法を試みた。猪木正文著『数式を使わない物理学入門』（光文社）に魅せられたのも、そのころだった。ニュートンの運動方程式があれば、すべての運動が記述できるという古典力学の体系がこの上なく美しく思われた。幼いころからの湯川秀樹への憧れの念もさらに募った。

そんな永田が京都大学理学部の物理学科を選んだのは、ごく自然なことであった。「京大には湯川さんがいる、というので、東大に行くなんて全然考えなかった。素粒子論をやりたかった。シンプルな理論で世界がすべて説明できることに憧れた」という。

永田の入学した一九六六年の春、湯川はまだ京大に籍を置いていた。永田は三回生のとき、湯川の「物理学通論」を受講する。一九七〇年に退官する湯川にとって、最後の講義であり、「まさに滑り込みセーフといった幸運」だった。通常の学部の講義と異なり、基礎物理学研究所の小さな講義室で行われることが、学生たちを別世界に誘った。

定年間近の湯川は、孫の世代に相当する学生たちを相手に、古典力学から量子力学に至るまでの歴史を楽しげに語った。永田は「ひとつひとつの講義については詳しく覚えていないが、その分野のおもしろいところをざっくりと話されて、飽きることがなかった」と振り返る。

それほどまでに物理の世界に魅せられていた永田だったが、得意だったはずの微積分で、複素関数の積分につまずいた。波動方程式や流体力学にも、歯が立たなかった。後年、学生時代を振り返り、「美しかった古典力学の体系から遠ざかり、量子論や量子力学という理解不能な世界で途方にくれていたのだろうか」と書いている。

物理学への情熱が大きかっただけに、大学院の入試に失敗したことは青年にとって苦い挫折であった。

スバルしずかに梢を渡りつつありと、はろばろと美し《は》古典力学　『黄金分割』
クオークにチャームを加え素粒子の世界いよいよはなやぐらしき　『百万遍界隈』
記憶より呼び戻しおりコンプトン効果一題娘のために解く　『荒神』
物理の落ちこぼれですと言うときの口調に無理がなくなってきた　『日和』

物理学への哀惜の念を詠んだ歌は、青春の日々をなつかしむ気分とも相まって味わい深い。一首目の「はろばろと美し」には、かつて魅了された古典力学へのなつかしみ、二首目の「いよいよはなやぐ」には、断念した「素粒子の世界」への憧憬が滲む。三首目の「コンプトン効果」は散乱によってX線の波長が長くなる現象を指すが、この現象は古典力学では説明できない。永田にとっては、ほろ苦い思いを抱かせる「一題」ではなかっただろうか。四首目が作られたのは二〇〇七年、永田六十歳のときである。それまでは、「落ちこぼれたんですよ」と冗談めかして言いつつも、何か口元がこわばるような感じがあったのだろう。

恋と短歌の日々

実は、物理の世界に行き詰まったころ、永田は大切なものを新たに二つ見つけていた。恋と短歌である。

出会いが早かったのは、短歌の方だった。高校時代、国語の先生が熱心に近代の俳句や短歌をガリ版で刷って配ってくれたことで、詩歌が好きになった。文法や意味を教わるのでなく、ひたすら詩歌を鑑賞する時間は、受験戦争のなかの日だまりのようなひとときだったという。その先生の影響で、新聞歌壇に投稿して特選になったりもした。内心、「歌って、こんな簡単なものか」と思っていたところがあったという。だから、大学一年の秋に、キャンパス内に「短歌会を作ります」というポスターを見て興味をひかれたのも、多少の自信の為せるわざだったかもしれない。ところが、初めて参加した歌会で、他の人が話している内容がさっぱり分からない。批評用語になじみがなかったのである。三カ月ほどでやめてしばらくたったころ、会のメンバーから熱心に誘われ、再度入ることになった。不思議なことに、歌会でのやりとりが理解できるようになったばかりか、自分がかつて作った歌のだめなことも分かった。心がぐっと短歌へ傾いた。

ある日の夕方、短歌会の顧問だった京大教授、高安国世とばったり会った。高安はリルケの翻訳で知られるドイツ文学者であり、土屋文明に師事した歌人である。「先生、歌がうまくなるにはどうしたらいいですか」と訊ねると、高安は「『塔』にお入りなさい」と、自ら創刊した結社への入会を勧めた。京大短歌会と結社「塔」で、永田の短歌漬けの日々が始まった。

それから一年もしないうちに、京都在住の学生たちが中心となって同人誌を創刊するというので、京大キャンパス内で顔合わせの歌会が行われた。永田もそのメンバーとなるが、第一回の会合に参加した京都女子大の一人の学生こそ、後に永田の伴侶となる河野裕子だった。一九六七年夏のことである。コスモス短歌会に所属していた河野の歌は、とび抜けて巧かった。二人はたちまち、ひかれ合った。

あなた・海・くちづけ・海ね　うつくしきことばに逢えり夜の踊り場　　永田和宏
噴水のむこうのきみに夕焼けをかえさんとしてわれはくさはら
われを呼ぶうら若きこゑよ喉ぼとけ桃の核ほどひかりてゐたる　　河野裕子
夕闇の桜花の記憶と重なりてはじめて聴きし日の君が血のおと

政治の季節、就職、そして…

当時は七〇年学園闘争の真っただ中、「政治の季節」であった。永田は「当時の私は社会情勢や世界の動きに対して意識の低いノンポリの学生でしかなかった」というが、大学が封鎖されて授業や試験もない毎日、クラス討論やデモに参加したり、たき火を囲んで熱く議論を交わしたりしていた。京大で最も激しい衝突のあった六九年二月、教室にたてこもっている友人を「陣中見舞い」で訪れたところ、対立する集団から取り囲まれ、窓ガラスを破って石や火炎瓶が飛んでくるという事態を経験したこともあった。そんなふうに学内で夜を明かしたときの一首が、第一歌集『メビウスの地平』には収められている。

始発電車はわれひとりにて　むなしさのたとえばズボンが破れしことも

この歌集をまとめる際、デモや学生運動に関する歌のほとんどは収録しなかった。かつての自分が思想的に未熟で、運動の本質をとらえていなかった、という潔癖さの表れであった。

永田は「三重苦のせいで、完全に物理から落ちこぼれたなあ」と学生時代を振り返る。その三つとは「短歌」「恋人」「学生運動」という。大学院の入試に失敗して学問の世界に見切りをつけ、一九七一年の春、森永乳業中央研究所に就職した。物理学教室の教授には「お前には企業は無理だから」と言われたが、恋人との結婚も考え始めたころだった。就職と同時に上京し、翌年五月、河野裕子と結婚した。

結婚してまもない1972年、妻の河野裕子と鎌倉で

ちょうどバイオテクノロジーが脚光を浴び始めた時期で、永田は細胞の研究を勧められた。ところが、それまで物理学の世界しか知らないので、動物細胞の培養がなかなかうまくいかない。企業内には細胞生物学を知る研究者はいなかったので、東大の医科学研究所の助手だった吉倉廣を訪ね、顕微鏡の焦点の合わせ方から教わった。そんな初歩から始め、海

外の雑誌に骨髄性白血病細胞の分化誘導についての論文を寄稿するまでになった。がんの補助療法として、抗がん剤や放射線治療で減った白血球の一種、マクロファージを増やすというのが、当時の研究テーマの一つである。

仕事を始めた永田は、「研究というものは、こんなに面白いものだったのか」と痛感する。誰もまだ知らないことを解き明かすのは、この上なくスリリングな経験で胸の躍ることだった。学生時代は自分に学究の世界は合わないと思っていたが、研究の面白さを知れば知るほど、企業という制約のある場ではなく、心ゆくまで自由に研究できる大学に戻りたい気持ちが募っていった。

五年半勤めた森永乳業を辞めたのは、二十九歳のときである。永田は、自分の人生のなかで「唯一の決心は、森永を辞めるときだった」という。「あとは成りゆきやなあ。結婚も渡米も」と笑う。

一九七六年十月、京都大学結核胸部疾患研究所（再生医科学研究所の前身）で、無給の研究員として働く日々がスタートした。永田を受け入れたのは、癌研究で多くの功績のある市川康夫である。骨髄性白血病細胞が正常な細胞に分化できることを、実験で初めて明らかにしたことで知られる。永田は森永時代にいくつかの文献を読んでその名を知り、卒業した京大の研究者という気安さから、当時ウイルス研究所にいた市川のもとに通っては教えを受けていた。

すでに一男一女をもうけていた永田は、一家を支えるために学習塾で物理を教えた。大学では実験に熱中し、研究室を午前一時よりも前に出ることはなかった。研究には「ここまでやったら終わり」という区切りがない。確たる見通しもないまま、がむしゃらに頑張った。

採血の終りしウサギが量感のほのぼのとして窓辺にありし
心臓穿刺ののちゆわゆわとふくらめる白きねずみを掌につつみたり

そのうえ、永田には帰宅してから歌や評論という課題が待っていた。二足の草鞋どころか、三足の草鞋である。短歌に詠まれた対象と主体の関係性を論じた「問と答の合わせ鏡」など、原稿用紙にして五十枚というような長い評論の多くが、この頃に書かれた。自筆年譜には「この時期から数年間がもっともよく働いた時期かもしれない」と記されている。

妻の河野裕子は同時期、子育てに追われながら、歌人として活躍する場を着実に広げていた。現代歌人協会賞、現代女流短歌賞などを次々に受賞し、歌壇の花形であった。永田は「ライバルと思ったことはない」と言うが、「負けたくない、という思いはあった」と話す。二人にとって、時間は最も譲れないものだった。深夜、自宅の一階で互いに書きものをしていると、二階で子どもが泣きだす。どちらが様子を見に行くかで、ぶつかり合った。

研究と塾講師の仕事と短歌——。どれも手を抜くわけにはいかなかった。「歌さえやめてしまえば、どれだけ楽になるか、そして研究にもっと集中できるだろう」としょっちゅう考えていた永田だが、歌への思いを持続させ、それが研究への意欲をかきたてるという面もあったようだ。

そんな日々を重ね、一九七八年十一月に理学博士号を取得し、翌年、京都大学結核胸部疾患研究所の講師となる。

米国で見つけたもの

一九八四年夏、永田は単身で米ワシントンDCに暮らしていた。米国立衛生研究所(NIH)の中のがん研究所(NCI)に客員准教授として留学したのである。

妻子が渡米するのを待っていたころ、日本にいる妻から電話があり、短歌の師である高安国世が亡くなったことを知った。米国へ発つとき、高安が胃がんを患っていることを知っていたので、ある程度は覚悟していたがショックは大きかった。東海岸からはどう乗り継いでも葬儀の時刻に間に合わない。師への思いを抱えて一夜を明かすしかなかった。

米国時代の師は、細胞生物学者のケネス・ヤマダである。日系三世のヤマダは、NCIで長く研究生活を送っており、日本人研究者を多く受け入れてきた。コラーゲンと結合し、さまざまな働きをする受容体を見つけるというのが、当初の永田の研究テーマだった。

突然変異株《ミユータント》を択《えら》ぶ作業の単純が夜半《やはん》におよべば溺るるごとく 『華氏』
遺伝子の配列を読む単純に曇りて長き午後をこもれり
不機嫌な妻子を措きてまたもどる夜半《やはん》を灯しおきしわが実験室《ラボ》

当時の歌には「夜半」や「真夜中の実験室《ラボ》」といった言葉が頻繁に用いられている。それほど、永田は研究に打ち込んだ。

やっとのことでコラーゲンに結合するたんぱく質を見つけたのだが、残念ながらそれは目標としていた受容体ではなかった。しかし、調べているうちに、このたんぱく質は細胞に熱をかけると誘導されるという面白い現象が明らかになった。

たんぱく質の中には、外部から虚血や熱、化学物質、活性酸素といったストレスを受けたときに発現し、細胞を保護する役割を果たすものがある。「ストレスたんぱく質」と呼ばれる一群だが、永田の見つけたのは、まさにその一つであった。私たちの体には、生命を維持するため、さまざまなストレスに対する耐性が細胞レベルで備わっているのだ。

留学から帰国する前の旅行中。長女、紅（右）、妻の裕子（中央）とグランドキャニオンで（1986 年）

ストレスたんぱく質の多くは分子シャペロンと重なっているが、まず熱ショックによって誘導されることが見つかったため、「熱ショックたんぱく質（Heat Shock Protein＝ＨＳＰ）」と呼ばれていた。その後、これらのたんぱく質を誘導するのは、熱だけではないことが分かり、ストレスたんぱく質と呼ばれるようになった。このたんぱく質は分子量にちなんで命名されることが多く、永田が発見したたんぱく質も、分子量４７０００であることから「ＨＳＰ47」と名づけられる。

異端のシャペロンを追いかけて

永田は一九八六年五月に帰国し、秋には京都大学結核胸部疾患研究所の教授となり、研究室を主宰する立場となった。当時、研究テーマは二つあった。先代の市川康夫から引き継がれたマウス骨髄性白血病細胞の分化のプロセスの解明、それから米国留学中に発見したHSP47の機能の解明である。

HSP47については、まだストレスたんぱく質であること、コラーゲンに結合することが分かったばかりで、機能については謎だった。

強いて言わば遊びにも似て遺伝子の切り貼りぞわが生業《なりわい》のうち
紫外線とう見えざる光に浮き出づる通草色《あけびいろ》なる遺伝子ほのか

たんぱく質、つまり遺伝子を発見しても、それがどんな働きをしているかはすぐには分からない。まずは、遺伝子部分を特定し、DNAからその部分のみ取り出して増やすクローニングという手順が必要だ。そのプロセスの中には、酵素を使って目的とする場所でDNAを切断したり、別の酵素でDNA鎖の末端同士をつないだり、という作業がある。つまり一首目にある「遺伝子の切り貼り」というわけである。「強いて言わば遊びにも似て」には、神経を使う細かな作業に携わる自らを励ます気持ちがあるだろうか。

二首目は、単離したDNAを染色した後、紫外線を照射してDNAのバンドを確認するプロセスが描かれている。紫外線を当てて発する蛍光色を、アケビの実か花の紫になぞらえて「通草《あけび》色《いろ》」と表現したのは、恐らく斎藤茂吉の本歌取りであろう。

屈《かが》まりて脳の切片を染めながら通草《あけび》のはなをおもふなりけり

茂吉の第一歌集『赤光』に収められたこの歌は、脳の神経組織を染色しているときに、少年のころ親しんだアケビの紫の花を思い出したという一首である。茂吉の見た脳切片の紫色と、染色されたDNA片の蛍光色とは同じではなかったはずだが、永田はドイツ留学の経験もあった茂吉に思いを馳せ、DNAを染色する自分に引きつけて詠んだに違いない。

こうしたプロセスを経て、少しずつ「HSP47」の正体が明らかになっていった。八〇年代後半、研究者の間では、ストレスたんぱく質の仲間が必ずしもストレスがかかった状態でだけ発現するのではなく、通常の細胞の中でも働いていることが明らかにされた。そうしたストレスたんぱく質のほとんどが、たんぱく質がきちんと作られるよう手助けする分子シャペロンであることも明らかになっていった。

しかし、HSP47が発見された当初は、「コラーゲンだけに特異的に働く分子シャペロン」という永田の見方は、研究者の間でもなかなか信じてもらえなかった。そのころ、シャペロンはどんなたんぱく質にも結合して働くと考えられていたため、特定のたんぱく質だけに働くシャペロンという概念がなかったのである。実際、多くのシャペロンはいろいろなたんぱく質の生成を助けることが分かっていたので、永田が国際学会でＨＳＰ47について講演しても、ほとんど認められず、何度となく口惜しい思いを味わった。

研究者にとって、「ここに働いているのは、こういうものではないか」と仮説を立て、それが立証されたときの「やっぱり、そうなんだ！」という純粋な喜び、人の知らない新しいものを発見する喜びは、何にも代え難い。けれども、永田は「それだけでは括れない雑多なものもある」と正直に言う。研究テーマが面白ければ面白いほど、同じ研究に従事する科学者は多い。先んじて学術誌に論文を発表するだけでも大変だが、インパクトファクターという影響力、引用頻度の高さも重要である。「注目され、ほめられることもある種の報酬であり、インセンティブになる。それがないと続かない」と話す。

徹夜して拾いしデータ直線の一点を埋めて眠らんとする
人間の遺伝子をもつ白ねずみ白きねずみはわが掌の上に

最終的に永田は、ＨＳＰ47を作る遺伝子を持たないノックアウトマウスを作ることに成功し、ようやくコラーゲンに特異的に働く分子シャペロンの存在が認められた。後に「受精後十一日目に必ず死ぬことになつてゐるわれの遺伝子欠損マウス」と詠んだとおり、このマウスは必ず胎児のまま死ぬ。コラーゲンが正しく合成されないため、発生途上で死ぬのである。

コラーゲンは今のところ三十種類近く確認されており、五つのタイプに大別される。HSP47は、体内に最も多く存在するⅠ型、また関節や軟骨に含まれるⅡ型、皮膚の表皮と真皮をつなぎとめているⅣ型の生成に関わっているため、この遺伝子一つが失われただけで、発生の過程が途中で止まってしまう。

こうして、HSP47が発生に必須の遺伝子であり、コラーゲン合成に関わるシャペロンであることが証明されたのだが、すべての証明が完了したのは二〇〇〇年のことだった。発見から十四年の歳月をかけた成果について、永田は「分かったことはほんのわずかだと思う反面、どんなに時間がかかろうとも、自前で発見した遺伝子・タンパク質について研究が進められることの幸せも改めて感じる」という。

研究者によっては、その時々に注目されているテーマに取り組むこともある。同じテーマに取り組む科学者が多いほど、その分野は新発見が相次ぎ、研究の進展が早くなる。独自に発見した遺伝子に専念すれば、ほかに研究している人が少ないため、研究の進展は遅くなるが、永田は「人の尻馬にのらずに研究のアイデンティティを確立していくことは、研究のスピードよりもむしろ重要なことであり、また研究の醍醐味」という姿勢を貫いている。

実際、HSP47は筋のよいテーマだった。同じように特定のたんぱく質にだけ働くシャペロンが相次いで報告され、その第一号として教科書にも載った。とりわけコラーゲンという生命維持に必須のたんぱく質の生成に関係するので、難病の解明や治療方法に結びつくのではないかと期待が集まっている。コラーゲンの受容体を見つけようとして得た、大きなセレンディピティだったと言えるだろう。

歌の深まり

米国留学から戻った永田は、「ＨＳＰ47」研究だけに専念していたわけではない。それどころか、以前にも増して短歌漬けの日々となっていた。

一九八六年十月に京都大学教授になった永田は、その翌月には短歌結社「塔」の編集責任者となる。翌年秋には、京大短歌会の顧問を引き受ける。どちらも、亡き高安国世から引き継ぐ形となった大切な仕事である。

短歌結社の主な活動として、まず会誌の発行が挙げられる。結社の会員は毎月、作品を送り、編集責任者によって選歌されたものが雑誌に掲載される。会員は、直接の指導を受けなくても、落とされた歌と載った歌とを比較することで、歌のよしあしを学びとるのである。それから、会員が集まって互いの歌を批評し合う歌会も、結社の大切な活動の一つである。

「歌を作り、評論を書く、そんな活動のどれにも手を抜くことはなかった。歌をやっていることを、研究者の余技と見られたくないという思いであっただろう」と永田は振り返る。研究室では一切、短歌にかかわることを口にしなかった。歌を詠むことをひた隠しにしていたのは、「研究者は二十四時間、研究者でないといけない」という思いがあったからだ。ポスドクと呼ばれる博士研究員たちに「もっと研究に専念しろ」と言いながら自分は歌を詠んでいることに後ろめたさを抱いた。「自己矛盾も甚だしい。自分を納得させるために、がむしゃらに働いた」と振り返る。
自身の作品や評論を発表する場も増え、忙しさは増した。帰国した翌年は、創刊された季刊誌『現代短歌　雁』の編集委員となり、通信社の短歌時評も引き受けた。

午前五時「塔」の選歌の終わりたり夜の明けるまでをぼう然と居る
ししととと椿の花は落ちつづく選歌を終えし夜明けの庭に
選歌に殺されしとう宮柊二をこの頃肯定しているしかも本気で　『百万遍界隈』

恐らくはこんな夜明けを何度となく重ねたことだろう。三首目の「宮柊二」は、自ら創刊した短歌結社「コスモス」の主宰者として三十余年にわたって選歌を続けた。「選歌に殺されし」という見方をする人もいるのだろう。「結社を成立させている与件は、つきつめれば選歌と歌会」と主張してきた永田が、宮の生き方を「肯定」するのは、結社の代表としての矜持でもあろう。
一方で、日本細胞生物学会の庶務幹事、会誌「細胞生物」の編集幹事や、学術会議の研究連絡委員会の委員を務めるなど、研究とは別の仕事もこなした。その合間に国内外で開催される学会にも出席するのだから、超人的な仕事量である。誰にとっても一日は二十四時間であり、永田は睡眠時間をとことん削って研究にいそしみ、歌を詠み、歌論を書いた。

ねむいねむい廊下がねむい風がねむい　ねむいねむいと肺がつぶやく

米国から戻った一九八六年に四冊目となる歌集『やぐるま』を上梓した永田であったが、第五歌集『華氏』が刊行されたのは一九九六年の末だった。それまで二〜五年ほどの間隔で歌集を出していたが、実に十年ぶりである。その最も大きな原因は、短歌と科学の世界両方で活動する多忙さだったと永田本人も認めている。

歌の内容を見ると、『やぐるま』には渡米までの歌が収められており、『華氏』は渡米して以降の歌で構成されている。永田はあとがきで「渡米してすぐに、師である高安国世先生が亡くなった。この歌集の冒頭に師の挽歌を置かなければならなくなり、これが、歌集をまとめるのをなんとなく遅らせた、もうひとつの理由であるかもしれない」と振り返っている。それまでの歌集の二倍以上に相当する六〇四首を収めた一冊は、中堅男性歌人の優れた歌集を顕彰する第二回寺山修司短歌賞を受賞した。

「塔」全国大会にて師・高安国世（右）と。左手前の後ろ姿は清原日出夫（1983年）

車の鍵実験室の鍵その他もち歩きわが家の鍵というを持たざり
鉛のエプロン肩に重けれ一日を籠りて地下のＲＩ室

カリフォルニアより遺伝子届く遺伝子は微量、花粉のこぼれたるより

一首目は米国時代の歌である。いくつもの鍵を持ち歩きながら、持っていて当然の「わが家の鍵」を持たないのは、家族が必ず在宅している夜分にしか帰宅しないからであろう。

二首目に出てくる「RI」は、放射性同位元素（ラジオ・アイソトープ）のことだ。目的とする物質の生体内での分布や移動を追跡するとき、目印として使われる。扱う際には、完全密閉の「RI室」にこもり、被曝しないよう、身体の前面を覆う防護衣を身に着ける。サイズによって約三〜五キログラムと開きがあるが、疲労のたまった身には「肩に重けれ」という代物だったようだ。鉛を含んだ防護衣の重たさが、読む者にも感覚的に伝わってくる。

三首目は「遺伝子」が郵便で送られてくるという面白さを詠んだ。「花粉」ほどの重量もない、かそけき「遺伝子」は研究材料として販売されており、ちゃんと海の向こうから郵送されてくるのである。研究者にとっては当たり前のことだが、この歌には、ふと歌人の目に戻って眺めた心の動きが感じられる。

『華氏』を出版してからの永田の受賞歴は、「輝かしい」の一語に尽きる。第六歌集『饗庭』で若山牧水賞と読売文学賞、第七歌集『荒神』で日本歌人クラブ賞、第八歌集『風位』で芸術選奨文部科学大臣賞と迢空賞、第十歌集『後の日々』で斎藤茂吉短歌文学賞と、立て続けに大きな賞を得た。研究と短歌の実作において、永田は大きな実りの季節を迎えていた。

医療を変える可能性

永田の発見した「ＨＳＰ47」が、生体に欠かせないコラーゲンに関わるシャペロンであり、その働きの重要性がはっきりするにつれ、臨床応用への期待が高まってきた。

肝硬変や動脈硬化、ケロイドといった病気は、一見、それぞれ全く異なる病気に思える。肝硬変は肝臓、動脈硬化は血管、ケロイドは皮膚……と部位ごとに分かれているようだが、実は、どれもコラーゲンが異常にたまって組織が硬くなる「線維化疾患」と括ることができる。腎臓の糸球体硬化症や肺線維症なども、この疾患グループに入り、いずれも有効な治療法のない難病である。

治療法を求めてさまざまな研究が行われており、例えば線維を増殖させる因子を阻害する方法においてもＨＳＰ47は有力なターゲットの一つだ。これらの病気が起こると、ＨＳＰ47が急激に誘導されてコラーゲンの合成、蓄積を助ける役目を果たす。だから、ＨＳＰ47の合成自体を抑えれば、病気の進行を食い止めることができるはずだ。永田らがマウスの腎線維化モデルで実験したところ、ＨＳＰ47の発現を抑えることで線維化の進行が遅くなった。ヒトでもうまくいけば、いろいろな病気の治療に役立つと考えられる。

ＨＳＰ47だけでも、これほど多様な病気に関わっているのだが、ストレスたんぱく質全体が疾患との関係において、各方面で注目を集めている。というのも、このたんぱく質のアミノ酸配列は、バクテリアからヒトまで種を超えて保存されており、その起源は非常に古いと考えられるからだ。太古の地球環境における日周期や潮の干満、放射線などさまざまな変化が、初期の生物にストレス応答の仕組みをもたらしたのだろう。

ストレスたんぱく質は、免疫系に関わっている可能性が高い。例えば、全身性エリテマトーデス、慢性関節リウマチやクローン病の患者はストレスたんぱく質に対する自己抗体をもつことが報告されている。また、細菌や寄生虫などによる感染症における主な抗原がストレスたんぱく質であることも明らかになっている。これは病原微生物が哺乳動物に感染する際、大量のストレスたんぱく質が作られることと関係するのではないかと考えられている。つまり、自己免疫疾患や感染症において、ストレスたんぱく質を標的にした薬剤の開発が期待されるのだ。

ストレスたんぱく質の研究成果が期待されるのは、病気の治療だけではない。紫外線に当たったり高齢になったりすると、皮膚のＨＳＰ47の量が減りコラーゲンの産生が少なくなる。ＨＳＰ47を増やせばシワなど皮膚の劣化が防げるのではないかと、化粧品の開発も進められている。とは言え、それらの応用研究は、基礎研究が十分に行われて初めて可能となる。

応用へ応用へと話題を移しゆく記者にいらいらと答えおりしか　　『華氏』

記者発表の場を取り上げたこの一首からは、「やれやれ」とでも言いたげな作者の顔が浮かんでくる。科学の世界では、基礎研究も応用研究も同じ重みをもっており、もしかすると基礎研究の方により面白みがあるかもしれないのだが、記者という人種は往々にして、実用化の可能性、そのインパクトにばかり目が行きがちである。研究現場の苦労も知らない記者たちが、軽々しく実用化の目処についてばかり訊ねることに苛立ちを感じるのも無理はない。

妻との二人三脚

歌人、河野裕子がいなければ、永田和宏の人生は全く違ったものになっただろう。歩みの傍らには、いつも河野の存在があった。学生時代に出会って以来、二人は結婚後もずっと互いのことを歌に表現し続けた。河野の歌を読むと、永田和宏の研究者としての姿が生き生きと浮かび上がる。

現代版書生気質の伴侶かな長身長髪黒シヤツGパン
脚ながく太き筋肉もてる者ぬばたまの夜ごと見上げて不可知
その男永田和宏を会衆となりて眺むるはほどよく愉快

これらは、夫婦がともに三十代のころに詠まれた歌である。結婚して十年余り経っているが恋の気分に満ちており、科学者である一人の男性を知ろうとして知り尽くせないもどかしさを感じさせる。永田が仕事から帰宅すると、河野は彼の後をついて家の中を歩き、その日にあった出来事などを話し続けるのが常だったという。自分のことを知ってほしい、自分もまた彼をもっと知りたいという気持ちで、永田の講演を聴く「会衆」となったこともあったようだ。

選歌して眠たくなれば下りてゆく階下《した》にも一人が選歌してをり
君は君の体温のうちに睡りゐてかかる寂しさのぬくみに触《さや》る
科学者の客ばかり来るやうになり気楽なれども退屈なり彼ら

河野自身も歌人として多忙な日々を送っていた。米国から帰国後、十代のころから入っていた「コスモス」を辞めて「塔」に移り、選者の一人となった。四十四歳の若さで毎日新聞の「毎日歌壇」の選者となり、各地のカルチャーセンターの講師としても引っ張りだこであった。

一首目は互いに時間を削って「選歌」する日常が描かれている。誰よりもお互いを理解していながら、「君は君の体温のうちに」と表現したのは生の根源的な寂しさであろうか。三首目は米国留学時代の歌である。短歌関係の客だと、夫婦ともに歌人であるし、いろいろと気も遣うのだろう。しかし、科学の話は自分には分からない。「気楽なれども退屈なり」という正直な気持ちが可笑しい。

仕事に忙殺される夫を案じる歌も多い。

文献を握りしままに眠りゐるこの人はもう六十のやうに疲れて
ひとしきり英語で寝ごと言ひをりしが不意にわなわなと唏噓《ききょ》せりあはれ

歯刷子《ブラシ》をくはへたままで湯に眠るいくら何でも永田和宏

「六十のやうに疲れて」と詠まれたとき、永田はまだ四十代半ばであった。「寝ごと」を英語で言ったのは、米国留学時代のことである。どんな夢だったのか、すすり泣く夫を「あはれ」と見る妻のまなざしが温かい。文献を読みながら寝るだけでなく、入浴中にも浴槽で寝入ってしまうほど、ぎりぎりの状態だった永田の姿が何と克明に描写されていることだろう。

こうした歌を読むと、河野裕子が夫に対して母親のような愛情を抱いていたことが、ひしひしと感じられる。幼くして母を亡くした永田に対して、河野は出会って間もないころから母性的な気持ちを持っていたようだ。河野はあるとき対談で永田について、こんなふうに語っている。

「この人は全身をかけて愛されたことがない人だ、寂しい人だと思いました。ドーナツだと思ったんです。真ん中がない。いまでもそう思いますね。私が先に死んだら、あの人、どうするのかなあって。多分、お酒を飲みすぎて泥酔してお風呂で溺死するでしょうね」

しつかりと飯を食はせて陽にあてしふとんにくるみて寝かす仕合せ

良妻であること何で悪かろか日向の赤まま扱《しご》きて歩む

をんなの人に生まれて来たことは良かつたよ子供やあなたにミルク温める

河野は歌壇にデビューした当初から、韻律のととのった豊かな文体をもっていた。代表歌の一

妻の河野裕子と京都府立植物園で（1991 年ごろ）

つ、「たっぷりと真水を抱きてしづもれる昏き器を近江と言へり」のような、格調高く詠いあげる作品が彼女のイメージを形づくっていた。ところが、河野は徐々に文体を変え、家族や小動物、身近な植物などをやわらかく自在に詠う方向へと向かう。

一、二首目が発表された八〇年代の終わりは、ちょうど日本でフェミニズムへの関心が高まっていたこともあり、河野のこうした歌は一部の歌人からは不評を買ったようだ。しかし、息子である歌人、永田淳によると、河野は実際に「『メシを作って食わせる』のが大好き」な人だったらしい。永田和宏の身の回りの世話をすることは、彼女にとって最も心の和む、本来的な仕事であったのだと思う。

そんな河野が伴侶であったことは永田

にとっても、いろいろな意味で大きかったはずだ。時間に追われる日々のなか、母のように頼る面も恐らく多かったのではないか。

このひとは寿命縮めて書きてゐる私はいやなのだ灰いろの目瞼など
先に死ねばやはりこの人は困るだらう金ではなくて朝のパン夕べの飯に

河野がこんな想像をして夫を心配したのは、まだ二人が五十代に入ったばかりの健康そのもののときだった。同じ時期、永田の方も、妻への返歌のような歌を詠んでいる。

食えと言い、寝よと急かせてこの日頃妻元気なり吾をよく叱る
不意のわが死をまこと本気に怖れおる妻に隠れて書くべくもあるか

河野は永田よりも一つ年上である。世話好きで明るい姉さん女房が、忙殺される永田を気遣って、何とか健康を維持させていたのだろう。

早すぎる別れ

夫よりも先に死ぬことを心配していた河野裕子に、乳がんが見つかったのは、二〇〇〇年九月

のことである。河野自身にとってもショックだったが、永田も非常に動揺した。そのことは河野の歌を読むと一番よく分かる。

何といふ顔してわれを見るものか私はここよ吊り橋ぢやない
わたしよりわたしの乳房をかなしみてかなしみゐる人が二階を歩く

本人が乳房に卵大のしこりを発見して、すぐ京大病院で受診し、悪性腫瘍であることが判明した。一首目は、その診断結果を知った直後の歌である。「何といふ顔」からは、驚きや悲しみ、後悔などさまざまな感情の入り混じった悲痛な面持ちが想像される。「わたしより」悲しみにくれる夫を詠う心にも、深い悲しみがあふれている。リンパ節に転移していたため、十月に全摘手術が行われた。

このとき永田が作った歌に「癌と腫瘍の違いからまず説明すなにも隠さず楽観もせず」という一首がある。科学者らしく客観的事実を妻に説明し、自らも落ち着こうとした場面ではないかと思う。けれども、妻にしてみれば、そうした態度は少なからず冷たいものに感じられたようだ。

今ならばまつすぐに言ふ夫ならば庇つて欲しかつた医学書閉ぢて
文献に癌細胞を読み続け私の癌には触れざり君は
うつ向いてものを書くときこのひとは何とわたしから遠いのだらう

医学的な説明はともかく、妻は理屈抜きで慰めてほしかったのだろう。乳がんに関する最新の情報が何だというのか、「大丈夫、大丈夫」とあなたが抱きしめてくれれば、それでよかったのに――そんな気持ちだろうか。

大方の男性はこうした場面で、一般的な見解や治療実績のようなデータを持ち出す傾向があるように思う。しかし、女性にしてみれば、多少取り乱しても、根拠のない励ましであっても、大切な一人として向かい合ってくれさえすれば、それでよいのだ。永田の方には「言つて欲しい言葉はわかつてゐるけれど言へば溺れてしまふだらうきみは」といった気持ちもあったようだ。がんに関わる研究に携わった身としては、気休めなど言うことができなかったのもよく分かる。

河野にしても、永田に不満があったわけではない。

このひとを伴侶に選びて三十年粟粒ほどの文句もあらず
死ぬ日までこんなに疲れて眠るのかつくづくあはれ永田和宏

乳がん手術を受けて数年たったころの河野の歌である。やはり永田は、河野にとってかけがえのないパートナーであり、相変わらず自分の病身よりも案じられてならない存在であった。そのころの河野が書いた「眠い人」と題する文章がある。夫、永田和宏について書かれたものである。「二足のわらじ、と世間ではかんたんに言うけれど、サイエンスと短歌を、それぞれの分野の第

がんが再発してからの生存率は高くない。二、三首目は、限られた時間しか二人に残されていないことを自覚しつつ、「ひとりで（先に）行くな」と呼びかける心細さが胸に迫ってくる。再発から二年余りたった二〇一〇年八月十二日、河野裕子は六十四歳で死去した。三十八年の結婚生活であった。

最後までわたしの妻でありつづけあなた、ごはんは、とその朝も言へり
きみの歌の最初の読者はいつも私だつた四十年もそれは続いて
言はんこつちやないとやつぱりあなたは言ふだらうか朝まで風呂で寝てゐたなんて
よく笑ふ妻でありしよ四十年お婆さんのあなたと歩きたかつた

新たな挑戦を続けて

永田の周辺は少しずつ変わり続けている。

妻の亡くなった二〇一〇年は、大きな転機の年でもあった。三十年以上務めた京都大学を辞め、京都産業大学に新設された総合生命科学部の学部長に就任したのである。京大の定年まであと一年あったが、研究室全員で移れること、研究環境が保障されることが魅力だった。

しかし、新しい学部開設の話が来たとき、「私のような教育の素人に、私学教育が務まるだろうかという心配」があった。実は、長らく研究所にいた永田にとって、学部生を教える機会は少

なかった。理学部の二回生を対象に、年に数回、細胞生物学の講義をする程度だったという。

「六〇兆の細胞よりなる君たち」と呼びかけて午後の講義を始む　『風位』

小さき脳をスライスにして染めているこの学生は茂吉を知らぬ　『饗庭』

この二首は京大時代に詠まれた。一首目は最初の講義の風景だろうか。細胞というものの不思議を教えようとする永田の意気込みが伝わってくる呼びかけである。二首目は実習の場面だろう。「茂吉」が出てくるのは、「屈《かが》まりて脳の切片を染めながら通草《あけび》のはなをおもふなりけり」を思い出しているからだろう。茂吉のこの有名な一首を自分は愛唱してきたが、今の学生たちは知らないんだろうなぁ、という慨嘆である。

やめてしまえと怒鳴りつけたり背の高きこの学生を見上げるかたち　『百万遍界隈』

「世界中で君だけしかやれないこの研究をどうしておもしろいと思えないのか」

審査とか評価とかそれに査定とか逃げ出したいよな時計塔おーい　『夏・二〇一〇』

研究において、学生たちが常に期待に応えてくれるわけではない。精魂込めて指導した学生が研究の道を捨てる選択をすることもあり、永田は何度か怒りをあらわにしたようだ。一、二首目はそういった場面である。ともかく、教授会をはじめとする種々の会議や委員会に追われて忙殺される日々だった。三首目の「時計塔」は、京都大学のシンボルとして親しまれているものだが、それを見上げて「おーい」と助けを求めてしまう永田の姿が浮かぶ。

このように、大学の教員として働く大変さを重々承知していた永田であるが、研究現場に身を置いてきた自分にしかできない教育もあるのではないか、と考え、最終的に大学を移る決断をした。学部長就任にあたっては「サイエンスの前線に身を置いたものなら誰でも、教科書に書かれている事実のすぐ横には、まだわかっていない未知の領域が茫漠と広がっていることを日々実感する。（中略）「こんなことさえもわかっていない」ということを、学生に気づかせることができれば成功だろうと思っている」という文章を書いた。

京都産業大学の生命システム学科では、新入生を対象にした必修科目「フレッシャーズセミナー」が設けられており、学生と教授が一対一で会う。子どものころに偉人伝に夢中になった永田は、このセミナーの折、「誰でもいいから、これと思う科学者について調べる」という課題を出すことにしている。「自分はどこかで偉大な人に憧れていたが、今の学生はそもそも伝記を読まない。偉人というのは、全然別世界の人で、自分はとても及ばないと思い込んでしまっているんです」と話す。その背景には、成功体験の不足があると永田は見る。一方的に知識を教え込まれるばかりだった学生たちには自信がない。だから、課題を出すときは「その科学者と自分の似たところを探しておいで」とアドバイスするのだという。

京大時代、永田が指導していた修士一年目の女性の論文が米科学誌「サイエンス」に掲載されたことがあった。「ラボの雰囲気が、がらっと変わり、みんなのモチベーションが上がった。『サイエンス』などの有名な雑誌を身近に感じることが大事」と言う。この経験を活かして指導を進めた結果、京都産業大の永田研究室でも、米科学誌“*Molecular Cell*”や欧州科学誌“*EMBO Journal*”などに論文が掲載される快挙が続いている。

質問がないならここから出てゆけと何年振りかにまた怒りたり
厳しいといふ評判は望むところ厳しさに耐へ得ぬものの残れぬ世界

指導の厳しさは以前と変わらない。この二首はどちらも二〇一五年に詠まれたものだ。一首目の「何年振りかに」は、新しい職場で最初は少し遠慮していたことを示すのだろうか。二首目には、永田自身が歯を食いしばるようにして「厳しさに耐へ得ぬものの残れぬ世界」に踏みとどまってきた矜持が満ちている。

新しい仕事に打ち込む一方、短歌に関しても、永田は変化を選びとっている。

一つ目の変化は、六十歳になったのを機に、それまでの現代仮名遣い（新かな）から、歴史的仮名遣い（旧かな）に変えたことである。二〇一二年七月に出版された『夏・二〇一〇』は、永田にとって初めての旧かなの歌集となった。この歌集は、妻の河野裕子が亡くなる前後の作品、五六八首が収められたもので、張りつめた気持ちで詠まれた歌が多い。十二冊目となるこの歌集は、二つの意味で永田にとって特別な一冊なのである。

歌人にとって、かな遣いの問題は大きい。結社によっては、どちらかに統一されているため、どうしても新かなで表現したい人が、詠風に魅力を感じつつ旧かなしか認めない結社に入ることをあきらめることもある。永田の所属する結社「塔」は、創刊当時は旧かな遣いに統一されていたが、二年後に新かな遣いに統一された。その三十七年後、主宰者となった永田によって、新旧どちらでも構わないという方針に変えられたのである。永田自身は、何度か「六十歳になったら旧かなに変えようか」という考えを明らかにしていた。

二つ目の変化は、二〇一四年に、短歌結社「塔」の主宰を、四十代の吉川宏志に譲ったことである。

短歌結社では、創設者が亡くなるまで主宰を務めることが多い。「塔」の場合も、一九五四年に創刊した高安国世が一九八四年に他界し、永田が後を引き継ぐことになった。だから、六十七歳の永田が「これから」というときに後進に道を譲ったことに驚いた人も多かった。

けれども、永田自身に迷いはなかった。二〇〇四年に「塔」が創刊五十周年を迎えるとき、すでに「私自身は、『塔』の代表をあと十年ほどで次の世代に譲りたいと思っている」という文章を記念号に寄せていた。創刊六十周年のとき、永田が主宰として関わった年月は、ちょうど師であった高安が「塔」の主宰を務めた三十年と同じ

2003年、ポルトガル・トマールで開かれたヨーロッパ分子生物学シンポジウムにて各国の研究者らと

になる。「そろそろ十分と言うべきだろう」と書かれている。
科学者として長く研究の場にいる永田は、組織というものの性質をよく知っていた。それは研究チームであろうと、短歌結社であろうと同じだった。「組織というものは、できたときから停滞へ向かって動いていくものである。よほどの努力をし続けないと停滞は必然的に全体を覆ってしまう。恐ろしいのは、その組織の内部の人間にはその停滞が見えにくいことであろう」と五十代の永田は書いた。この文章が書かれた二〇〇四年当時、日本細胞生物学会の会長を務めており、「いやでも組織の停滞や改革という問題と向き合わざるを得ない立場」だった。学会は何年かごとに選挙があり、細胞生物学会の場合、会長は二期以上務めることはできない。選挙も任期もない短歌結社の主宰は、自ら退く時機を決めなければならないのだと、永田は考えていたのだろう。

退き際のむづかしさなどまた思ふ新しきデータを得るたび思ふ
何歳《いくつ》まで続けるつもりか　辞めるには惜しけれどまことしんどくはある
歌壇ではまだまだなれどまぎれなく最長老なり挨拶をする

一首目は、「新しきデータ」が得られた喜びに、次なる可能性をあれこれと考えつつ、退職の時期に迷う心境が詠われている。永田は京都新聞に寄稿したエッセイで「私が学生に言うのは、自分のデータに喜べること、それが研究者の条件だということだ。自分のデータに喜びが感じられなくなったら、もう研究者をやめる以外にない」と書いている。二首目には、「新しきデータ」

に胸を躍らせる自分への複雑な思いがうかがえる。「惜しけれど」という言葉からは、研究への意欲がほの見える。三首目は若手研究者の発表会について詠まれたものである。歌壇では大正生まれや昭和ひとケタ生まれの大御所が活躍しているが、サイエンスの場では「最長老」として挨拶する立場の永田である。

科学と短歌、その両方に携わっていることを公言できるようになったのは、五十歳を過ぎてからだという。長らく、研究だけに没頭していないことへの引け目を拭い去ることができなかった。インタビューなどでどうして二つを両立しているのか訊ねられると、「どちらにも発見の喜びがある」などと答えてはいたものの、自分にそう信じ込ませたかったというのが本当のところで、実際には納得していなかった。

しかし、あるとき不意に「サイエンスと文学はまったく違ったものなのだ」という当たり前のことに気づいた。「二つは何の関係もなく、二つのことを一人の人間が生涯かけてやることに何の必然もない」と思った瞬間、科学と短歌を「同じ重さでやってきたというスタンスと、その時間の堆積」が、初めて自分の中でかけがえのないものであったと思えた。

これまでに詠んできた数千首の歌によって、自分の過去の時間が鮮やかに残されていること――そのありがたさがようやく、しみじみと感じられるようになってきた。科学の時間と、短歌の時間。永田はまだ当分、二つの時間のあいだを往還し続けることだろう。

写真：永田和宏氏提供

第6章 パリで詠み続けた女性物理学者——湯浅年子の場合

日本で研究すべきか、フランスで研究すべきか、女性研究者の心は揺れた。祖国を愛する気持ちは誰よりも強かった。科学の道へ進もうとする日本の女子学生や女性研究者たちを導きたいという思いもあった。しかし、長くフランスに暮らした身からすると、日本の男女平等はまだまだであり、前途は険しく思えてならなかった——。

湯浅年子は、国際的に活躍した、日本で最初の女性物理学者である。第二次世界大戦の勃発した直後にフランスへ渡り、ジョリオ＝キュリー夫妻の薫陶を受けた。当時、日本の大学のほとんどは女性に門戸を開いていなかった。戦火の迫る厳しい状況で、湯浅は原子核の研究に打ち込んだ。いったんは帰国し、教育者となったが、渇きにも似た思いから逃れることができなかった。「自分にとって最も大切な研究を、もっと究めたい」という願いが、湯浅をフランスの地へと引き戻した。世界に潜む真理を究めたいと思い続けた人生だった。

科学の世界に魅せられる

ホウセンカの実は、どうしてあんなふうに弾けて、遠くまで種を飛ばすのだろう。朝日が障子に差し込むと、なぜどのマス目にも軒端の影が同じ角度でできるのだろう――。幼いころの湯浅年子は、いつも「なぜ?」を連発していた。身の回りには、不思議なことがたくさんあった。好奇心が強く、何事も突き詰めて考えなければ気のすまない少女が、世界を構成する最小単位である原子、そして原子の構造を解き明かす道へ進んだのは、ごく当然のことだったかもしれない。

湯浅年子は、一九〇九(明治四十二)年十二月十一日、東京市下谷区上野桜木町(現・台東区)に生まれた。父、藤市郎は東京帝国大学工学部機械科を卒業し、湯浅が生まれたころは農商務省特許局に勤めていた。彼女の上には兄二人と姉三人がおり、後に弟が一人生まれて七人きょうだいとなった。父は毎晩のように、子どもたちを集めて、ニュートンやエジソンなど科学者の話を聞かせた。中でも、彼がスイスで開かれた特許関係の国際会議に出席した際、アインシュタインに会ったときの話は十八番であった。一方、母、禮子の曽祖父は、江戸後期の歌人で国学者の橘守部である。江戸文化の伝統に親しんだ母は、茶の湯や琴、長唄、歌舞伎、そして和歌を好んだ。生まれ育った上野桜木町には文士や芸人が多く住んでおり、湯浅は幼いころから、科学と日本文化、両方になじんで育ったのであった。

満五歳か六歳のころには、すでに歌を詠んでいた。母方の家系の影響もあり、かなり早熟な子どもだったようだ。

蟬しぐれなきてあたりの静まれば声もなくすゞしく松虫のなく
美しく咲きみだれたるコスモスは夜半の嵐に散りはてにけり

二首ともしらべの調った歌であり、既にいろいろな歌に親しんでいたことを思わせる。何歳のころだったのか、法要の後の宴席で親族や列席者らが歌を詠むという余興が催されたとき、小さかった湯浅は「亡き人を偲ぶ言葉に花咲きて散るとしもなきこの夕べかな」と詠んでみせた。「みなさん、亡くなった方の思い出話に花を咲かせて、いつ終わるともわからない夕べです（私は本当に退屈だ）」という意味の歌に、朗詠する役だった国文学者の叔父も両親も、困った顔をしたに違いない。

小学校に入学する際、数人のグループで口頭試問があった。面接官の先生から「大きくなったら何になりますか？」と質問されたとき、ほかの子は「よいお母様」「おとなしい人」などと答えたが、湯浅は「理学博士」と答えた。教師らが後々語り草にした自分の返答の背景について、湯浅は随想に書いている。

私は世の中で、理学博士が一番えらい人だと思っていた。それは父が、私達の幼いときからエジソンとかニュートンの話をしてくれ、また自身発明に没頭していたので、その真剣に研究している姿をみるたびに、「崇敬」の念をもったためらしい。この時研究していた「完全自働式製糸機」は、世界でも父のが完成した唯一のものなので、現在も蚕糸試験場に記念品として据え付けてあるが、先日、あの父の精根をこめたその機械の前に一〇年ぶりで立って、不思議なほど厳粛な気分にうたれた。科学を選ぶようになったのは、私にこの父の感化がずいぶん強い。

父、藤市郎は、ちょうど湯浅が小学校に上がるころに農商務省を辞め、十年がかりで完全自動の製糸機を作り上げた。製糸業が殖産興業の中心だった時代であり、内燃機関に詳しかった藤市郎は産業を支える技術開発に身を投じたのだった。そのため、一家は経済的に苦しくなったが、「父は極端に物質的な欲望を軽蔑するとともに、栄誉というものにも無関心だった」という。

体の弱かった湯浅は、小学校に上がってからもしょっちゅう休んでいた。きょうだいたちや友達と遊ぶこともなく、寝床の中で、いろいろなことを考えて過ごした。たまに許されて庭に出たときは、すべてが物珍しく、カヤツリグサの茎を裂いて引っぱると四角になるのを不思議がったり、庭じゅうのホウセンカの実にさわってはじけさせたりした。自然科学への関心は、このころから湯浅の心に育っていた。

小学校を卒業した湯浅は、東京女子高等師範学校付属の高等女学校に入学する。理科の授業にはいつも物足りなさを覚えていた。試験の答案はすらすらと書くことができたが、「本当はどうなのだろう」といつも納得できない思いを抱えていたのである。「たくさんのわからない自然現象が気になった。私は学校で習う数学や物理でこれを解決することができなかった」と回想している。

女学校最後の夏休みに書いたノートには、「昨夜、冴えた三日月を樫の木のあいだにみて、本当にこの世の何をもって正しいとするのかがわからなくなって、涙がとめどなく流れて困りました」という記述がある。その文章の次に書かれたのが次の歌である。


すゝむべき正しき道を月知らば我に教へよ今宵この時

「正しき道」を探しあぐねていた湯浅は、理系に進むことを決意する。後年、「不思議なこと分からないことが気になって、ただ漠然と理科を選んだにすぎない」と述懐しているが、幼いころからの探究心が湯浅を科学研究へ導いたのだろう。当時の日本では、女性が自然科学を専門的に学ぶことができるのは、東京と奈良にあった女子高等師範学校、ただ二校であった。

物理学の世界へ

一九二七（昭和二）年、湯浅年子は東京女子高等師範学校（略称「女高師」、現・お茶の水女子大学）の理科に進学する。同校で教鞭をとっていた保井コノとの出会いは、研究者として生きる道を選ぶ大きなきっかけとなった。

保井は、湯浅年子が女高師に入った年に、「日本産石炭の植物学的研究」と題する論文で学位を授与され、日本初の女性理学博士となった人である。明治の終わりごろ、女性が学問をすることはまだ社会的に認められておらず、保井が留学願いを出したとき、文部省は「女子が科学を学んでもものになるまい」と許可しなかったという。やっとのことで米国とドイツに渡り、帰国してからの十年間、苦労してまとめた論文で学士号を取得したのだった。そのとき保井は四十七歳になっていた。十七歳の湯浅にとっては、見上げるばかりの大きな存在だったに違いない。

湯浅は後に、保井の授業が「女学校でならっていた博物とはまるでちがった、いわゆる学問としての植物学」だったことを回想している。「教室に入ってこられてから終って出られるまで緊張しきった授業」であり、スライド上映や実験材料は全く不備がなかったという。

生物学の授業で、湯浅はムラサキツユクサの雄しべの細胞やチョウの鱗粉を初めて顕微鏡で観察し、その美しさに打たれた。自然界の神秘や美しい秩序こそ、幼いときから彼女の求めるものだった。けれども、残念なことがあった。家では缶切りも小刀も持つことなく育った湯浅は手作業が苦手で、顕微鏡で見るためのプレパラートを作るのにも難渋したのである。自分は生物学には向いていないのだ、と考え、物理学を究めようという思いが徐々に強まった。

生物学の実験で自然への関心を深める湯浅を見ていて、保井はひそかに自分と同じ道へ進むと期待していたのだろう。湯浅が「物理に進むことにしました」と報告したとき、「植物に来るかと思った」と漏らしたという。敬愛する保井の言葉に、湯浅も少々気まずかったようだ。しかし、保井は終生よき師として、湯浅の相談に親身になって応じた。

はろばろと落葉松つゞく一筋道我生ありて今ぞあゆめる

この歌は、北海道旅行の際に詠まれたものだ。広大な大地を突っ切る一本のまっすぐな道に、自らの進むべき道を重ね合わせた湯浅であった。

女高師を卒業した一九三一年、東京文理科大学の物理学科を受験する。当時、女性に門戸を開いていた大学は、北海道、東北、九州の三つの帝国大学、それから東京と広島の文理科大学だけだった。それまで日本で物理学を専攻した女性はおらず、自分の実力がどれほどのものか見当もつかなかった。

母からは「もし試験に落ちたら、才能がないのだから、大学へ行くことはあきらめなさい」と言われていた。背水の陣で入学試験に臨む娘の姿を見ていた父は、心配のあまり受験日に試験会場までついてきて、監督の人に制されてしまったという。合格発表の日、自分の受験番号を確かめた喜びに空を仰いだとき、頭上に満開の桜が天蓋のように広がっていた光景を、湯浅はずっと忘れることができなかった。

東京文理大は創設されてまだ三年目であった。女学校と女高師の環境に慣れていた湯浅は、まず男子学生が髪につけている香油の匂いに気が遠くなりそうだったというが、教授らや男子学生の方も共学に慣れていなかった。学生主事から「長袖のたもとを翻されてはどうも困るから、制服(学生服?)を着てくれ」と注文されたり、湯浅を「~君」と呼ぶべきか、「~さん」と呼ぶべきかと困り果てる教授がいたり、と思いがけないことがいろいろ起こった。「私の方では最初はまったく虚心坦懐だったのに、だんだん周囲の雰囲気に影響されてぎごちなくなってきた。なんともいえない場《フィールド》のなかに置かれた不自由さがあった」

けれども、専門的な勉学が始まったのは、何よりも嬉しいことだった。湯浅は自分に足りない基礎知識を身につけようと、毎晩午前二時すぎまで勉強した。物理学科の講義のほか、数学科の講義もほとんど受講し、「微分積分をすれば、もうそれ以上の数学はないと思い込んでいた当時の私に、新しい数学の分野が展開された」という喜びに満たされていた。「週48時間ぐらい講義と実験をとったのであるから相当忙しかった」という。

精神的に昂揚した時期が過ぎ、二年目を迎えるころ、湯浅は「動揺」を感じる。その原因の第一は、「物理学そのものに対する疑問」であった。「物理学とは一体何をしようという学問なのだろう?」という根源的な問いが、心に広がっていた。「認識とは何か」「自然現象の観察とは何か」——後に湯浅は、このときの迷いが「あまりにも早急に知識のみを吸収しようとしたために生じたものだと自ら分析しているが、当時の彼女にとっては、それは切実な思いだった。そのため、哲学科への転科さえ考えたという。

湯浅の疑問は、現実の社会へも向けられた。「私自身はまったく不自由なく幸せな境遇にあった。しかし、そのような個人的な安穏さをむさぼっていることは罪悪であると考えた」と記している。私利私欲を持たず、社会貢献しようとする父の姿を間近に見ていたことも大きかったのだろう。湯浅自身も「自分の時間は1秒なりとも私個人のものではない。すべての人のために費さなければならない」と考え、日々を緊張のうちに過ごした。

卒業研究のテーマに選んだのは、原子や分子のスペクトルの分析であった。一九三四年に東京文理科大学を卒業した湯浅は、そのまま大学の副手として研究の道に進んだ。しかし、このポジションは彼女自身にとって不本意なものだったらしく、「望む研究所で思う存分研究のできないことを改めて知らされた」と述懐している。学閥や学内の教授間のあつれき、また女性に対する差別観もあった。

分光学自体にもだんだん行き詰まりを感じていた。分子スペクトルを詳しく調べようとすると大学の分光器では対応できず、「自分を燃焼しつくすような研究か仕事がしたい」という思いが募った。その後、母校の女高師や東京女子大で教鞭をとるようになるが、心は満たされず、文理大での研究を続けていた。

そんなときに、たまたまフランス科学学士院の紀要を手にした湯浅は、ジョリオ゠キュリー夫妻の論文に目をとめた。イレーヌ・ジョリオ゠キュリーは、放射線の研究でノーベル物理学賞、化学賞を受賞したマリー・キュリーの長女である。フレデリック・ジョリオと結婚し、二人で研究に勤しんでいた。一九三四年初め、彼らはホウ素やアルミニウムなどの原子核に放射線であるα線を照射することで、人工的に放射能をもつ窒素やリンを作ることができる、と発表した。世界で初めて人工放射性同位元素を発見したのである。これは、ほぼすべての元素に人工的に放射性同位元素をつくることが可能だということを示す発見であり、物理学や生物学にとって大きな伸展をもたらす成果だ。翌一九三五年には早くも、夫婦そろってノーベル化学賞を受賞していた。湯浅は興奮し、その論文の明快なことに魅了された。

ジョリオ゠キュリー夫妻への憧れの念が高まったころ、フランス政府が日本の専門学校以上の学府の職員から留学生を選抜する制度に応募することを勧められ、彼女は奮い立った。フランスへ行こう！

フランス語を勉強し始めて、わずか三カ月後に受けた試験で、湯浅は生まれて初めて落第の憂き目にあった。筆記試験には合格したが、口頭試問で落とされたのである。けれども、この不合格に意気消沈する湯浅ではなかった。後に彼女は、「もし、この時合格して渡仏していたら、不自由な語学のために随分研究上に損をしたであろう」と振り返っている。

一年後の一九三九年、湯浅は再び受験し、トップの成績で合格を果たした。しかし、出発を予定していた九月初めに第二次世界大戦が勃発し、やむなく延期するしかなかった。失望する湯浅に悲しい出来事が相次いだ。長兄が急逝したのに続き、父が胃がんでもはや手術のできない状態であることが明らかになったのである。衝撃は大きく、フランス留学どころではないとあきらめかけていた彼女のもとに、一九四〇年が明けて間もなく、フランス大使館から「自己責任において、危険を覚悟して留学するなら出発してよい」という書簡が届いた。留学期間は、二年間である。渡仏するかどうか迷う娘を、父は強く励ました。「身辺の事情にかかわってどうして研究ができるか。研究のためにはすべてを忘れなければならない」という言葉は、自らも研究に没頭した経験をもつ藤市郎だからこそ説得力があった。

いよいよフランスへ行く日となり、湯浅は東大病院に入院している父を見舞った。自分の死期が近いことを覚悟していたのだろう、父は見舞い品であった養老酒で「別れの盃をあげよう」と言った。枕元には白梅が活けてあった。父は便箋にさらさらと何かを書きつけ、「お餞別に」と手渡した。即詠の一首であった。

年子の外つ国に出で立つを祝ひて　父

枕辺の梅も咲きけりはれやかに鹿島立つ子をことほぎがほに

枕元の梅も美しく咲いている。これから旅立つわが子を祝うように晴れやかに――「枕辺の、だと陰気だな」と父は少し笑って、「我が宿の」に直した。湯浅はその便箋を大切にしまい込みながら、「これが遺詠になりませんように」と祈るのだった。それから車で東京駅に向かったが、どうしても父を置いて出発できないという思いが胸にあふれ、車の運転手にまた東大病院に向かうよう頼んだ。病室に入ると、父は横たわったまま「何をしに戻ったか」と訊ねた。湯浅は返す言葉もなく病室を出て、再び東京駅へ向かった。

神戸から出航すると、亡くなった兄や病気の父のことが思われ、涙がとめどなくあふれてきた。

何故の涙ぞも父を恋ひ兄思ふとて詮はあらぬに

泣いても詮ないことと頭では理解していても、涙は止まらない。三十歳の湯浅にとって、研究者として自分がどこまでできるだろうか、という不安も関わっていたに違いない。

フレデリック・ジョリオとの出会い

約一カ月の航海を経て、船はマルセイユに到着した。出発した日の神戸は雪がちらついていたが、三月一日のマルセイユは「むせるような春の匂い」に満ちていた。プラタナスの並木道もまたとなく美しい。初めて踏むフランスの地であった。

我が足に正しく立ちぬマルセイユ夢にはあらじ今ぞ来たりぬ
幾年をのぞみし国に吾は来ぬ巴里は近し走りてゆかな

目指すは、パリのコレージュ・ド・フランス（College de France）の原子核化学研究所である。マルセイユからパリまでは六〇〇キロメートル以上あるが、走っていきたいような昂揚感を覚える湯浅だった。パリに着いた夜、戒厳令下の首都は真っ暗で、前途を暗示するようでもあった。

コレージュ・ド・フランスは、国立の特別高等教育機関である。一五三〇年にフランソワ一世によって設立されたコレージュ・ロワイヤルを前身とし、優れた学者の研究を支えるのを目的とした研究機関だが、誰でもこうした学者の講義を無料で聴講できるという開かれた学問の場でもある。そこには、先端的な分野を研究する科学系の研究所がいくつもあり、原子核化学研究所はジョリオ＝キュリー夫妻のノーベル化学賞受賞を記念して一九三七年に創設されたばかりの研究所だった。

翌日、湯浅はラジウム研究所へ赴く。初めてイレーヌ・ジョリオ゠キュリーと会ったときの感動は大きかったが、「今はポストがないので、十一月までは文献で勉強しておいてもらえないか。十一月以降のことも確約はできないが」と告げられ、動揺を禁じ得なかった。「来年もいられるかどうかわからないのです。父が病気なので」と話すうちに、涙が滲んできた。イレーヌも気の毒に思ったのだろう、柔和な笑顔で「もし平時だったら、あなたのような研究者にぜひ来てほしいのだが」と言い添えた。

1941年、ジョリオ教授宅でイレーヌ夫人と写った着物姿の湯浅

非常時となったため、研究室は軍の支配を受け個人の裁量で決められないこと、新しく外国人を入れることは原則として禁じられていることなど、湯浅にとって事態は絶望的に見えた。しかし、彼女は二週間以上にわたって、研究所の上層部や所属している物理学者たちに面会を求め、自ら窮状を訴えた。その必死の思い

は届き、フレデリック・ジョリオ＝キュリーから「事情はいろいろ聞いています。今は国防省がうるさいけれど、何とかコレージュ・ド・フランスの研究所に入れるでしょう」と言われたときは天にも昇る思いだった。ジョリオ教授が外務省や国防省と交渉してくれたおかげだった。湯浅は四月から研究を始められることになった。

当時、原子核化学研究所には、物理や化学、生物といった部門を合わせて約二十人の研究者がいた。米国人もいれば、カナダ人、中国人もいて、国籍はもちろん、身分や性別によって差別されることなく、研究に専念していた。ジョリオ教授の「国籍の違いを超えて、たとえ一人とでも理解し合うようになることが、世界平和の基礎である」という理念が実践されている様子に、湯浅は感動した。こうした環境で、本格的な研究活動が始まった。

朝から晩まで、時には夜を徹して研究と真向かった生活。これこそ私が望んだものだった。行き詰まれば、所長のジョリオ教授をはじめ誰でも喜んで相談にのってくれる。女性であることも、異国人であることも捨象されて、ここでは研究だけが生き物のように成長して行く。朝、一分も早く研究所へ行こうと焦り、向こうずねが棒のようになって動かなくなるほど走り続け、パンテオンの円柱に薄紫の朝の陽光がさしはじめるのをふり仰いで、初めて立ち止まる瞬間、「自分は幸福だ！」と心の底から思った。

私はもはや死んでも少しの悔いもないと思ったほど、この研究所の生活は心にかなったものだった。パリに来て、日本にいたころよりも物質生活の無意義さ、価値なきことを悟った。

研究するものは王者に等しい。ここではどんなに偉大な科学者も、貴重な文献も、道を知ろうとして来る人のためには常に開放されていた。「私は研究したいのです」という言葉が、すべてにまさって権威のあるものだった。

当時の原子核化学研究所では、ジョリオ＝キュリー夫妻が発見した人工放射性元素に関する研究が盛んに行われていた。放射性崩壊という現象を物理的に解明することや、放射線の生物学や医学への応用などである。湯浅は米国人研究者、ハインスと共同研究することになった。

研究所での生活が始まって三週間ほどたった五月十日、ドイツ軍がパリに迫った。いったんはパリから五〇〇キロメートルほど離れたボルドーへ避難した湯浅だが、焦燥感が募り、ジョリオ教授へ手紙をしたためた。「ここで研究できずに日を過ごすことは、たいへんつらいことです。たとえパリの研究所で爆弾の下に死ぬとも悔いませんから、どうぞ呼び戻してください」

意外にも、ジョリオ教授からはすぐに電報が届いた。「すぐ帰るように」という一言を見て、湯浅はパリへ飛んで帰った。教授は「あなたの安全を思って避難をすすめたが、あなた自身が爆弾が落ちて死のうともかまわない覚悟なら、一緒に死にましょう」と言う。このとき、フレデリック・ジョリオはまだ四十歳だった。ノーベル賞の栄誉や、コレージュ・ド・フランスの原子核化学研究所長のポストを手にしていたものの、一人の研究者としてまだまだ成し遂げたいことが多かったのではないだろうか。研究に対する湯浅の情熱は、彼の心を打ったに違いない。

ジョリオ教授は一対一で、ウィルソン霧箱を使った実験などについて湯浅を指導した。それまで分光器による実験しか経験のない彼女にとって、さまざまな粒子や放射線をとらえる霧箱でα線やβ線の飛跡を見た感動は大きかった。霧箱は、気体である水蒸気が過飽和状態になるまで減圧した密閉容器で、そこへ放射線や荷電粒子を投射すると、その道筋に沿って水滴が生じ、微小な飛行機雲のような飛跡が観察されるものだ。荷電粒子を加速させるサイクロトロンなど研究所の実験装置の数々を見せつつ、教授は「戦争中というのはあなたにとって不幸なことでしたね」と湯浅を慰めた。

　そんな幸福な日々もつかの間だった。まもなくドイツ軍がパリへ侵攻し、休戦条約が締結された。パリを含むフランス東北部はドイツの占領下となり、原子核化学研究所もドイツ軍に管理されることとなった。ジョリオ教授は研究所の再開に向け、ドイツ側からの条件――ドイツ人科学者と共同研究すること、軍事とは関係のない純粋研究であること、ドイツの許可なく成果を発表しないことなどを受け入れようとしていた。研究所が再開されたのは九月であった。その年のパリは残暑が厳しかったが、秋の気配は紛れもなかった。人心地ついた湯浅の心には、昨秋、急逝した兄のことを偲ぶ余裕がようやく生まれた。

　時雨してとみに涼しき道を来るラボには籠もる昨日の暑さ
　こゝだにも散りしく落葉ふみしだき巷に思ふ秋の来るを
人皆の紫に匂ふ朝なり見せましく思ふ去年《こぞ》逝きし兄

秋という季節の寂しさは、日本もフランスも変わりなかった。久々に湯浅の心に歌が戻り、日本語のしらべに自らを慰めたのであった。

研究を支えた短歌

湯浅に与えられた研究テーマは、放射性物質の原子核が、α線という放射線を出して自然崩壊し、より安定的な原子核になるときのエネルギーや運動量の変化を調べるというものだった。湯浅は研究所の助手だったベルトローと共に熱心に取り組み、共著で論文を書いた。

ドイツ軍当局によるジョリオ教授の監視は厳しかった。研究や社会的な活動がチェックされ、自分の研究は実質的に断たれたも同然だった。しかし、そのため湯浅は、彼から直接指導を受けるという幸運に恵まれた。

ジョリオ教授の下では、研究員たちは「特定の助手や技手をもつことを許されなかった」という。ガラス工や電気技師ら専門家はいるものの、「私たちは直接自分で測定をし、設計図面を作成し、時にはコイルを巻いたり旋盤も使ったりすることを要請された。化学的操作も、結晶磨きも、私たち自ら工夫し、技手とともにやり、あるいは自らやらなければならなかった」。教授も自ら装置を作り、測定や計算に当たった。後に湯浅がいくつもの測定装置を設計し、精度の高い実験でいくつもの成果をあげたのは、こうした経験によるところが大きかった。

実験中に硝子でケガをした――

治療室の窓ゆ眺むるパリの街灰一色に沈みて居たり
傷つきし小指を薬にしませつゝ哀しき色の街を眺めぬ

ふとした折に胸をよぎる思いが歌の形になるのは、湯浅にとって幼いころから自然なことだった。実験道具を作製中、誤ってガラスで指を切ったときは意識を失いかけたというくらいの痛みだったが、その一瞬に日本にいる家族のことなどが頭をよぎった。「何とも不思議な感じであった」という。病気の父のことはいつも気がかりだった。回復しつつあるのか、悪化しているのか――案じつつも、研究に打ち込むほかなかった。

ドイツ軍の監視下ではあったが、研究は順調に進んだ。激動の一九四〇年が終わり、湯浅は一心に実験を続けた。そんな半年が過ぎた六月十一日、パリの日本大使館で受け取った母からの手紙で、湯浅は父の死を知る。亡くなったのはそれより五カ月も前だったという。日記には深い悲嘆が綴られている。

私は父の死の床に侍られなかった。悔いる気持ちも今となってはすべて無。神もない。父もない、希望も未来も物理もない。あるのはただ母だけである。帰ろう、帰るより仕方ない。しかしはたして日本へ帰って、父のいない日本、父のいないわが家を、眼にするのに堪えられるだろうか。野良犬のようにウロウロとした気持ちで、一人パリの街を歩き、夜は夢を見て、突然声を立てて泣いた。しかし朝は再び平静な態度で研究所へ行く。

ある日の日記には「帰ろう」と記した湯浅だったが、それは本意ではなかった。研究者への道を後押ししてくれた父のためにも、頑張らなければ、と思う湯浅であった。

ちゝのみの父歿《みまか》ると夢にみつ今にし思ふ父の尊さ
父まさば今の迷ひも在らざるになどかは君のわかれたまひし
帰る船なしときゝつゝ秘やかに躍る心を母ゆるしませ

父が励ましてくれなかったなら、フランスへ留学することもなく、こうした葛藤も味わうことがなかったのだと思うと悲しみが募った。遠く離れ、今さらのように父の存在の大きさを思う湯浅であった。けれども、亡くなってからすでに半年近くがたったのだと知れば、帰国したいという気持ちも揺らぐ。ヨーロッパはまだ不穏な状態が続いており、日本へ向かう船もないことを、どこかでほっとして受け容れる湯浅であった。

父の死を知ってからひと月ほどたったころ、湯浅は歌集をまとめたいという思いに駆られる。日記には「お父様は、何であっても書くことには大胆であらねばならないと、いつもいわれていたからである。そしてパリでの想いとして、お父様にそれを手向けたい」と書かれている。短歌は湯浅にとって、心情を注ぐ大切な器のようなものだった。

一九四一年十二月八日、日本が米ハワイの真珠湾を攻撃し、太平洋戦争が始まった。湯浅は「真摯に生きて、いつか誠実な物理学者として祖国に帰るときまで研究し続けなければ」と思う。翌年からの二年間、湯浅はひたすら研究に打ち込む。

かにかくに仕事に逐はるゝ日は楽し憂きわが心わが思はなくに

あれこれと研究に打ち込んでいる間は、「憂きわが心」を忘れていられる。父を失った痛手も、日本に残っている母の心配も遠ざかり、新しい発見に心が躍った。湯浅は放射性物質の原子核がβ線を出して崩壊する現象「β崩壊」の観測と分析を重ね、その結果を四三年半ばまでに三つの論文にまとめた。そして、この年の六月、学位資格試験に合格し、研究成果をまとめた学位論文「人工放射性核から放出されたβ線連続スペクトルの研究」を提出した。

十二月に学位審査に合格した湯浅は、ついにフランス国家理学博士の学位を取得した。研究者仲間が口々に「おめでとう」と握手を求めに来るのを、湯浅は何だか泣きたいような気持ちで迎えた。それまでの緊張から解放された戸惑いもあったのかもしれない。湯浅は「言いしれぬ淋しさ」が大波のように襲ってくるのを感じていた。

恐ろしき虚無みつめ居り吾が仕事なれりといへるこの朝にして

一時的に燃え尽きたような湯浅を支えたのは、短歌であった。一九四三年六月、パリ在住の日本人有志による「巴里短歌会」が発足していた。ちょうど湯浅が学位資格試験に合格し、論文を提出したタイミングであることを考えると、彼女も発起人の一人だったのではないだろうか。

原則として、毎月第三土曜日の午後に歌会が開かれることになっていた。場所は、三菱商事に勤務する広庭祐夫の自宅であった。毎月の歌会では、「フランスの夏」など共通のテーマで詠みあう題詠と雑詠の両方で詠草が集められた。無記名の詠草に点を入れる形式のこともあれば、名前を添えて歌を出す場合もあった。

発足時のメンバーには、日仏銀行支配人だった横山正博、マルセイユ領事の高和博らの名も見える。後には、ハリウッド俳優として名を馳せた早川雪洲や、画家の鈴木龍一、大兼實、横浜正金銀行の吉村侃らも加わり、にぎやかな歌会となった。さまざまなメンバーが日本を懐かしみつつ、歌を詠んだ。故国を離れた寂しさを共有する場でもあったのだろうか。研究の合間を縫って、湯浅も熱心に定例歌会に参加した。

こうした活動が一年ほど続いた後、一九四四年八月一日、湯浅を含む短歌会のメンバー九人による合同歌集『マロニエ第一歌集』が刊行されたのだった。湯浅は「出《しゅつ》――いづる気持、はなるゝ心――」というタイトルで、一編の詩と、短歌十九首を寄せた。このタイトルは、アンドレ・ジッドが自分の作品を三つに大別したうちの一つ、〝sortie〟（出ること、外出、退場）にちなむらしい。本格的な小説、一人称の物語と比べると、やや軽い諧謔的な作品を指す言葉である。

自らの「歌歴」のところには、「母方の玄・曽祖父・祖父が橘守部・冬照・道守と代々国学を業として居た関係から自然に歌に親んで作る様になりましたが所謂「家の風」を吹かす事なく全くの自己流です。ずっと後になって大学を出てから高橋英子氏の主宰する「花房」の同人となり二年間程続きました」と書かれている。高橋英子は、新詩社の同人として与謝野鉄幹・晶子に師事し、後に短歌結社「花房」を主宰した人である。

きふくれて歩み危き媼あり故国《ふるさと》の母たゞに思ふも
一つ一つの細胞が生きてゐる如きみかんをとりて陽に透かしみる
やはらかきその緑の葉あふぎみつふりあふぎみつ心淋しも

この三首はいずれも合同短歌集に収められている。一首目は、足元のおぼつかない重ね着の老女を見て、日本にいる母を思い出したという素直な歌だ。二首目は、みかん一個一個を「細胞」のように感じたという、やや特異な感覚が詠まれている。保井コノに教わりながら顕微鏡で見た植物の細胞のことなどを思い出したのだろうか。三首目には、限りない淋しさ、悲しみがあふれている。葉を茂らせる夏の木々を仰ぎ見ても、どこか心は晴れない。それは当時のフランスの状況を思えば、ごく当然のことであった。

激動のヨーロッパで

一九四四年はジョリオ＝キュリー夫妻が人工放射能を発見した一〇周年にあたる年で、本来ならば盛大に祝われるはずだったが、ドイツ軍の占領下にある状況を憂えたジョリオ教授は祝賀的な催しを一切断った。フランスの学生たちをドイツへ移送する計画に対し、大多数の学生は応じず、大学教授や研究所の科学者がその責任を追及されていた。レジスタンス運動は日に日に拡大する一方だった。

実は、合同歌集が出る二カ月ほど前、ジョリオ教授はコレージュ・ド・フランスでその年度最後の講義を終えた直後に、姿を消していた。彼は人民戦線における大学組織の委員長を務めており、さまざまな分野の文化人たちの活動を支えていた。そのことで身に危険が迫ったらしかった。教授の行方を問われた湯浅は、勇敢にも「私たち日本人はこういうとき、たとえ知っていても言いません」と言い放ったという。一貫して「戦争反対」という信念を曲げないジョリオ教授に対する尊敬を抱きつつ、湯浅はβ崩壊に関する問題点の解明に向け、実験道具づくりに取り組んだ。

放射性物質の原子核がβ線を出して崩壊するとき、不思議な現象が見られた。飛び出してくるエネルギーの量が一定ではなく、ばらついているのだ。「β崩壊ではエネルギー保存則が成り立たない」と唱える物理学者もいた。β崩壊が起こると、マイナスの電子が放出されるが、たまにプラスの陽電子が観測されることがあり、そのためにエネルギー量がまちまちになることが予測された。後に、β崩壊にはいくつかのタイプがあることが判明するのだが、当時の物理学者にとってβ崩壊は謎の多い現象だった。湯浅はそれを解明しようと懸命に取り組み、測定器を作り上げた。

我がつくりし器械の重さたのもしき二年に近き苦しみのあと
双の手に愛《かな》しくかゝる重さなり吾がつくりたる之の器械は

八月になると連合軍がブルターニュに侵攻し、ドイツ軍が引き揚げ始めた。パリでは市民が蜂起して市街戦が繰り広げられた。人民戦線もその戦いに加わっていた。湯浅は大使館の要請でパリを去らなくてはならず、ドイツへ向かった。志半ばでパリを離れるのは不本意だったが、どうすることもできなかった。

「すべての希望は無惨に踏みにじられてしまった」——一九四四年八月二十六日、ベルリンに着いてまもなく湯浅はそう日記に書いた。「私には何の希望も感情もなくなってしまった。時間、あれほど一秒を惜しんだ時間が、今は全く何の価値もなく、流れるに任せている」

避難生活では何もすることがない。湯浅はパリへ戻りたい気持ちを抱えながらも、ドイツで研究する道を模索した。まず、十月からベルリン大学の図書館を利用できるよう、大学と交渉した。また、原子核物理学者、オットー・ハーンのもとで研究できないか、日本大使館から働きかけてもらった。

ドイツは数多くの優れた物理学者を輩出してきた。湯浅がヨーロッパに留学したころ、量子力学の創始者、マックス・プランク、それを確立したウェルナー・ハイゼンベルク、放射線を検出するガイガー＝ミュラー計数管の発明で知られるハンス・ガイガーなど、当時の物理学をリードする研究者が大勢いた。

オットー・ハーンは、ドイツ南部にあるカイザー・ウィルヘルム科学研究所（マックス・プランク研究所の前身）の所長をしていた。湯浅は彼の紹介で、ベルリン大学付属第一物理学研究所のクリスチャン・ゲルツェン教授の下で助手として実験が始められることになった。

戦況はいよいよ厳しくなり、ベルリンも不安定な情勢だった。湯浅は研究室の寒さに震えながら、マリー・キュリーが六十五歳になっても毎日十一時間から十二時間、研究室にこもっていたことを思い出し、自らを奮起させた。研究に没頭していたのは湯浅だけではなかった。毎晩のように空襲を受け、生命の危険にさらされているからこそ、命のあるうちにこれだけはやっておきたいという思いで、誰もが必死だった。

このころ湯浅が取り組んでいたのは、原子核のβ崩壊で放出される電子や陽電子のエネルギーを測定する分光器の作製である。静電場と磁場を組み合わせた二重焦点型の分光器によって、質量と運動量の両方を同時に測定しようという狙いの分光器だった。実験を繰り返しながらも、日本にいる家族の安否が思われてならなかった。そして、「果たして日本はどうなるのだろう」「日本が滅びへの道を一路たどっていることはまことに嘆かわしい」と祖国の将来を憂える湯浅だった。

ゲルツェン教授の下で取り組んで三カ月半ほどたった四月初め、湯浅はβ線分光器を作ることに成功した。ゲルツェン教授は、湯浅と共に工場へ行き、「いずれ、これを日本に持って行けますよ」と言った。ちょうどドイツの西からは米軍が、東からはソ連軍が攻撃を開始しようとしている時期であった。四月半ば、科学者たちはみな研究所を離れざるを得なくなる。五月初め、ドイツは全面降伏し、湯浅はシベリア経由で日本へ送還されることになった。もはや選択の余地はなかった。β線分光器を大切にリュックサックに入れ、帰国の途についた。

敗戦後の日本で

一九四五年六月三十日、湯浅の乗った船は敦賀に上陸した。帰宅して、姉の一人が空襲で亡くなったことを知った。弟も重傷を負っていた。愛する母はやせ衰え、すっかり変わり果てた姿で病床にあった。湯浅の姿を見るなり、「よく帰ってきてくれた。会いたかったよ、もうどこへも行かないでおくれ」と声を上げて泣いた。

自分がわがままを通して学問に打ち込んだせいで、母がこんなふうになったのだと、湯浅は自らを責めた。当時の日記には、将来が見えないことへの不安、また母の余生に寄り添った後はカトリックの僧院に入りたいという願いなどが綴られている。

湯浅と再会して二十日余りで、母は亡くなった。

二夜三夜ねむらで語りすぐさむとたのみ来つれば母は病みます
やせましゝ手に吾が著書をとりたまひよき子持ちしと母はいへれど
華やかな亡母のとふらひ弟とたゞ二人なり気にやさやるな

帰国したら母と二日二晩くらい語り明かそうと楽しみにしていた湯浅だったが、それはかなわなかった。二首目の「吾が著書」は、製本された学位論文と思われる。「よい子を持ったねえ、私は」と感激する母だったが、本当に自分は親にとって「よき子」だったのだろうか、と自問する湯浅であった。

母、禮子について湯浅は「どちらかといえば裕福な家の一人娘として派手な貴族的な生活をして」きた女性だったと評している。そんな「華やかな」母だったのに、自分と弟の二人だけというわびしい葬儀だったのだ。母に対する申しわけなさで胸が張り裂けそうだった。「カトリックの僧院」なども心をよぎったが、湯浅にはやはり研究しかなかった。母校である女高師の教官として復職し、一年生たちの疎開先である長野県佐久市へ赴いた。

長野で暮らし始めて二週間もたたない八月上旬、湯浅は新聞で、米軍が日本に「新型爆弾」を投下したという記事を目にする。扱いは大きくなく、詳しいことも載っていなかったが、すぐに「原子爆弾だ」と分かった。各国で原子核の核分裂反応を利用した兵器の開発が進められていることを知っていたからだ。しかし、彼女もこれほど早く原子爆弾が実際に使われるとは想像していなかった。ショックだった。

後に湯浅は、フランスのフィガロ紙のインタビューで、日本への原爆投下について質問され、核兵器の開発に関わった科学者たちは「今日われわれが知っているような重大性を予見することができなかった」と答えている。また、「科学者の発見は、それが達成されるや否や、彼ら自身のものでなくなる。そして政治的な力によって、科学者の要望が受け入れられることも、良心の咎めを尊重されることもない」とも話した。インタビューは一九七四年に行われた。

やがて敗戦が伝えられ、湯浅は東京へ戻った。失意の中にも研究再開を期して、八月末には理化学研究所（理研）の仁科芳雄を訪ねた。理研で実験させてほしいと頼みに行ったのである。こうした熱意と行動力には驚かされるが、ゲルツェン教授の下で作り上げたβ線分光器を使って成果を上げなければ、という思いが湯浅を支えていた。また、イレーヌ・ジョリオ＝キュリーに「帰国したら、日本にラジウム研究所をつくってくださいね」と言われていたことも研究への意欲をかき立てたのだろう。幸い、理研の研究嘱託として実験に携わることができるようになり、日本での研究生活が始まった。

ところが十一月二十五日、女高師に出勤すると同僚が「新聞を見ましたか」と問う。読んでみると、日本のすべての原子核研究を根絶するために、本日理研のサイクロトロンをはじめ、周辺の主要機器も壊して海に捨てるという。青ざめる思いで理研へ飛んでゆくと、「すでに大きなトラックに、ジェネレーターから起重機まで来ていて、盛んに作業をしている。小さい方のはすでに昨日中に運び去られたということ、今日は大きい方のを壊して積み上げるところである。助手の人も蒼白な自棄的落ちつきを見せて『戦争に負けたんですよ』といっている」という状態であった。

理研での実験に備えて運び込んでいた湯浅の変圧器やメーターも廃棄された。幸いβ線分光器はまだ理研に持って行っていなかったので難を逃れたが、この日の湯浅の日記には、「やっと世界の水準に追いすがっていた日本の物理が、こうして今ずたずたに切られて、海底深く捨てられるところなのである」と書かれている。

失意の中で、湯浅は研究と教育に打ち込んだ。中でも、「女性と科学」というテーマは、彼女が熱心に取り組んだものの一つである。新憲法の下、男女平等が唱えられ始め、東京大学にも女子学生たちが初の入学を果たした。しかし、人々の意識は急には変わるものではない。それは、女性自身もそうであったし、周囲の男女もそうだった。

一九四七年に出版された『科学への道』の中で、湯浅は「女子科学教育の刷新」と題し、ある一人の教え子に再会したときのことを書いている。数学の才能に恵まれていた彼女は、「帝大に進み卒業して、その方で相当仕事もしているときいて喜んでいた人」というから、湯浅も期待していたのだろう。ところが、あるとき再会すると、彼女は「もう研究をやめました」と告げた。こうしたケースは多く、湯浅は何度となく「己れの教授法の拙さ」というものがつくづく情けなくなったという。しかし、優秀な女性の研究が長続きしない原因は、教授法の悪さでも女性の能力の低さでもなく、「今までの家庭の、学校の、そして社会の女性観の誤りから来ていると考えたい」と湯浅は記す。

フランス留学中、湯浅は女子学生が「男子と全く同じレベルに立って堂々と、しかも多数進学している」現状を見てきた。尊敬するマリー・キュリーの娘であり、ジョリオ教授の妻だったイレーヌ・ジョリオ＝キュリーが、大人の価値観を押し付けず、自ら子どもの世界を興味深く覗こうとしていた態度こそ大切だと思う湯浅であった。

1948年、学生との昼食会にも、湯浅らしさがうかがえる

それだけに、男女差別が根強く残る日本の現状には愕然とした。当時、女高師では、理科の教授らが植物学科の準備室で週に一度会食する習いだったというが、そこで湯浅はかっての恩師、保井コノや理科の教授であった黒田チカらと、敗戦に対する教育者としての責任やこれからの教育法について、忌憚なく意見を交わし、「女子高等師範を従来の東大と同じ水準の大学にしよう」と話し合った。そうした昼食会での議論がもとになり、湯浅らは「国立東京女子大学（仮称）案」をまとめ、文部省の専門学務局長や専門学校課長のもとへ足を運び、その実現を迫った。そうした活動が、東京女子高等師範学校が一九四九年にお茶の水女子大学として新たに発足するうえで、大きな後押しとなったことは間違いない。

この時期、湯浅への講演依頼も多く、彼女は「女性と科学」をテーマに選ぶことが多かった。後進の女性たちの相談に乗ったり、援助したりする時間も惜しまなかった。学生との昼食会で、椅子を円く並べて互いの顔を見ながら食事した写真が残っているが、こうした形式の昼食会は、恐らくフランスで教授と研究員たちがフランクに話し合う様子を見て採り入れた形だったのではないだろうか。

一九四九年の年明け、湯浅はフランス出張の辞令を得て、再びパリへと赴く。同年春にお茶の水女子大学が発足するのだが、教育に力を入れつつも、湯浅の心はやはり研究へと引き寄せられていた。

さゝやかな家の仕事をする妻を窓より眺めて吾は羨《とも》しむ

フランスへ向かう船上で詠まれた一首は、湯浅の茶目っ気を思わせる。物理の世界への探究心を断つことができない自分は、ごく平凡でささやかな家事をすることで心を満たしている「妻」というものを羨ましく思う——というのが歌の意味だが、これは湯浅の本心ではなく、むしろ反語的な表現であろう。「ささやかな家事に喜びを感じられる人は幸せだ。私は、それでは満足できない。だから研究に打ち込むのだ」という言挙げのような一首に、再びパリを目指す湯浅の浮き立つような心が感じられる。

パリ再び

一九四九年五月五日、湯浅はル・アーヴル港に着き、まっすぐにパリを目指した。コレージュ・ド・フランスの原子核物理化学研究所でジョリオ教授と再会を果たしたときは、万感迫る思いだった。彼はフランス国立中央科学研究所（CNRS）の組織改革に取り組む一方、戦後に創設された原子力庁の初代長官として原子力の平和利用に向けた活動にも従事し、多忙を極めていた。

湯浅はCNRSの研究員として、ジョリオ教授のもとでβ線スペクトルの研究を再開した。まだ明らかになっていない自然界の真理を解き明かそうとするのは、何と心の躍ることだったろう。

淡雪のあはさに消ゆる霧の跡ながむる刹那を我がとこしへに

この歌には「ウィルソン霧箱にヘリウムを満たしてP32からのβ線の軌跡を眺めつつ詠める」という詞書が付されている。湯浅は戦争中にリンの放射性同位体「P32」のβ崩壊において陽電子が観測されることを報告しており、それがいかなる現象なのか、突き止めたいと願っていた。「霧の跡」は、ウィルソン霧箱を使って「P32」がβ崩壊を起こしたときに放出されたβ線の飛跡である。「淡雪のあはさ」は、実にかそけき感じだが、湯浅にとっては確かな手応えだったのである。数年間のブランクを経てようやく手にした成果であり、その喜びに満ちた瞬間が「とこしへに」続けばよいのに、と願う彼女だった。

湯浅はリンのみならず、亜鉛やタリウムの放射性同位体でも実験を試みつつ、測定の精度を上げるための装置の開発、改良に取り組む。このころにはβ崩壊の際に、中性子が壊れて陽子と電子、ニュートリノを放出することが分かっており、β崩壊を引き起こす力を素粒子の「弱い力」とする理論も提唱されていた。それを受け、湯浅は崩壊するときに発生する電子とニュートリノの回転を観測するために、さまざまな圧力を加え自動記録できるウィルソン霧箱を考案した。この装置で崩壊のタイプによる比較検討をまとめた論文を京都大学に提出し、日本の学位も取得することができた。

一九五二年、お茶の水女子大学の出張期限が切れ、休職扱いとなる。幸い、CNRSの専任研究員のポストを得た湯浅は、いっそう研究に励んだ。とうとう一九五五年三月には休職期間も切れ、パリに留まり研究を続けるか、日本に帰国してお茶の水女子大で教鞭をとるか、どちらかを迫られる事態となった。

女高師時代の先輩や同僚たちからは、帰国を促す手紙が何通も来ていた。女子学生たちが思うように進路を決められない現実、学問以外の場においても女性が差別されている社会状況を思うとき、自分がよい方向に導かなければ……という使命感と、最先端の研究に携わり続けたい思いとが、激しく交錯した。帰国すれば教育と研究を両立させねばならず、それは大きな困難と犠牲を必要とすることだった。このとき湯浅は四十五歳、第一線の科学者として研究に打ち込める時間は決して長くなかった。

彼女は決心した。五五年四月二十五日、パリの湯浅のもとに、お茶の水女子大学から退職の通知が届いた。その日の日記には、七首の歌が記されている。

鈴懸の芽ふきのみどり見つゝ思ふ吾にかゝはる世の中の事
人の心に基おくなといさめたまふ恩師ジョリオの言葉なれども

一筋に科学に生きんと言あげし吾にもあらず嘆きわたるも

一首目の「世の中の事」は、帰国を巡るさまざまな葛藤ではないだろうか。若いころからの外国暮らしは長かったが、日本的な義理人情といったプレッシャーは湯浅も感じていたはずである。芽吹いたばかりの新緑はさわやかなのに、それと対比される世事の何と厄介なことか——。二首目では、かつてジョリオ教授に「人の心を基本としてはいけない」と諌められたことを思い出しつつも、他人のことを慮ってしまう気持ちが詠まれている。三首目は、科学研究に生きるのだと宣言したはずの私だが、こんなに嘆いている、というやや自嘲的な歌である。

もはや退くことは許されなかった。湯浅はいっそう研究に打ち込み、その年の十月にはＣＮＲＳの主任研究員のポストを得た。

一九五六年三月、イレーヌ・ジョリオ゠キュリーが白血病で亡くなる。五十八歳だった。前年秋から入院していた彼女について、研究員たちは「貧血と高熱のため」としか聞かされておらず、回復を信じ切っていた湯浅の驚きと悲しみは大きかった。この年の大みそかの日記に、彼女はこう記している。「個々の死にはそれほどの意味はない。それでも我々が人として生きている以上、世にある限りは、人々のために良き行いをすることを、この世に生きた何らかのあかしを残すことを、試みなければならない」「これまでの私の、そして先導者の道を引き継いで、いつもジョリオ先生がいわれているように、どんな無視できないごまかしもなく、自然が見せてくれる現象を分析することによって、科学的な成果をあげるようにしたい」

悲しい出来事はそれだけにとどまらなかった。一九五八年八月、ジョリオ教授は肝臓を患って入院していた。湯浅は病状を案じながらも休暇をとってアルプス山麓で過ごしていたのだが、ある夜、突然「もう先生はこの世におられないのだ」と悟り、翌朝入院先の病院に電話を入れた。果たして教授が前日午後に死去したと知り、すぐにパリへ戻った。彼女にはこうした感覚の鋭さがあったようで、父の臨終に立ち会う夢を見た日に、実際に父が亡くなっていたことを後で知ったというエピソードもある。

湯浅が心から敬い、慕ったフレデリック・ジョリオ゠キュリーは、五十八歳でこの世を去った。実験道具づくりから科学的なものの考え方や思想まで、すべてにおいて優れた師であり、湯浅は大きな影響を受けた。ジョリオ教授のいないフランスにとどまる意味があるのだろうかと思うほど、その死は彼女を打ちのめした。

風の来てかすかに揺らぐアスパラガス師の御手動くと思ふなつかしさ
此の道の果てなくつゞく道なれや師を葬《はふ》らんと歩むこの道

一首目は、グリーンアスパラガスの穂先が頼りなく風に揺れる様子に、ジョリオ教授が実験する繊細な手つきを連想した時の心境が詠まれている。二首目は、葬儀当日の歌である。埋葬されれば師との永遠の別れとなる。その悲しみのあまり、葬送の道のりがどこまでも続けばよいと願う湯浅であった。

新天地オルセーにて

原子核物理学の世界では次々に新しい粒子が発見されていた。霧箱ではとらえることのできない高エネルギー粒子を検出しようと、五二年ごろから「泡箱」が開発された。泡箱とは――密閉容器にプロパンや液体水素などを入れ、温度や圧力を調節して過熱状態にする。そこを荷電粒子が通ると、泡が発生して粒子の飛跡が観測できるという仕組みである。プロパンの扱いは難しいが、湯浅は泡箱の圧力を四〇気圧から急激に一〇気圧に下げるという「相当気骨の折れる操作」をトラブルなしにやってのけたという。泡箱測定のための装置の改良や工夫も絶えず行っていた。

原子核物理学はすでに大規模な実験装置を要する分野となっており、各国で大型の加速器が建設されていた。コレージュ・ド・フランスの原子核物理化学研究所がラジウム研究所と合併し、パリ南郊のオルセーに原子核研究所がつくられることになったのも、そうした巨大装置が必要になったことが大きかった。オルセーではすでに五七年から加速器の一種であるシンクロサイクロトロンが稼働を始めていた。

原子核研究所へ行った湯浅は、まず高エネルギー研究グループを立ち上げ、次に中エネルギーの核反応の研究に従事した。シンクロサイクロトロンのような大型の装置は、それを使用する時間を確保すること、また予算の獲得や人員の確保が重要になる。湯浅は研究を貫くため、他の研究グループに対して堂々と主張し、一歩も引かなかったという。そして、いざ装置を使い始めると、割り当てられた時間を大幅に超過して実験を続けることも少なくなかった。

湯浅がいかに研究熱心だったかを示す別のエピソードがある。ジョリオ教授夫妻の娘である物理学者、エレーヌ・ランジュヴァン＝ジョリオによると、ある冬のこと、悪性の気管支炎を患った湯浅に、医師が少なくとも三日間は安静にすべきだと告げたとき、彼女は平然と二つのうそを言ったという。まず、自分の熱が三九度あるのに、三八度しかないと主張し、次に「日本女性にとって三八度は平熱である」と顔色ひとつ変えずに医師に告げた。エレーヌは「彼女はいくつものうそをついたのですが、それはすべて科学の進歩のためでした」とユーモラスに語っている。

湯浅は戦前の留学時代、エレーヌに霧箱の使い方を教え、共同研究した経験をもつ。「湯浅先生は非常に難しい問題を研究するのが、ことのほか好きでした」というエレーヌの言葉は、湯浅の性格をよく伝えているだろう。オルセーで湯浅の取り組んだ少数核子系の研究が、まさに「非常に難しい問題」の一つであった。

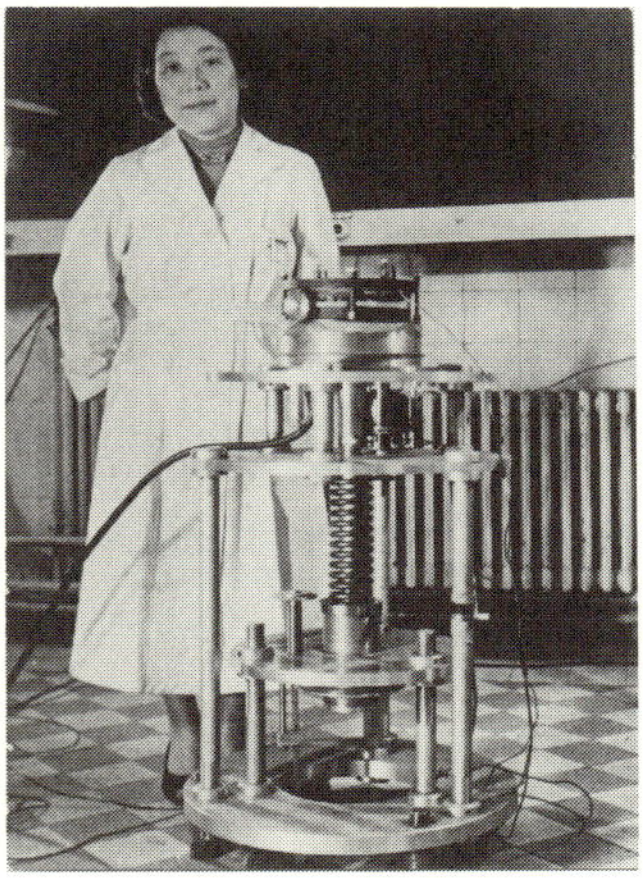

自作のウィルソン霧箱と共に。誇らしげな表情だ（1960年ごろ）

少数核子系というのは、重水素や三重水素、ヘリウム3などに陽子を衝突させ、陽子や中性子といった核子がばらばらに分裂した後、三個か四個の核子が安定して存在している状態を指す。この状態がどのような条件で成り立っているか、核子と核子の間にどんな力が働いているのか、ということはまだ今日も解明されていない。古典力学の世界において、三つの天体が互いに万有引力の影

1965年、共同研究者であるウラニー氏、レイド氏と

響を及ぼしながら運動する「三体問題」は、非常に複雑で解けないものとされているが、湯浅は量子力学に特有な「三体」あるいは「四体」の運動やエネルギーを、理論と実験の両面から解こうと試みたのである。

湯浅はある一つの相互作用モデルについて、理論的に解けることと実験で観測できることを組み合わせ、二体の相互作用では説明できない力の存在を実証しようとした。相互作用モデルの条件がそろう確率は小さいため、この取り組みには精度の高い実験が求められる。湯浅は自ら改良を重ね、エネルギーの分解能をあげる工夫をこらした測定装置を作り上げた。

こうして研究に取り組む中、湯浅は一九七二年、原子核研究所の教授に相当する主任研究員に昇格した。しかし、無理がたたったのか、翌年病に倒れる。六八年ごろから糖尿病の初期という診断を受けていたが、そのほかに下血や下痢、腹痛、微熱が続くことがあった。七三年になって体調不良が著しくなって精密検査を受け、胃潰瘍と胃がんが見つかったため、胃と胆嚢の摘出手術を受けることになった。医者嫌いの湯浅が、このとき最初に手術を要すると診断された結果に納得がいかず、別の医師を受診しているのは、いかにも科学者らしい行動だ。まだセカンドオピニオンなどという言葉もない時代である。五月末に無事に手術は終わった。

手術着を一つまとひてマスイ室に運ばれ行きし思ひ忘れず
病院の渡廊に佇《た》ちてしばしみつ大き日輪の沈みゆくさま

「病中吟」と題して詠まれた八首の中の二首である。一首目には、手術着のみ着て運ばれる心もとなさ、手術を前にした不安が詠われている。二首目は術後の歌である。無事に手術を終え、太陽が沈みゆく様子をじっと眺める湯浅の心には、恐らく再び研究に従事できる喜びと安堵があふれていたことだろう。

帰国して療養する選択肢をとらず、あくまでもフランスで治療を受けようと決意したのは、九月に大事な実験が控えていたからである。そのための準備を七月から始めたかった。手術前に五〇キログラムだった体重は、退院時には四〇キログラムになっていた。その後も湯浅は、徹夜で実験したり、カナダやインドで開かれた国際会議に出席したり、と病みあがりとは思えない仕事ぶりだった。

一九七四年十二月、湯浅は六十五歳で定年を迎える。当時のCNRSの核物理学部門は多くの人員を抱えており、昇進を待つ人も多かった。外国人研究者はフランス人の一〇分の一の人数にとどめるという内規もあり、状況は厳しかった。しかし、彼女は名誉研究員として、引き続き研究を続けることが許される。この処遇に対し、湯浅自身は「これはCNRSでもほとんど例を見ない決定で、その点満足すべきことと存じます」「一応今までどおり研究ができるわけですが、やはり精神的にはいくら心臓の強い私でも少し引け目を感じます」と記している。

一九七六年十一月、湯浅は学術研究などへの貢献を顕彰する紫綬褒章を受章する。日記には「十月二六日付で紫綬褒章が授与されることになり、一一月二二日が受賞《ママ》式。もし帰る気があれば費用は出す旨、文部省学術課長N氏から電話があったが、行かないことにした」という、大変そっけない記述が残っている。望郷の念がなかったわけではないだろうが、大手術を受けた後の湯浅はだいぶ体力が落ち、疲れやすかった。研究生活の維持を最優先し、褒章の伝達式を見送ったのではないだろうか。

翌一九七七年は湯浅にとって、特別な年となった。東京で開催される原子核構造国際会議に招かれたのである。十年ぶりの帰国だった。

旅程は、八月九日から十月十五日までの二カ月である。湯浅はこのとき、最後の帰国となることを覚悟していたのかもしれない。三五キログラムにやせ細った身体からは想像できないほど精力的に全国を飛びまわった。まず、京都へ行き、京都大学化学研究所や理学部物理研究室で討論、京都産業大学では「フランスの研究生活」と題して講演した。大阪大学核物理研究センターでは、「理論物理と実験物理の相互関係」をテーマに講演した。

いよいよ九月五日から十日まで東京・京王プラザホテルで開かれた原子核構造国際会議では、分科会の議長を務めたり、三体系に関する実験の成果を報告したりした。その後、東北大や筑波大、原子核研究所、高エネルギー研究所など、各地で研究発表や討論を行った。この年は、日本物理学会と日本数学会がともに創立一〇〇年を迎えたので、その記念行事にも出席した。また、日仏会館で「フランスに三十二年滞在して」、仙台市などの主催する講演会で「フランスにおける女性の研究生活」、お茶の水女子大で「女性と科学」と題して話すなど、日仏の文化の違いや、女性研究者としての生き方についても大いに語った。

日仏会館での講演で、湯浅はなぜ自分が日本に帰国せずフランスで研究を続けたかについて、非常に率直に話した。「加速器等を必要とする私共の専門分野では、なかなか仕事の条件が適当なのがなかった」「日本の政府はどちらかというと、純粋研究には応用研究ほどに研究費を出さない傾向があり、純粋研究で世界に伍してよい仕事をしている研究者は全くご自身の犠牲と才能でしている」――一九七〇年代において、すでに湯浅が日本の科学研究が基礎研究よりも実用的な応用研究に重きを置く傾向を指摘していることは興味深い。

六五年からオルセーの原子核研究所で研究に携わった山崎美和恵（素粒子物理学）は、このときの湯浅について、「親族、友人、知人、研究者、出版関係者、後輩、教え子……等の訪問は引きも切らず、クラス会や懇親会などの会合も含めた、まさに分刻みのスケジュールを、終始にこやかにこなしきった」と書いている。術後の湯浅は、一回に食べられる量が少なく、握り寿司ならせいぜい二個程度だったという。

こうした多忙な日程を終えてパリに帰った湯浅は、求められていろいろな雑誌に寄稿した。その中には「遠い日本、近いフランス」と題したものもあり、故国に対する違和感や失望を味わったことが記されている。

次元の異なる二つの世界なるか故里日本とこのヨーロッパと

この歌は六七年に帰国した際に詠まれたものだが、七七年の帰国のときも湯浅は同じような感慨を抱いたのではないだろうか。フランスで異邦人として苦労しながら研究生活を続け、なつかしい日本に帰ったとき、そこでも思いがけず異邦人のような自分を発見する寂しさは、何とも言えないものだっただろう。

湯浅の甥である浅野侑三・筑波大名誉教授（素粒子物理学）によると、このとき湯浅の健康を案じた長姉は、自分たち夫婦の住む島根県浜田市で一緒に暮らさないかと熱心に勧めたという。多忙なスケジュールの合間に、姉妹は浜田の海辺の旅館で数日を共に過ごしたが、結局、湯浅は姉の申し出を断った。彼女にはまだやるべき仕事が残っていたのである。

日仏の懸け橋として

湯浅が最後に情熱を傾けた仕事は、少数核子系の実験研究を日仏共同で行うというプロジェクトだった。

一九七三年、ＣＮＲＳと日本学術振興会（ＪＳＰＳ）によって、日仏科学協力事業が発足した。日仏双方で、研究者がそれぞれ自国の機関に提案書を出し、採択された企画が実施されるという仕組みだったが、七六年までに地学関係の研究一件が実施されただけだった。

湯浅は七七年の帰国の際、この事業を利用し、日仏の研究者がオルセーの原子核研究所の装置を使って少数核子系に関する実験研究を行うという計画を進め始めた。フランス側の代表が湯浅、日本側の代表が京都大学の柳父琢治教授となった。湯浅と柳父の間で取り交わされた手紙は、半年余りで五十通を超えた。

1975年、デリーで開催された国際会議でインドの大統領夫妻にあいさつする湯浅（左端）

ようやく共同研究の提案書類がまとまったのは七八年十月のことだったが、その実施が決定するまでには、さらに多くの紆余曲折があった。インターネットのない時代、交渉や情報交換は手紙か電話で行われ、原子核研究所とCNRS、JSPSとの間で、情報が誤って伝わるということも、しばしば起こった。共同研究の実施について最終的な決定が下されないまま、湯浅の体力は次第に衰えていった。

七九年十月、日仏原子核セミナーがパリで開かれ、湯浅は集まった科学者をもてなした。その疲れがたまったのだろうか、十一月になると足の麻痺や体のあちこちの痛みが現れ、研究所へ行くことができなくなった。自宅でずっと療養していたが、ついに八〇年一月三十日、アントワーヌ・ベクレル病院に入院する。まさに奇跡のようにその翌日、日本の柳父琢治のもとに、CNRSから日仏共同研究の正式承認の知らせが届いた。二月一日、意識がもうろうとしていた湯浅だったが、昼ごろに意識が回復したときに、正式承認のことを伝えられ、涙を滲ませてうなずいた。そして、その数時間後の午後四時二十五分、静かに息をひきとった。

亡くなる前の年、湯浅は母方の歌人の家系の末裔、橘茂丸の辞世の歌をエッセイに引用している。

月花も世にありてこそめでたけれうき雲かゝる身をいかにせむ

橘茂丸は明治の半ば、三十歳になる前に亡くなったという。七十歳を前にした湯浅は若くして逝った歌人の嘆きの歌に、深い共感を覚えていた。そして、「生も死も、ひっきょう、とある燃えあがりの瞬間的な事に意義があるのであるかもしれない」と書いている。体力の衰えから死を意識した彼女は、自身の人生における「燃えあがりの瞬間的な事」をいくつも思い返していたことだろう。

湯浅が命がけで推進した日仏共同研究は、エレーヌ・ランジュヴァン＝ジョリオが湯浅の代わりにフランス側の責任者となって再検討され、一九八一年に実験がスタートした。原子核の核分裂反応の確率や、分裂後の核子の散乱した状態について調べた成果は、一九八五年に論文としてまとめられた。その論文の末尾には、湯浅への謝辞が記された。湯浅が最後まで取り組んだ少数核子系は、その後、多くの核子からできた複雑な原子核の構造を解くカギとなることが分かり、いま再び最前線の問題として注目されている。

写真：お茶の水女子大学所蔵

第7章 コンピュータの未来と短歌——坂井修一の場合

コンピュータとインターネットが普及し、世界は劇的に変わった。宇宙開発や地球環境保全に役立てるため膨大なデータが解析される一方で、自動車やテレビ、携帯電話、家電製品など、あらゆる身近なものにコンピュータが内蔵され、その働きが制御されるようになった。こうした高度な情報社会の到来によって、人々のコミュニケーションの方法や消費のスタイルは瞬く間に変化し、いろいろなことが便利になる一方で、思わぬ事故や悪質な事件も起こっている。

情報工学の研究者である坂井修一は、三十年以上にわたって時代の変化を見つめてきた。そして、それと同じ年月だけ短歌を詠み続けている。最先端のコンピュータ技術と、千数百年の歴史をもつ歌が、どうやって彼のなかで共存しているのだろうか。

コンピュータとインターネットを中心とする情報処理や情報通信の技術が進歩するに従って、それを安心して用いることのできる安全なシステムづくりの重要性も増してきた。しかし、システムづくりだけでは解決できない部分が、どうしても生じる。そこにこそ深い人間理解が必要であり、坂井が歌を詠み続ける理由がありそうだ。

物語や詩歌に魅せられる

「ぼくがしたんです！」――トム・ソーヤーが大好きなベッキーをかばって、先生の本を破ったのは自分だと告げる場面に、少年は何度心をふるわせたことだろう。小学生のころの坂井修一にとって、トムは英雄だった。罰としてベッキーの代わりに鞭で手をぶたれるトムの甘美な痛みは、今も坂井の胸を離れない。

高度経済成長が始まって間もない一九五八年、坂井は愛媛県松山市に生まれた。父は四国電力に勤める技術者だった。両親と四つ下の妹の四人家族で育つ。幼稚園のころは虫が大好きだったが、文字が読めるようになると本に熱中した。そんな坂井に両親は、小学館の「少年少女世界の文学」全集を買いそろえた。ギリシャ神話、『ファーブル昆虫記』、『クオレ』、『十五少年漂流記』……どれも面白くてならなかった。「機械の実験室」「人体の神秘」など十二のテーマで編まれた『なぜなぜ理科学習漫画』（集英社）にも興味を抱いたが、理科よりも国語や社会、特に歴史が好きだったという。

中学、高校になっても、その傾向は変わらなかった。高校二年のときには既に理系クラスに進んでいたが、古文の授業が好きで、担任の女性教諭から文系に変更するよう熱心に勧められたくらいだった。迷いもあったが、技術者である父の仕事を見ていたこともあり、堅実な道を選んだ。

当時を振り返り、坂井は「理系の方が、分かりやすいところで生きていける。実社会とつきあうには理系、というところがあった」と話す。

一九七七年に東京大学理科一類に入学。学部の二年生のころ、同級生に誘われたのがきっかけで、創設まもない短歌結社「かりん」に入会する。主宰の馬場あき子は五十代になったばかりで、エネルギーに満ちていた。若い坂井の才能を見込んで、「月に五十首くらい見てやるよ」と歌作を促した。歌の世界は刺激的だった。大学にももちろん優れた教官は多かったが、「いろいろな自己矛盾を抱え、つじつまの合わない人間という恥ずかしいものを、歌にして面白く見せるというのはいいなあ」と、歌の世界で出会う人たちに魅せられた。

師である馬場あき子と短歌の会合で（1986年ごろ）

ちょうど同じころ、早稲田大学で日本文学を専攻する一人の女子学生が「かりん」に入会する。後に坂井と結婚する米川千嘉子である。工学系の勉強をする傍ら、やわらかな恋ごころが次々に三十一文字になった。

青乙女なぜなぜ青いぽうぽうと息ふきかけて春菊を食ふ

『ラビュリントスの日々』

生物学用語のやうに「愛」といふわれに優しき文の来てゐる

水族館《アカリウム》にタカアシガニを見てゐしはいつか誰かの子を生む器《うつは》

専攻分野を決めるとき、坂井は物理学か情報工学かで迷った。どちらにも惹かれたが、物理学だと将来の就職に不安がある。情報工学にしても先行きは分からないが、新しい分野であるだけに道を拓く面白さがありそうだった。コンピュータの研究は第二次世界大戦後まもなく始まり、一九七〇年ごろから半導体の急速な高集積化によって、小型化、低消費電力化が進んでいた。それは、膨大なデータの高速処理だけでなく、一般への普及に向けた第一歩でもあった。情報工学を専攻することを選んだ坂井は八一年、大学院に進み電子情報学を研究するようになった。

コンピューター人滅ぼすといふ論の甘けれどわれはおそれつつ聞く
工学なぜ信じきれると問ひたかりまぎれなく吾《あ》も工学者なれど
大脳にちかづく機械見つつゐてかぎりもあらず夜の迷妄は

まだ、コンピュータという機械そのものへの懐疑のある時代だった。一首目は、「コンピュータはやがて人間を滅ぼすのではないか」という懸念を甘いものと退けつつも、「畏れ」を抱く自身が描かれている。工学を学ぶ者としての自負はありつつ、二首目のように何か信じきれないものも感じる坂井だった。三首目は、性能が上がり人間の脳に近づいてゆくコンピュータについて、さまざまな懸念や迷いの広がる若き研究者の謙虚さが詠われている。

こうした「畏れ」は、坂井が歌という別の世界でも活動することによって、研究の現場で複眼的な見方をしていたことを示すだろう。

すべすべと白き体《たい》もつ計算機横にして鶏の脚食らひをり
工学も思へばなべて一行のボードレールにしかず、さりとて……
月しろの高きにいよよ迷ひをり学または歌・学および歌
つきつめてゆけば工学も文学もわれを救へぬものかもしれぬ

一首目は、寸暇を惜しみ、コンピュータの傍らで食事している自分を戯画化した歌だ。「すべすべと白き体」は知的で清潔そのものだが、それを操作する人間は、どんなに時代が変わろうと「鶏の脚」（フライドチキンだろうか？）に食らいつく野蛮さを持ち続ける。芥川龍之介の「或阿呆の一生」の一節を引き、どれほど工学技術が進んでも、ボードレールの詩の一行にはかなわない部分があるのではないか、と思う二首目は、いかにも文学青年らしい。「そうは言っても、工学の徒となった自分は研究をおろそかにすることはできない」といった気持ちも結句に滲む。

三、四首目は、研究と文学の間で揺れる心情が詠まれている。皓々と輝く月を見上げつつ、「学問か歌か、どちらかを選ぶべきなのか。いやいや、学問も歌も両方続けるべきなのだろうか」と煩悶する夜もあった。人間とは何か、自分はどう生きるべきか——深く内省する青年は、時として工学も文学も自らを救う手立てになり得ないように思うのだった。

旧通商産業省の電子技術総合研究所の研究室にて（1987年）

坂井は一九八六年春、大学院を修了し、通商産業省（現・経済産業省）・工業技術院の電子技術総合研究所（以下「電総研」／現・産業技術総合研究所）に入る。その年の秋、第一歌集『ラビュリントスの日々』が出版された。

この歌集には、二十歳から二十七歳にかけて詠まれた三百五十余首が収められている。その年月のほとんどを、坂井は大学の研究室で過ごしたという。歌集のあとがきには、「歌も研究生活も、希望よりは絶望に傾きやすく、あともどりをしている時のほうが多かったように思う」と記されている。「ラビュリントス」は、ギリシャ神話に出てくる迷宮の名である。クレタ島のミノス王が、怪物の幽閉を目的に名工ダイダロスに作らせたものだ。完成後、設計・建築にあたったダイダロスと息子イカロスは、彼らが秘密を漏らすことを恐れた王によって迷宮に閉じ込められる。情報工学の研究者としてどう生きるべきか、手探りで道を探っていた日々をラビュリントスと重ねた青年は、歌集をこの一首で締めくくった。

科学者も科学も人をほろぼさぬ十九世紀をわが嘲笑す

二〇世紀には核戦争が起こり、生命科学の進展によって人々の倫理観も生命観も大きく変わった。これからコンピュータも人間の暮らしや意識をかなり変えるだろう――。そう思ったとき、坂井は恐らく一人の科学者として武者ぶるいするような心境だったに違いない。

二〇世紀の科学技術は人を滅ぼす力をもつに至った。やがて、二一世紀を前にコンピュータ全盛の時代が来るが、そのとき人間の生き方はどんなふうに変わるのか。人を滅ぼすことの決してなかった「十九世紀」をどこかで羨みつつも、青年はそののどかさを「嘲笑」してみせる。この笑いこそが若さであり、野心だったに違いない。

『ラビュリントスの日々』は一九八七年、現代歌人協会賞を受賞した。歌人としても着実な歩みが始まった。

並列計算機に取り組む

坂井の就職した一九八六年当時、通産省は国家プロジェクトとして第五世代コンピュータの開発に取り組んでいた。コンピュータの歴史を振り返ると、第一世代は素子に真空管、第二世代はトランジスタが使われた。そして、IC（集積回路）を使った第三世代、LSI（大規模集積回路）を使った第四世代、と進化してきたのだが、国は八〇年代に入り、新世代のコンピュータとして人工知能を組み合わせたものを目指そうとしたのである。電総研はまさにその中心となる現場であり、人間が日常用いる自然言語をコンピュータに処理させる技術や、並列計算機の開発が進められた。
坂井は、並列計算機の研究に従事した。膨大なデータを処理する際、複数のプロセッサを使うことで高速化とコスト削減が図れる。こうした並列計算機の発達した形の一つが、地球温暖化や地殻変動などを予測することを目的として後に作成されたスーパーコンピュータ「地球シミュレータ」である。

ひさかたのＬＥＤはウィンクす六万六千並列の機《コネクション・マシン》に　『群青層』

「コネクション・マシン」はスーパーコンピュータのシリーズの一つだ。「六万六千」のＣＰＵを並列させたマシンのＬＥＤ（半導体素子）の光に、坂井は「ひさかたの」という枕詞を思った。「天」や「空」に掛かる「ひさかたの」は、転じて月や日、光などにも掛かる。「ひさかたの光のどけき春の日にしづ心なく花の散るらむ」などと詠われた時代の雰囲気と、現代とが交差する一首である。

計算機《どんがら》の一基は墓となり眠る錆びゆく墓ぞわれは悲しき

「計算機」に「どんがら」とルビがふってあるのは、計算機を「ドンガラ＝箱」として意識していると共に、並列計算機の研究者として有名なジャック・ドンガラ（Jack Dongarra）にちなむのだろう。ドンガラは、高速コンピュータシステムの上位５００を定期的に評価する「ＴＯＰ５００」の開発者としても知られる。現場では、それぞれの分野の仲間うちだけで通じる言葉が使われる。「どんがら」には何だか日本語っぽい響きがあり、笑いを誘われる。開発の途上においては、何基もの試作機がこうして捨てられるのだろう。

研究所に十億分の一秒を数へつつわれの世紀は死ゆく

国際会議

ここへ来てわがアメリカ語とがりたつ一秒一兆の計算機作《な》さむ

一首目の「十億分の一秒」とは、当時のコンピュータ一台の演算処理が、最高で一秒間に十億回だったことから来ていると思われる。各国の研究者は当然、それを上回るコンピュータを開発しようと取り組んだ。二首目は、国際会議で発表するときの緊張と昂ぶった気持ちが表現されている。一秒間に一兆回の計算ができるコンピュータの作成に向け、どんな仕様が最適なのか、会議の場は白熱したに違いない。

こうした日々を経て、坂井らはＥＭ－４と呼ばれる電総研で四番目となる並列計算機の開発に成功する。その実績が評価され、一九九一年から米マサチューセッツ工科大学（ＭＩＴ）の研究員としての生活が始まった。

アメリカの論の後追ふ学会が果てしのちわれは阿蘇を見にゆく　『ラビュリントスの日々』
アメリカはいまだ羨《とも》しきおそろしき白き大足にわれを跨《また》げり　『群青層』

コンピュータ・サイエンスの先進国であるアメリカは、大きな存在だった。一首目は「アメリカの論」の後追いをする日本の学会に失望した歌である。無性にスケールの大きなものを見たくなって阿蘇を訪れた若者は、広大な景色に何を思ったのだろう。二首目の大胆な比喩は、先端を行く国の経済力や知的な厚みを思わせる。「おそろしき」は、圧倒される研究者の実感だろう。

しかし、実際に移り住んだアメリカは、暮らしやすい国だった。研究生活はハードだったが、心豊かに過ごすことができたのは、技術系の研究者でありつつ文学や美術、音楽を愛する同僚に恵まれたからである。「あいつは、Poet だから」と敬意を表されることも少なくなかった。

ボストンにほど近いウォータータウンは、住みやすい町である。何よりボストン美術館やコンサートホールに近い。ボストン美術館の二階にある印象派の部屋には、ルノワールの「ブージバルの舞踏会」、モネの「睡蓮」、そして、晩年のゴーギャンの大作「われわれはどこから来たのかわれわれは何者か　われわれはどこへ行くのか」が展示されている。坂井は時間を見つけては、その部屋を訪れ、何時間となく絵を見て過ごした。「あの部屋で半日ぼーっとしている至福は忘れられない」という。九〇年に生まれた息子がまだ小さかったので、夜間に妻と二人で外出することはせず、交代でボストン交響楽団の演奏会を聴きに行ったりもした。

学者は所詮消耗品である

あつけらかんとわが年俸をひきあぐる米《べい》アカデミズムの内なる声は

ボストンの樅の祭礼　われにまた「日本をやめよ」の声ぞきこゆる

一首目は詞書で自らを「消耗品」と見てはいるが、当初の約束よりも年俸を引き上げるという話は嬉しくないはずはなかった。その嬉しさを押し隠すように、「これも、自分という研究者を消耗品だと見ているからだろう」と先方の「声」を推し量ってみせた歌なのだ。

こういう「声」は、実は作者自身の内面に潜むものである。二首目の「樅の祭礼」はクリスマスだろうが、自分にとって異文化であることを強調するように「樅の祭礼」と言っている。しかも、「日本を離れてアメリカに住んではどうか」という「声」を聴いているのだから、かなり屈折した思いを抱いていたことがうかがえる。この時期、坂井の心には、こうした複数の声がいつも響いていたのだろう。

日本を捨てれば日本語を捨てられるか、というとそう簡単でもない

永住権取得を説けるきんいろの口髭がちよつとみだれてゐるぞ

「本当に日本を棄てるの」と妻。「大したことじゃないよ」と雀

ながきながきながきエッセイ読みをふるまでは待て　思慮といふ半端者

これらの歌に付けられた詞書の長さは、当時の揺れる心を反映している。一首目は、「きんいろの口髭」をたくわえたMITの同僚だろうか。親身になって「永住権取得」について話す彼を茶化しているのは、真剣に考えることを当面は回避したい気持ちかもしれない。二首目では、「本当に日本を棄てるの」とシビアに問う妻に対して、坂井本人が答えたのかと思いきや「雀」という言葉に、読者ははぐらかされてしまう。エッセイを読み終えるまで「待て」と言いながら、なかなか読み終わらないのも、いろいろな思いが胸にあふれてくるからだろう。

永住権を取って米国に暮らすのは、一年間の期限による研究生活とは全く違うことである。住民としても、研究者としても、大きな覚悟が要る。妻と幼い息子のことも考えなければならない。このときの坂井には「歌をやめようか」という思いさえ兆していたという。

1991年、MITの研究室でアービンド教授と

すずなりの科学者がひとりまたひとりしたたりて落つレッドウッドを

カリフォルニア州にあるレッドウッド国立・州立公園を訪れたとき、広大な森林を眺める坂井の目には、研究の第一線から脱落する「科学者」の姿が見えた。平均樹齢五百年の巨木は、人間

の小ささ、そして科学者の野心の卑小さを突きつけてくる——。

結局、坂井は日本に帰る決意をし、予定されていた通り一九九二年春、電総研に戻る。同年の秋に、第二歌集『群青層』が出版された。就職してから米国での研究生活までが収められた内容である。坂井は初期から歴史的かな遣いを選んで歌を詠んできたが、この歌集の後半から、詞書だけは現代かな遣いに変更した。それは、自分のなかにある「二重性のようなものをよりくきやかに表現したい」という思いからだった。研究者として生きる部分と、歌人として生きる部分を併せ持つ「二重性」を、より強く意識するようになった表れであろう。タイトルは、歌集に収められた歌に青系統の色が多く登場することから付けられたが、「群青」という深みのある濃い青は、この時期の坂井の心に漂う憂いを帯びた色だったかもしれない。

研究と教育のはざまで

電総研に戻り、再び並列計算機の開発に取り組む日々が始まった。

業房は長方形のかさなりに楕円なるわれが入りゆくところ　『ジャックの種子』

情報科学博士は情報屋さんといふ　十億分の一秒を研ぐ

PentiumII にバグがあった

ミクロンの虫ほろほろり体内に鳴くはかなしゐ夜のペンティアム

一首目の「業房」は、斎藤茂吉が随筆のなかで「ラボラトリウム」とルビをふった語で、研究室や実験室を意味する。あまり一般的には使われないが、坂井は茂吉に倣ってこの語を用いたのではないだろうか。工学系の研究室には「長方形」のものばかりが立ち並ぶ。そこへ入ってゆく「楕円なるわれ」は、何か割り切れないものを抱えた、やわらかい存在なのだ。

ある専門領域を職業とする人を「〜屋さん」と呼ぶのは、昔からの習いである。新聞記者を「ブンヤ」というようなもので、自称する分には問題ないが、第三者から呼ばれるとあまりいい気持ちがしなかったりする。学問の世界でも「物理屋」「生物屋」といった呼び方があるようだ。二首目の「情報屋さん」には何か職人のような響きがあり、見えないものを扱っているにもかかわらず、ある種の手ざわりを感じさせる。作者はそこに面白みを感じて「研ぐ」という言葉をもってきたのではないか。

三首目の「ペンティアム」はインテル社のＣＰＵである。それに「バグ」があったというのは、製品の仕様に深刻な影響を及ぼす設計上の欠陥が見つかったということだ。「バグ」は本来、小さな虫を表す。ＣＰＵのバグは目に見えないが、坂井は「ミクロンの虫」と表現し、それが鳴いているのは哀れなものだと嘆いてみせる。

研究者は研究だけしていればよいというものではなく、会議に出たり書類を作ったりといった煩雑な仕事もこなさなければいけない。

だぼはぜのごとくに予算書つづる夜半あはれだぼはぜが億をかぞふる　『スピリチュアル』

第五世代のコンピュータ開発を筆頭とする、大規模コンピュータの研究開発は国家プロジェクトだったから、予算も「億」の単位になる。そんな高額の予算書を作っている夜半、坂井は自分を「だぼはぜ」のようだと苦笑している。ダボハゼは小さなハゼ全般の俗称であり、とるに足りない「雑魚」、あるいは口が大きいところからがつがつしている貪欲な人を指すときにも使われる。小さな魚のような自分が「億をかぞふる」おかしさ、悲哀を思うのだった。

研究の合間にふと、コンピュータの行く末や近未来社会を思い、歌が生まれることもあった。

火星なる鉱山基地へはこばるるロボットはいかな夢を見るらむ　『スピリチュアル』
春の水うすべにの膚をもて触るる二十二世紀のロボットの朝
コンピュータ鋭《と》きジレンマに死することキューブリックは赤もて描《か》きき　『ジャックの種子』

コンピュータの研究は宇宙開発と密接に関わっている。巨額な国家予算が注ぎ込まれるので、ロケットの設計や打ち上げに関する数値シミュレーションの精度を高めることが重要だ。また、自ら考えて行動する惑星探査ロボットの開発なども現実のものになりつつある。

一首目は、そんなロボットの見る夢を想像している。フィリップ・K・ディックの名作『アンドロイドは電気羊の夢を見るか？』では、第三次世界大戦後に火星で働かされていたアンドロイドが地球に逃亡する。恐らく坂井もこの作品を連想しただろうが、ディックが書いた一九六八年の時点より遥かにリアルな未来として「ロボット」を思い描いている。

その証とも言うべきロボット像が、二首目に詠われている。「春の水」というやわらかな言葉に導かれた「うすべにの膚」が、「二十二世紀のロボット」のものであることに読者はたじろぐが、ヒューマノイドロボットの開発は既に一九八〇年代半ばから始まっている。柔軟な関節とやわらかい皮膚をもつヒューマノイドも、二〇〇〇年代に作られたことを思うと「二十二世紀」の朝の光景が現実味を帯びてくる。

三首目で坂井は、アーサー・C・クラークの『2001年宇宙の旅』で描かれたコンピュータの「ジレンマ」を思う。惑星探査に向かう宇宙船に搭載されたコンピュータ「HAL」は、探査ミッションとは別に、乗員も知らないコマンドを組み込まれていたため、その矛盾に耐えきれず機能停止に陥るのだ。この作品を映画化したキューブリックは、「HAL」の赤いランプによって画面全体を赤くし、制御室をまるで臓器の内部のように表現した。いつの日か、そういう「ジレンマ」に苦しむほど高性能な人工知能が開発されるのかもしれない。坂井の目には「赤」がどう映ったのだろうか。

一九九六年秋、坂井は電総研の主任研究官から筑波大学の電子・情報工学系助教授になる。研究のみならず教育に携わる日々が始まった。ちょうど前年にマイクロソフト社がウィンドウズ95を販売し、パソコンとインターネットが爆発的に普及し始めたころである。

WWW《ウエッブ》のかなたぐんぐん朝はきて無量大数の脳が脳呼ぶ　『スピリチュアル』

インターネットは〈革命〉ならず〈進歩〉ぞと言へども言へども暗みゆくばかり　『牧神』

一首目は、ワールド・ワイド・ウェブ（WWW＝World Wide Web）に置かれた膨大な情報のイメージを「無量大数の脳」と表した。ウェブの世界に遊んでいると、「ぐんぐん」と時間が過ぎ、夜が明けてしまったりする。インターネット元年とも言われる時期ならではのスピード感がある。

インターネットが普及する前の八〇年代半ば、日本には学術組織を中心に構築されたコンピュータネットワークが発足していた。それをよく知る坂井には、「革命」だなんて大げさだ、という思いがあったのだろう。けれども、情報インフラが個々人に開放され、ふつうの人が自由に情報発信できるようになったことは、やはり革命的だったと言えそうだ。

坂井は一九九八年四月、筑波大学から東京大学へ移る。そのころ、工学部の隣の研究室には集積回路工学を専門とする鳳紘一郎教授がいた。与謝野晶子の実兄、鳳秀太郎の孫にあたる人だ。晶子は幼いころ「ほう」という珍しい音を面白がった級友から、「鳳さん、ふくろう、ほう、ほう」などとからかわれた思い出も綴っている。坂井の所属する短歌結社「かりん」は、与謝野鉄幹・晶子の主宰した「明星」の流れを汲む結社であるから、この偶然に坂井の心は躍った。

秀太郎は鳳家の長男で、帝国大学工科大学（現・東大工学部）で電気工学を専攻し、大学院に進んで東大教授となった。電気波形を表示するオシログラフの発明や、交流電気回路理論の根幹となる法則の発見など、技術と理論の両面で多くの業績を残した。

鳳秀太郎《ほうひでたらう》与謝野晶子を叱りたるひたぶるよああ花咲く明治　『牧神』

君に勧む更に尽くせよ　酔ひ酔ひて鳳《ほう》の定理を先生はとなふ　『アメリカ』

妻子ある鉄幹と恋愛して家を出た晶子を、秀太郎は厳しく叱った。何とか連れ戻そうと説得したが果たせず、生涯晶子を赦さなかったという。一首目は、秀太郎の一心さと明治という時代へのなつかしみを重ねている。妹のいる坂井には、その「ひたぶる」な気持ちこそ妹への愛情だと思われたのだろう。

二首目の「鳳の定理」は、「鳳・テブナンの定理」ともいう。どんなに複雑な交流電気回路でも、ただ二つの要素に置き換えることができるという、等価電源定理である。フランスの技術者、シャルル・テブナンと同時期に独自に発見されたため、こう呼ばれている。歌の場面は、坂井にとって「先生」にあたる人物が、上機嫌で「鳳の定理」を唱えているところだろう。「君に勧む更に尽くせよ一杯の酒」は、王維の詩の一節である。旅に出る人へ送る言葉だから、この「先生」の退官記念パーティーだったのかもしれない。一種のあいさつ歌であろうが、漢詩の雰囲気と「鳳の定理」がうまく合っている。

「修ちゃん」とわれよぶ学生「修ちゃん」は夜すがらきみの論文を直す　『牧神』

卒論生またもうひとり拉致されぬビットバレーは蜜の渓谷
バイトすな卒論がやばくなつてるぞまひる携帯電話《けいたいでんわ》に声あらげぬ

教育に携わるのも楽ではない。学生たちから親しみをこめて名前で呼ばれる日常を詠んだ一首目だが、指導教官の苦労も知らないで……という思いが伝わってくる。二首目の「ビットバレー」は、IT関連企業の集まる渋谷のエリアを指す。米国のシリコンバレーにちなむネーミングだが、優秀な学生を他社にとられまいと、卒論の指導中なのに拘束されてしまうのは困ったものだ。「バイト」「やばく」「携帯電話《けいたいでんわ》」という俗な言葉が続いた末に「あらげぬ」という文語が来るミスマッチが、何ともいえず可笑しい。

変わる大学・変わる社会

大学という組織も、時代と共に変化してゆく。二〇〇三年に国立大学法人法が制定され、翌年には九九大学が八九法人として再編された。独立行政法人化された大学は、中期計画や年度計画を策定し、国に認可を受ける。法人としての運営効率を高めるため、学術の経済的効率や社会への貢献度が重要視されるようになるのは当然のことであった。医学や工学、経済学といった実学が偏重される風潮に、坂井は何度となく苦い思いを味わった。

『アメリカ』

実学は教養よりもたふときやみづから問へばなみだながるる
大学が死んでも俺のせゐぢやない酔へばさけべり涙ながるる
四月くれば文学部みな死ぬべしと老博士いへり死なせてはならず
学死ねばかならず国の死ぬならひ怒りてぞおもふ秋の陽の下

二〇〇六年に刊行された『アメリカ』は、坂井の六冊目の歌集である。タイトルは、米国を舞台にした連作が多いことから付けられた。二〇〇二年からの四年間に作られた歌が収められているが、この時期の坂井は総長補佐、専攻長、学科長として、法人化前後の大学運営に携わった。激動期に立ち会ったというべきだろう。

一首目は、「実学は教養よりも貴いのか」と自らに問う大学人の嘆きが詠まれている。二首目の「俺」はやや戯画化されているが、やはり大学の将来を憂えた歌である。組織の改編によって「大学が死ぬ」と思ってしまうほど重大な局面があったのだ。「なみだながるる」「涙ながるる」と、同じ結句が繰り返されているのは、坂井の嘆きの深さを思わせる。

三首目は、学内での会話をもとに詠まれたのだろうか。独法化される四月以降は、文学部が実質「死ぬ」のだろうと悲観する「老博士」に対し、「死なせてはならず」と思う坂井だった。四首目には、「なみだ」を通り越した「怒り」が込められている。本当の意味での学問が死ねば、国家は成り立たない。そう思うと、日本という国に対する失望感がいや増すのだった。

アニメあればコンピュータはなくてよしさうかもしれぬにつぽんはもう　『アメリカ』
コンピュータ猿のおもちやになりはてし悪夢ありわれはなかなか覚めぬ
二十世紀なししことあまたほろびつつ照るほかはなき湖《うみ》のさざなみ

こうした激務のなか、坂井は『論理回路入門』など三冊の教科書を書き上げ、歌を詠み続ける。歌という文学の場は、ずっと大切な営みの場であった。

あわだちて物質主義《マテリアリズム》の淵にゐるたましひのこといかに記さむ　『スピリチュアル』

「あわだち」は、「粟立ち」である。物質主義に押し潰されそうになる「たましひ」を抱え、ふるえつつも歌を詠もうとする思いが、「マテリアリズム」に対する「スピリチュアル」という語を歌集のタイトルに選ばせた。一九九六年のことだった。

それから十年余り経ち、二〇〇七年から翌年にかけて起こった世界同時不況は、日本を大きく揺さぶり、大学もその影響を受けた。さまざまな場面で経済効率が最優先される現状に、坂井の心は曇った。

入学式ヒューマノイドは乾杯すかすかに首をかしげたるのち　『望楼の春』
「哲学を必修にせよ」つぶやけど経済はここに土用波なす

文学が終はつてお金もなくなつて平成ははや二十一年

一首目は「乾杯」とあるから、大学院に入学した青年たちが詠まれているのだろう。「ヒューマノイド」は（今のところ）あらかじめプログラムされた通りにしか動かない。真面目で優秀な学生たちのおとなしさはヒューマノイドを思わせ、少し危ぶむ作者である。二首目は、激変する時代にこそ哲学を必修科目にすべきではないか、と思いつつ、経済重視の政策が容赦なく大学にも及ぶ現状が詠まれている。三首目は、やわらかな口語表現が悲しげに響く。「終はつて」「なくなつて」という途切れ途切れの言葉に、作者の嘆息が感じられる。

深刻な世界不況のなか、グローバリゼーションの名の下に国境を越えた生産・流通の仕組みが進展した。近年、先進国のＩＴ企業は東アジア企業への生産委託を拡大しており、日々の研究生活でその実態に触れることも多くなってきた。

台湾産コンピュータにインド産アプリをのせぬ江蘇省無錫《むしやく》

「ぐろおばる」四段活用ら・り・る・る・れ命令されてうたびとが死ぬ

台湾のＩＴ産業は、八〇年代から発展してきた。日本を含め各国の企業が市場拡大を図り、価格競争が激化するにつれ、台湾企業は生産のみ委託される形から製品設計まで請け負うようになった。一方、インドにおいてもＩＴ産業は急成長を見せており、ハードウェアよりもＩＴサービスやソフトウェア部門の輸出が多いことが大きな特徴である。そして、成長し続ける台湾のIT産業は近年、生産の規模拡大やコスト削減のため、生産基地を中国に移し対中投資を増やしている。江蘇省は中国最大の経済圏である上海に隣接し、無錫市はIT企業がひしめき合う工業都市だ。

一首目には、一台のパソコンから見えてくるグローバリゼーションの実態が詠まれているのだが、かすかな慨歎があるように思う。それは、二首目の「ぐろおばる」に対する皮肉からも読み取れるだろう。「グローバル」を四段活用の動詞と捉えた機智の歌であるが、あらゆる局面において「頑張れ」のごとく「ぐろおばれ」と命じられ、競争させられることの痛みがひしひしと感じられる。「うたびと」は坂井自身も含むのだろう。

けれども、どんなに情報社会の到来やグローバリゼーションが生活全般を変えようと、人間の本質は変わらない。コンピュータ科学の徒である坂井が歌を詠み続ける理由も、そこにある。短歌を始めた初期から硬質な抒情と骨太な文体をもつ坂井だが、年齢を重ねるにつれ、少しずつその詠みぶりがやわらかくなってきた。

キンドルの画面になんとうつくしいシャーロット・ブロンテわが撫でてをり
『縄文の森、弥生の花』

「ゲゲゲの女房」みて涙するわたくしがコンピューターなどつくつてよいか

一九世紀前半に生きたシャーロット・ブロンテの写真はないが、肖像画がいくつか残されている。映画「風と共に去りぬ」にメラニー役で出演したオリヴィア・デ・ハヴィランドに似た清楚な美しさだ。一首目は、二一世紀のキンドルと一九世紀の女流作家との組み合わせに、思わず画面を撫でてしまった作者の純情が加わり、何とも言えない味わいを出している。

二首目の「ゲゲゲの女房」は、二〇一〇年の上半期に放映されたＮＨＫのテレビドラマである。第二次世界大戦で負傷し、片腕を失った漫画家、水木しげると、その妻の生涯を描いた作品で、主人公たちのひたむきに生きる姿が視聴者の胸を打った。朝あさの十五分のドラマに涙ぐむ自分が、時代の最先端を行くコンピュータ研究をしていることの可笑しさが詠われているが、そんな人間味あふれる科学者がいることへの安堵も感じさせる一首である。

大震災とＩＴ

二〇一一年三月十一日午後二時四十六分、東日本大震災が起こった。そのとき、坂井は東京都文京区本郷にある東大キャンパス内で会議に出席していた。十二階建ての建物の三階にある会議室だった。他の教授らと「これは大きい」と顔を見合わせ、会議は自然に中断される形となった。

ゆれやまぬビルの窓より見下ろせば銀杏ははだかにんげんもはだか

大きな揺れが収まってから部屋を出ると、建物内のエレベーターは止まっている。階段を使って一階まで降り、安田講堂前の広場へ移動した。広場には、年配の教授が「ここにこんなに人が集まったのを見るのは、全共闘以来かな」と漏らすほど大勢が集まった。後で、文京区は「震度5弱」だったことが分かった。

地震から十分ほどたった段階で、坂井は研究室構成員に安否確認のメールを出し、三時半には茨城県つくばみらい市の自宅にいた妻から無事だというメールを受け取った。身近な人たちの無事を確認してから仕事に戻ったのだが、そのことを坂井は後で深く省みた。「目先の仕事に戻る前に、ITの専門家らしく、ここでインターネットを活用してやれることは何か考えるべきだった」と振り返る。

その思いが、坂井に『ITが守る、ITを守る――天災・人災と情報技術』を書かせた。

第一章が、鴨長明の「方丈記」に記された元暦二（一一八五）年の大地震から始まるのが坂井らしい。そして、「天災は忘れた頃にやってくる」という言葉で有名な物理学者、寺田寅彦が関東大震災をどう記録し、どんな行動をとったか紹介してゆく。第二章以下は、東日本大震災のときにITがどう活用されたか、福島第一原発の事故を「情報」という観点から検討すると何が見えてくるか、などを検証すると共に、情報セキュリティやITシステムの信頼性の問題を取り上げた内容である。

実は震災が起こる前から、坂井の研究テーマは少しずつ変わっていた。コンピュータとインターネットはもはや、専門知識をもった一部の人だけが使うものではない。超高速のコンピュータを開発するより、誰もが安心して情報通信できる安全なシステムを構築する重要性の方が高いと坂井は考えていた。震災は、シフトしてきた研究内容をより深める働きをしたのだった。

二〇一一年十一月、やっと取れた休暇を利用して、坂井は妻と宮城県石巻市に向かった。北上川の河口から約五キロメートル離れたあたりにある大川小学校を訪ねるためだった。同小は、川をさかのぼった津波に襲われ、校内にいた一〇八人の児童のうち七四人と、教職員一〇人が亡くなった。その現場に立ち、坂井は言葉を失った。

呼気ながく吸気はにほふ石巻降りたちみれば川流れをり
石巻中瀬をこゆる水のなかことば散りけむ金響《かなひびき》して
川床に首なき人がゐしといふ海溝のなか首はゆきしか

被災地を実際に歩いた坂井は、テレビやパソコンの画面で見る光景は、一部が切り取られたものに過ぎず、マスメディアは個々人の思いをすくいとるものではないことを改めて思った。新聞やテレビの情報は、死傷者数などの統計的なまとめや、被災者の典型的なストーリー、あるいは逆に劇的で例外的なケースに大別される。そのうえ、字数や時間の制限があって断片的になりがちだ。正確な集計を記録したり、多様なケースの中から典型例を選んで報道したりするのは、マスメディアの重要な役割だが、どうしてもそこから抜け落ちるものがあることをひしひしと感じた。

津波が迫ってきたとき、一人ひとりの子どもはどんなに恐ろしかっただろう。途方もない濁流に呑まれ、翻弄され、どんなに苦しかっただろう——そう思うと胸が詰まった。その恐怖や苦しみを想像し、それぞれの家族の悲しみに心を添わせないで、何のための情報だろうか。

坂井の訪れた石巻市は、東日本大震災において市町村別の死者・行方不明者が最も多かったところである。けれども、被害の総体を数字で表しても伝わらないものがある。「災害を受けるのは、われわれ一人一人、個人個人なのである。総数をもって、被災者の幸不幸を代表する数字とすることはできない」「私たちの『情報』は、こういう一つひとつを想像し、反芻することの積み重ねではないか」と坂井は記している。

一方、ツイッターやフェイスブックのようなソーシャルメディアは、新聞やテレビの取材が及ばない個別の情報を伝えるものだ。データの転送速度や情報の多様性はマスメディアをしのぐ部分もある。しかし、不確実な情報が拡散される危険性もあり、未成熟な段階といえる。

それぞれのメディアに一長一短があり、どちらの情報発信も万全ではない。情報とは、一体何だろう。二十歳のころから情報工学に取り組んできた坂井は、改めて考えた。マスメディアやソーシャルメディアを介して伝えられるものだけが情報ではない、と思い至ったとき、古今の芸術の数々が胸に押し寄せてきた。ホメロスの「イーリアス」、ベートーヴェンの交響曲第五番「運命」、ピカソの「ゲルニカ」……時代を超えて人々の心をひきつけ、深い慰めを与えてきた作品は、人間存在の根幹にかかわる「情報」ではないだろうか。二一世紀以降も、これらの芸術作品に匹敵する優れたコンテンツが生み出されるだろうが、それは違った形になるだろう。ＩＴはそのためにある。人類は常にそうやって自らの本質を問うために新しい表現を求めてきたのだ——。坂井はパソコンに向かって原稿を書き続けた。

東日本大震災の翌年二月に刊行された『ＩＴが守る、ＩＴを守る』は、ＩＴを使って天災や人災から社会を守るには、またＩＴ自体を安全なものとして守るにはどうすればよいかを探る内容である。災害がふりかかったとき、第一に守られるべきものは生命だが、この本では「人間の感情生活を守る」という視点にも心を傾けた。人間の幸福は、生命や健康、財産を守るだけでは得られない。「豊かな感情生活を送ることが幸福の源であり、そこでは、教養や文化芸術が大切になる」という言葉には、歌の世界から多くの喜びを得てきた坂井の思いがこもっている。

コンピュータ工学の研究者、そして歌人という二つの立場で執筆した初めての本は、情報・通信分野に関する優れた図書に与えられる大川出版賞を受賞した。「もしかしたら今まで出した中でいちばん自分らしい本かもしれない」と坂井は喜びを記している。

本の出版から一年半後の八月、再び被災地を訪れた。南三陸、女川、東松島、そして石巻。がらんとした大川小学校の校庭には縄が張られていた。慰霊の思いをこめて彫刻家が寄贈した母子像が、正門脇から校庭に移され、遠くから見るしかなかった。

須臾《しゅゆ》といひ永遠といふわからねど子守の像に吹いてゐる風　　『亀のピカソ』

「縄文のわれ」を求めて

歌をやめようと思ったことがなかったわけではない。時間に追われて研究を続ける日々であったし、稀に周囲から批判されることもあった。

生きいそぐ一語はげしきラボの椅子喜連川《きつれがは》博士われを非難す　『ラビュリントスの日々』

「歌やめよ」三十三年われに言ひ喜連川さんの額ひろがる　『亀のピカソ』

一首目の「喜連川博士」は、実在の人物である。たまたまライトノベルに「喜連川博士」が登場する作品があるためか、架空の人物と読む人もいるが、坂井が大学院生だったころに東大生産技術研究所の講師だった喜連川優のことだ。世界的な情報科学者であり、二〇一三年から国立情報学研究所の所長を務める彼が、「三十三年」もの間、坂井に「歌やめよ」と言い続けたのは、研究生活の熾烈さをよくよく知っていたからに違いない。「生きいそぐ」は「ラボ」に掛かっているが、情報工学という分野そのものをも指すだろう。命を縮めるように生き急がなければ、到底、世界に伍して研究開発することはできない。二十代の坂井もそのことは十分理解しつつ、先輩とは違うところに立ち位置を求めようとした。一首目は、きりきりとした痛みに似た青年の感情が詠われているが、二首目には歳月を経た余裕とユーモアが漂う。

攻めて攻めて電脳建築家早死《はやじに》す　セイモア・クレイ、元岡達　『牧神』

セイモア・クレイも元岡達も、コンピュータ科学者である。クレイは同時代のコンピュータと比べ桁違いに高速なＣＲＡＹ－１コンピュータを開発し、「スーパーコンピュータの父」と称される。交通事故に遭い、七十一歳で亡くなった。元岡達は先端的な研究を多く手がけ、第五世代コンピュータのプロジェクトを立案した研究者である。学生時代の坂井の指導教授でもあった元岡は、東大の大型計算機センター長の在職中、病に倒れ五十六歳で亡くなった。優れた先達の早逝を悼んでいるが、彼らと同様に「攻め」続けなければならない研究に就いた自分の未来についても思ったに違いない。

こうした熾烈な研究生活と短歌を両立するのは、容易なことではない。研究者として複数の学会に所属し、そこでの仕事もまかされる一方で、短歌結社「かりん」の編集委員を務めるなど、時間はいくらあっても足りなかった。それにもかかわらず、坂井は第一歌集を一九八六年に出版して以来、ほぼ三〜四年に一冊のペースで歌集を出版してきた。

学も芸も炎上をして三十年　絶対矛盾の坂井修一　『縄文の森、弥生の花』

両刀遣ひ三十五年　雨の日の抜刀は悲し八倒はなほ　『亀のピカソ』

コンピュータ工学という学問と、短歌という文芸、それが「炎上」する三十年だったという一首目は、自分の名前が詠み込まれた珍しい歌だ。ブログなどへの否定的な書き込みが殺到することを「炎上」というが、そのイメージを借りつつ、相反する二つの道を究めようとしてきた自らの熱を表現したのではないか。二首目の「両刀」も、この二つの道を指す。ずぶ濡れになりつつ左右の手に刀を持ち、攻めたり守ったりを続けた「三十五年」が、七転八倒するような苦しいものだったことが「八倒」に表されている。言葉遊びによる軽みはあるものの、その歳月は重い。

そんな坂井の心の支えの一つが、寺田寅彦であった。

正反対の二人。私にとって芳雄は目標であり、寅彦は理想である。

仁科芳雄・寺田寅彦ともどもにあはれなり秋のあばるる象よ　　『スピリチュアル』

寺田寅彦の命日。

寒月君がふりこぼす芸のかぐはしさ光速Cをこえてほろびき

物理学、文学いづれよかりしや　けぶるよけぶる古今東西　　『亀のピカソ』

一首目に登場する仁科芳雄は宇宙線や加速器の研究で知られる物理学者、寺田寅彦は物理学の研究者であると同時に、夏目漱石門下の文学者でもあった。物理学に専心した仁科と、科学と文学という二つの分野で活躍した寺田の二人を、坂井は仰ぎみつつ「ともどもにあはれなり」という。この「あはれ」は、しみじみと慕わしい、というニュアンスであろう。「あばるる象」は、思うがままに天分を発揮した二人の姿を思わせる。

二首目の「寒月君」は、漱石の『吾輩は猫である』の登場人物の一人で、寺田がモデルとされる。水島寒月は寺田と同様、物理学を研究する理学博士であり、俳句をたしなむ一方でバイオリンを弾く。「寒月君」の「芸」とは、バイオリン演奏のことだろうか。現在の物理学は物性物理、宇宙物理、素粒子物理……などと専門化されているが、漱石の時代にはまだ細かく分かれておらず、寺田の書いた論文のテーマは火山や地震、磁気流体、結晶のX線解析など幅広い。そんな古き良き時代の物理学者の姿が、光速よりも速く遠ざかってゆく悲しみを詠んだ歌と思われる。

一、二首目は三十代のころに詠まれたものだが、三首目は五十代になって詠んだ歌である。寺田寅彦の命日に、「物理学と文学、どちらが彼にとってよいものだったんだろう」と問う坂井だが、問いかける相手は恐らく自分であり、その問いは「コンピュータ工学と短歌いづれよかりしや」という心境だったのではないだろうか。

寺田寅彦に深い共感を覚える坂井には、人間は文明が進んでもあまり変わらないものだという思いがある。八冊目の歌集『縄文の森、弥生の花』のあとがきに、コンピュータ科学に関わってきた自分は、「人間の分類としては、弥生人の末の末といってよいのだろう。いっぽうで、この時代に短歌などにこだわり続けるのは、はるか昔の縄文人の気持ちがあるからなのかもしれない」と書いている。

縄文が弥生に移る千年を史書いへりされど移らぬこころ　　『縄文の森、弥生の花』
文明が満ちて文化が朽ちむこと言つてどうなる言はずにをれぬ

サイバー世界縄文世界とまじらふや声あげてしばし３Ｄのわれ

苛烈な情報工学の世界で生きる坂井だからこそ、縄文への憧憬は強いのだろう。人々が争うことなく心豊かに生きた時代を繰り返し詠っている。

ひとはなぜ縄文の平和捨てたるやわれはなぜ清きことば捨てたる
情報学苦しみおほし闇ふかしたれかも訪《と》はむデバッグの森
まよふなき日々こそ至福　ああされど縄文捨ててさまよふこころ
土器焼いてほほゑむ私　明暗のモザイクとなる歴史の節目

近年、縄文人は狩猟採集をしながら集団で定住生活を営んだことが分かってきた。一首目の「縄文の平和」はそうした知恵を思わせる。役割分担や食料の分配などをうまく行うには言語が必要だったはずだ。現代の日本語のルーツについては諸説あるが、縄文の「清きことば」そのものをたどることはできない。

人々が穏やかな暮らしをしていた縄文時代を恋う坂井は、二首目の「情報学」という苦しみが多く闇の深い現場にいる。「デバッグ」は、コンピュータプログラムのなかの欠陥（バグ）を突き止め、取り除いて修正することで、プログラミングにおいて最も厄介で困難な作業である。その困難さを「森」に喩えたのだが、豊かな縄文の森と何と隔たっていることだろう。

情報科学技術と文化との融合を表現したパンフレット

三首目では悩みや迷いのない日々の幸福を思いつつ、縄文的な世界を捨てて「さまよふ」現代人の心を抱く。四首目の「私」は、土器を焼いて充足を味わう「縄文のわれ」である。「歴史の節目」は恐らく、縄文と弥生の境目の時期である。「縄文の平和」を捨てなかったなら、あるいは今もっと平和で豊かな世界になっていたかもしれない、という想像は、現代社会への批判でもあるだろう。

坂井が『縄文の森、弥生の花』を上梓した翌年、能面を被ったヒューマノイドの写真が、東大情報理工学系研究科のパンフレットの表紙を飾った。研究科長になった坂井のアイディアによるものである。情報工学を学ぶ若者に、古典芸能に代表される文学の深い世界をも知ってほしいという思いを込めたパンフレットは、いくつものデザインの賞を受賞した。

コンピュータの安心・安全

コンピュータは進化し続けている。高速化がますます進み、スーパーコンピュータ「京」は、一秒間に「一京（＝10ペタ）」というケタの計算ができる。かつて坂井が目指した「一秒に一兆ケタの計算」よりも一万倍速い。こうした高性能なコンピュータによるビッグデータの解析で、新薬の開発や宇宙の起源の解明などがスピードアップされると期待されている。坂井は高速化にかかわるCPUの研究を続ける一方で、少し違ったところで社会に貢献する研究に取り組み始めた。それが個人用パソコンを念頭においた情報システムの構築である。

誰もがパソコンとインターネットを使って、情報収集やコミュニケーションを行う時代、安心・安全にネット社会を生きられるシステムづくりが重要になってきた。インターネットを利用した詐欺や業務妨害などのサイバー犯罪が増えており、個人レベルでの対策も欠かせない。こうした実情を踏まえて書かれた坂井の『知っておきたい情報社会の安全知識』には、少し思いがけない文学の話が出てくる。「インターネットの向こうにいたら一番こわい人」の例として、ドストエフスキーの『悪霊』の登場人物であるニコライ・スタヴローギンが登場するのだ。

悪というものは、必ず人間につきまとう。ネット社会になったから急に悪い人が現れたわけではない。『悪霊』のスタヴローギンは、家柄や知性、容貌にも恵まれた若者だが、途方もない虚無を抱えており、何の目的もなく少女を凌辱して自殺に追いやったり、間接的に殺人を教唆したり、といった行為を重ねる。

坂井は「このように他人を苛む狡猾な人物がインターネットの向こうにいて、自分を攻撃してきたらどうなるか」と読者に考えさせる。愉快犯でさえないスタヴローギン的な人物と、どう向き合えばよいのだろう――。実は、坂井は大学一年生を対象に、こうした授業を行っている。受講生はほぼ一〇〇人くらいだが、理科系の学生が多いこともあり、『悪霊』を読んだことのある学生はほとんどいないという。ドストエフスキーの別の小説を一冊でも読んだかどうか訊ねても、

四、五人程度しか手が上がらない。

おもひみよネットのかなたしんしんと一万人のスタヴローギン　『縄文の森、弥生の花』

三千の新入生よカラマアゾフ読みしことなき二千九百

『知っておきたい情報社会の安全知識』の中で、坂井は「文学や哲学の世界にふれることなく、また『人間とは何か』『人間のもつ悪意とは何か』などについて現実に深く考えることなく、ただ便利だからという理由でネットの世界に入っていくことに、私は大きな危惧を感じます」と述べ、「スタヴローギンという人物の身も凍るような精神のありようをよく観察してみてください」と呼びかけている。「文学や哲学の世界」と長く親しんだ科学者ならではのアドバイスだろう。

スタヴローギン的な悪人の存在も認識しておくべきだが、そもそもIT社会に一〇〇％の安全性はないことを坂井は指摘する。ITの世界は「ベストエフォート」という考え方に基づき、コンピュータも通信システムも「最善を尽くすが保証はせず、回復プランを用意しておく」という前提で作られているからだ。完璧なものだと保証して売らなければならなかったら、製品化が遅くなる。技術発展を加速し、情報インフラの開発期間を短縮するため、不具合が見つかったらその段階で修正すればいいという共通認識を、一般のユーザーも持って安全対策をすべき時代なのだ。

「しかし……」と坂井は口ごもる。研究を始めたころは「安全が保証されない段階でシステムが使われるようになるとは思わなかった」という。かつての日本は、どんな製品やシステムも安全第一だったから、製品が出来上がるまでに費用も時間もかかった。しかし、ビル・ゲイツやスティーブ・ジョブズといったIT業界の寵児らが「法的にも技術的にもグレーだが、まずやってみよう」と言わんばかりに製品化を推し進めた結果、技術の進歩は驚くほど速まった。「利便性が安全性よりも優先され、中途半端な段階で流通することが、社会的な文化としてここまで受け容れられるとは正直思わなかった」という坂井の心境は複雑だ。

防ぐすべ無しといはれて熱くなる　ゼロデーすなはち未知の攻撃　『亀のピカソ』
オリオン座暗黒星雲　ひとのもつ心が壊す安全・安心

一首目の「ゼロデー」は、コンピュータのセキュリティシステム上の弱点を修正する対策がとられる前の、脅威にさらされた状況を指す。そこを狙って攻撃が仕掛けられた場合、「防ぐすべ無し」だと言われれば、コンピュータの専門家としては「熱くなる」しかない。職業人のプライドと奮起が伝わる歌である。

二首目の「ひとのもつ心」は、さまざまな犯罪にかかわる暗い心だろう。システムの不備があっても、悪いことを企てる人間がいなければサイバー犯罪は起こらない。上の句の「暗黒星雲」は、星間ガスの集まりだ。その暗く濃いガス内で激しく化学反応が起こりさまざまな分子が合成され、やがて新しい星が生まれるように、「ひとのもつ心」からよからぬものが生まれて「安全・安心」を脅かすことを思った作者であろう。

坂井は今、情報通信技術を使う人間、そして人間社会を含めた総合的なセキュリティの研究に取り組んでいる。セキュリティには大きく三つの要素があり、その一つが坂井の専門とする「侵入検知」である。

コンピュータに入り込んでデータを盗み見たり改竄したりするプログラムはコンピュータウイルスと呼ばれ、次々に形を変えて現れる。従来のセキュリティソフトは、これまでに知られているウイルスの特徴を踏まえ、それに似た動きをするプログラムに対して「危険」と判断するものだ。これだと未発見のシステム上の弱点を狙うウイルスや、全く新しいウイルスに対して対処できない。坂井らは、ウイルスソフトがある対象にアクセスするパターンに着目し、そこへの情報の流れを追跡することで、「これは悪意ある攻撃だ」と判断できる技術を開発した。

「侵入検知」に加え、個々の企業や企業間における情報管理システムを組み込んだ「マネジメント」、そして、個人情報を守りつつ、多くの人が有益な情報を利用し、活用できる社会にするための「情報法」、この三つが揃って、ようやく安心・安全なＩＴ社会が実現する。坂井は三分野が融合した「超セキュア情報システム」の研究を率いる存在だ。

ＩＴ社会がこれからどんなふうに発展してゆくのか、研究者にも予想がつかない部分がある。


『亀のピカソ』

紙の本、ビデオ、ＣＤなくなつてなんてライトな老人ホーム
クラウドのなかに本あるこの世界　焚書まだよい坑儒はこまる

記録媒体がアナログからデジタルなものに移る流れは、もう止めようがない。一首目は、自分が老人ホームに入るころには、かさばる「紙の本、ビデオ、CD」といったモノはなくなり、入所するときは随分と身軽だろうな、という一見ユーモラスな歌だ。けれども軽妙な語り口の一首からは、身軽さだけでなく、何か人生そのものが軽くて薄っぺらなものになる懸念が感じられる。

二首目では、未来社会への危惧が詠われている。焚書坑儒は、秦の始皇帝が政府批判と思われる書物を焼き捨て、権力に批判的な儒学者を多数生き埋めにした故事からできた言葉だ。どんなに技術が進んでも、人間の愚かさは変わらないから、いつまた秦の時代のような、あるいは戦時中のような言論弾圧が起こるか分からない。書籍のデジタル化、またコンピュータの外部にデータを移すクラウド化が進めば、「紙の本」が燃やされる従来の焚書は実質的に意味をもたないが、新たな「焚書」的な措置が行われる可能性はある。「まだよい」と言いつつも、現代社会における焚書坑儒を強く警戒する坂井であろう。

無人戦車無人地球の街を野をはたはたと哂《わら》ふごとくゆきかふ　『群青層』

みづからを修正しつつ生きのびるＩＴはいつか人間めきて　『亀のピカソ』

一首目は、乗用車の自動運転システムやドローンの活用が現実のものになったころに詠まれたのではない。『群青層』の刊行されたのは一九九二年、この歌には「アメリカではさういふものの開発が進んでゐる」という詞書が付いている。それから二十数年がたち、坂井は「自動運転のようなことがこんなに早く出てくるというのは、かなりの驚きだ」と話す。

この歌の眼目は、やがて現実のものとなる「無人戦車」を予見したところではなく、それが何台も、もう人類が死に絶えた「無人地球」の街や野をあざ笑うように行き交っている光景を描いてみせたところにある。ＳＦ映画の一場面のような一首は、社会に対する鋭い警告にほかならない。

二首目は二〇一三年に詠まれたものだ。人工知能（ＡＩ）をベースにした手順を組み込んだコンピュータは、自ら学習を重ね、賢さを増してゆく。そのプロセスは、人間の成長と変わらない。二〇一六年四月にインタビューした際、坂井は前月にコンピュータ囲碁プログラム「アルファ碁（Alpha Go）」が韓国のプロ囲碁棋士、李世乭（イ・セドル）氏に勝利したニュースについて、やや興奮した口調で語った。

「アルファ碁」は、ＡＩ企業「グーグル・ディープマインド」の開発したプログラムである。ＩＢＭが開発したチェス専用スーパーコンピュータ「ディープ・ブルー」が、チェスのチャンピオンに勝ったのは一九九七年だが、チェスに比べ囲碁は遥かに複雑なゲームであり、人間に勝つプログラムが開発されるまでには、まだまだ時間がかかると考えられていた。

ここ十年で最強の棋士と言われる李氏に、「アルファ碁」は四勝一敗で勝った。坂井は「あそこまで強くなるとは。しかも、あの一敗したことがすごい」とうなる。一敗した方がむしろ人間的だと思わせるというのだ。二首目に詠われた「人間めきて」をまざまざと感じさせる事件であ

伊豆の一碧湖で、妻の歌人、米川千嘉子と（2013年）

った。

坂井は考える。コンピュータの原理そのものが変わり、自律的に考え、意志的に行動するコンピュータができたとき、社会はどうなるのか。単純労働のみならず、自然科学研究さえコンピュータが担う領域になるかもしれない。そのとき、われわれは何をするのか――。

評論集『斎藤茂吉から塚本邦雄へ』の冒頭、坂井はグローバリゼーションが進む今、『実』の世界で国際的視野をもつこととは別に、自分たちのよって立つ文化を大切に守り育てることによって、私たちははじめて自分自身でありえる。日本人である私たちの固有性のみなもとにあるのが日本語であり、日本語による和歌文化である」と記す。この二一世紀にこそ、「短歌を含む伝統文化の見直しと新しい発展に向けた大きな動きが出てくること」を坂井は期待するが、実学偏重の教育方針や若者文化の閉鎖性などもあり、短歌を巡る状況が決して楽観できないことも十分承知している。

「人間の本質は、愚かなところにあるのではないか」と坂井は語る。「失敗によって学ぶところ、自らを非常に矛盾する状況に置いてしまうところ、そうした愚かさが人間らしさのような気がしています」

しんかんと異境の河童見えざるをわれは愚直の記憶たもてよ　『群青層』

大夕焼ばらんばらんと泣くからに奇人変人ほろぼしてはならず　『アメリカ』

「愚かさ」とは、見えないものを見る力かもしれない。一首目は、現実世界には存在しない「河童」を、かつて作者はしかと見たという意味だろうか。河童を見た記憶は過去のもの、あるいは一瞬のものだったかもしれないが、坂井はその「愚直の記憶」をとどめておきたいと願う。二首目の「奇人変人」は、いろいろに解釈できる。科学の世界には昔から、常軌を逸した情熱で一つことに打ち込む研究者が少なくない。真理を探究しようとする人には、打算や虚栄といった俗な心がなく「愚直」である。さまざまな分野の芸術家も同様だ。声を上げて泣いているような真っ赤な夕焼け空に、坂井は俗世の尺度から外れた人たちを「ほろぼしてはならず」と願う。彼らのような存在こそ、人間の歴史を豊かに彩ってきたのだ。

コンピュータ全盛の時代に、千数百年前から続く短歌を詠み続ける自分も、世間から見たら愚かしい「奇人変人」の類かもしれない——。そんな思いも、この一首には込められているようだ。

黒いうさぎは超音速に走るだけ　白いうさぎは泣くほかあらぬ　『亀のピカソ』

やわらかなタッチで描かれたガース・ウィリアムズの絵本『しろいうさぎとくろいうさぎ』を思い出させる一首である。詞書には「二兎を追って三十六年。人生の楽しみは二倍になったが、苦しみは二倍などではなかった。」と記されている。研究という黒いうさぎと、短歌という白いうさぎ。どちらも捕まえようとするのは至難だが、不可能ではない。坂井修一はこれからも二兎を追い続ける。

写真：坂井修一氏提供

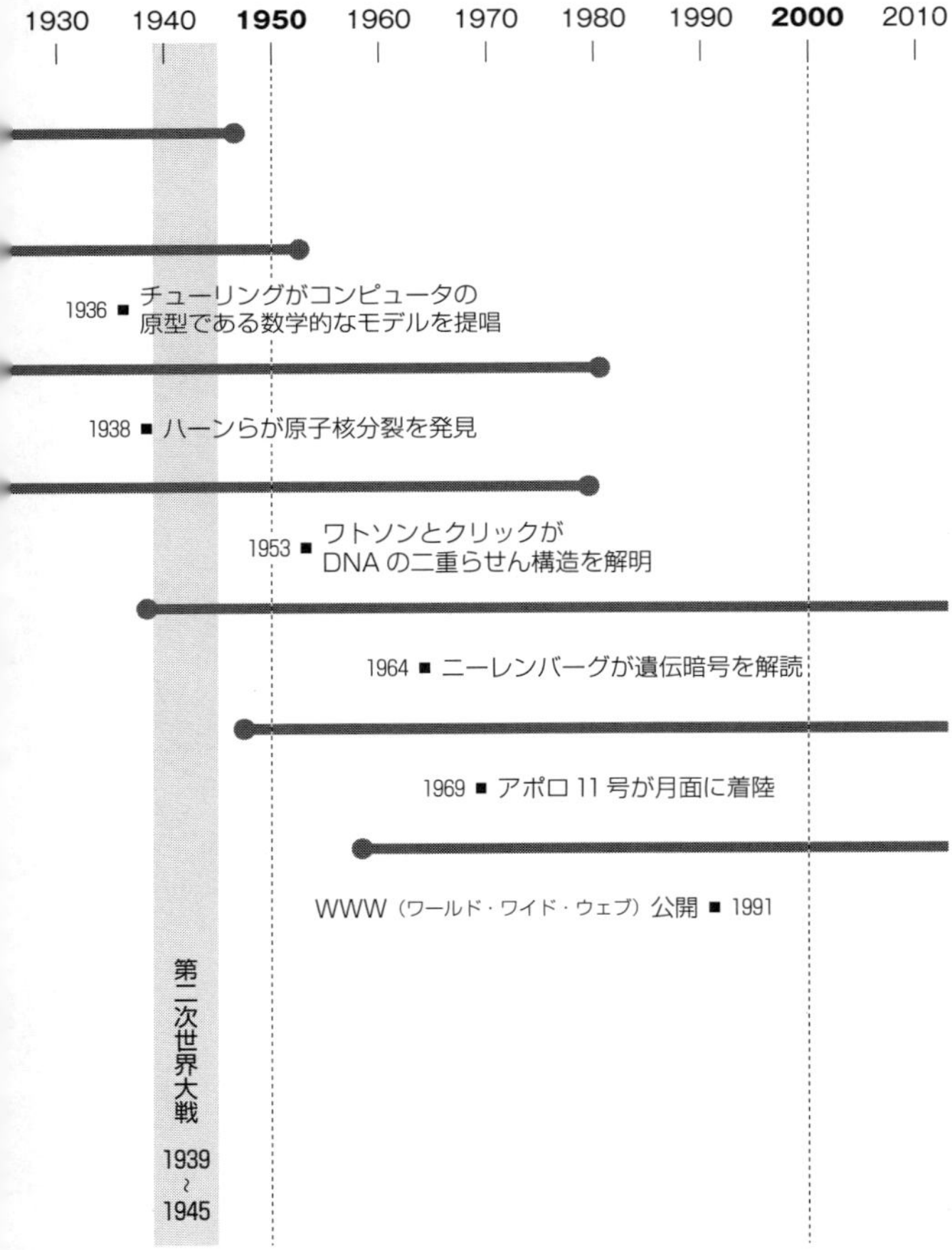
1930
1940
1950
1960
1970
1980
1990
2000
2010
1936 ■ チューリングがコンピュータの原型である数学的なモデルを提唱
1938 ■ ハーンらが原子核分裂を発見
1953 ■ ワトソンとクリックがDNAの二重らせん構造を解明
1964 ■ ニーレンバーグが遺伝暗号を解読
1969 ■ アポロ11号が月面に着陸
WWW（ワールド・ワイド・ウェブ）公開 ■ 1991
第二次世界大戦
1939
〜
1945

◇本書に登場する科学者たちと大きな出来事◇

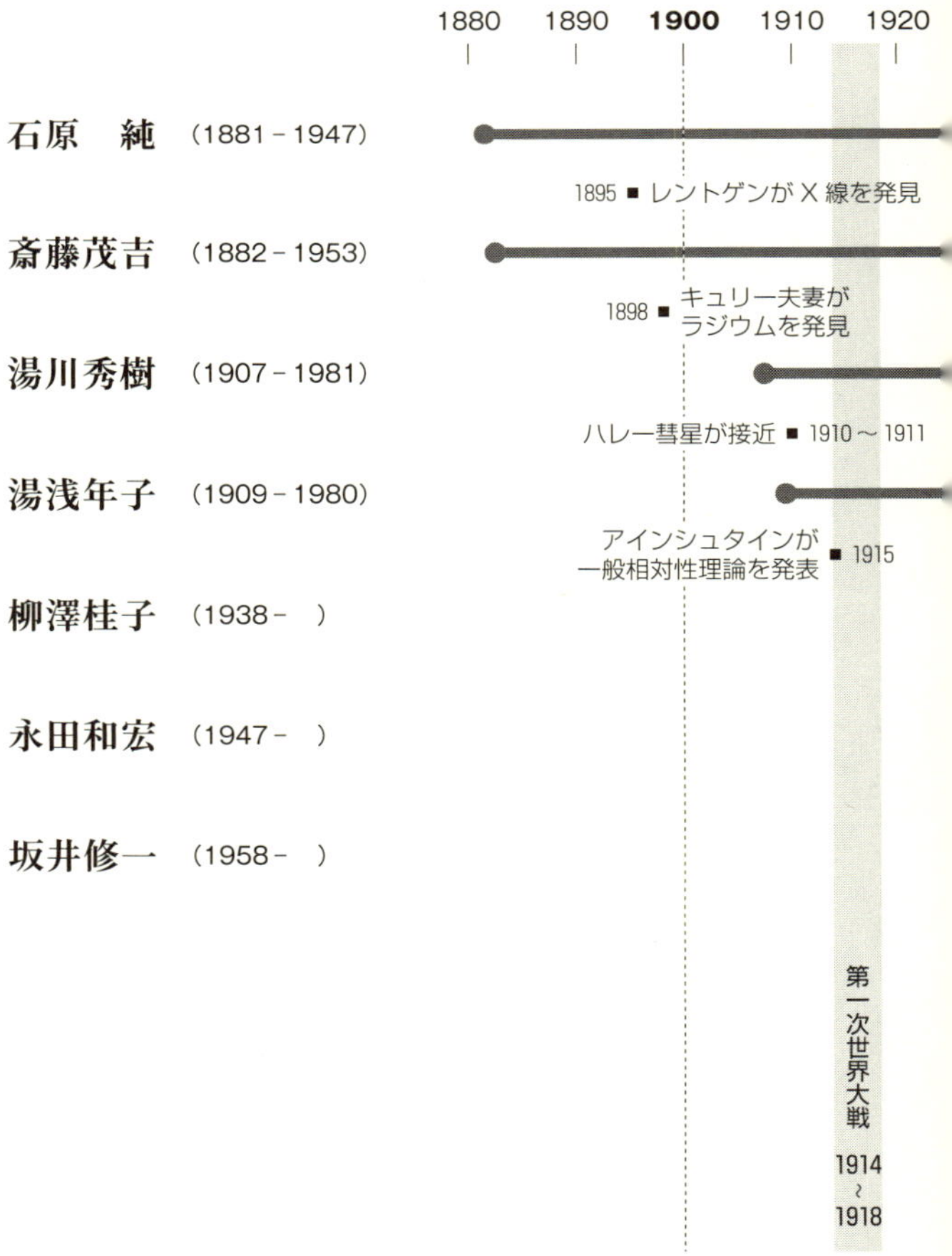

あとがき

新聞社に勤めていたころ、一番楽しかったのは科学環境部という部署に所属していた五年間である。他社に抜かれてあたふたしたり、ひどい原稿を書いてデスクに叱られたりの連続ではあったが、さまざまな分野における最先端の研究現場を訪ね、未知なる世界について教わるのは至福の時間だった。

二〇〇九年に上梓した『31文字のなかの科学』（NTT出版）は、そのころの取材経験を振り返りつつ、科学のいろいろなテーマで詠まれた短歌を鑑賞したエッセイ集だ。ゲノム、宇宙開発、恐竜、原子力……手当たり次第に歌集を読んでゆく作業のなかで、多くの歌人が科学のトピックスに関心を抱き、貪欲なまでに新しい題材を歌に取り込んでいることに驚かされた。とりわけ、科学者の歌には独自性と魅力があった。身近な事物を詠んだものでも彼らの歌には独特の深いまなざしがあり、強く惹きつけられる。

科学と文学が遠く隔たっていると考える人は少なくない。けれども、本書で取り上げた七人の科学者はごく自然に二つを選びとり、歌を詠むことを自らの喜びとしている。幼いころ、彼らはどんな子どもだったのだろう。そして、短歌や科学とどう出会い、どんなふうに研究生活と両立してきたのだろう――。それを知りたくて調べ始めたのが、本書の形になった。

七人の科学者たちをその生い立ちから追うことは、彼らの生きた時代を知ることでもある。戦争が科学研究に大きな影を落とした事実は、最も重く迫ってきた。人々が自由に学問を究め、さまざまな国の人たちと交流するには、平和な世界であることが不可欠だという、ごく当たり前のことを思う。

それぞれの歌人を取り上げるとき、歌の背景として、研究テーマについてもある程度の説明を盛り込んだ。彼らがどんな分野に魅せられ、難題に取り組んだかをぜひ紹介したかったからである。また、二〇世紀以降の科学は、世界中の研究者との熾烈な競争によって発展してきた面があり、その状況を把握しなくては、歌と研究を両立する彼らの苦労は理解できないと考えた。

正直な話、高校時代に物理を最も苦手としていた私にとって、三人の物理学者について書くのは手に余ることだった。いくら文献を読んでも理解できず、泣きたくなるような思いも味わった。しかし、一九世紀からの物理学の歴史をおさらいし、現在の量子論が宇宙の解明にどう役立つのかということなども勉強し、ようやくおぼろげながら彼らの功績が理解できるようになった。近年、日本人研究者が相次いでノーベル物理学賞を受賞しているが、それが明治以降、脈々と続いてきた豊かな流れのなかで育まれた成果だということも納得できた。

七人の生きた時代を改めて見ると、一八八一年生まれの石原純から一九五八年生まれの坂井修一まで、生年は一世紀も離れていない。それぞれが同時代を生きる科学者、歌人として互いに交流ももっている。例えば、斎藤茂吉と石原純はある時期、共に「アララギ」に所属した歌友であり、ライバルでもあった。湯川秀樹と湯浅年子も、学会の折などに日本の研究環境について語り合う間柄だった。また、永田和宏は、坂井修一の第一歌集『ラビュリントスの日々』（一九八六年）と柳澤桂子の第二歌集『萩』（二〇〇七年）の解説を書いており、親交が深い。紙幅の関係もあって本文中では割愛したが、機会があればこうした交友も含めた人間像を追ってみたい。

本書を執筆するにあたって、多くの方々のお世話になった。石原純の三男、紀氏の長女である森裕美子さんには取材に応じていただいた上、貴重な資料を閲覧させていただいた。森さんが館長を務める「理科ハウス」（神奈川県逗子市）は、自然科学の面白さを広く伝えようとした石原の遺志を継ぐ小さな科学館である。お茶の水女子大学歴史資料館の染井千佳さん、原阿佐緒記念館の高橋郁子さん、仙台文学館の赤間亜生さんには特別なご配慮をいただいた。また、東京新聞科学部記者の永井理さんには、物理学者に関する章のチェックをお願いした。ここに記して深く感謝申し上げる。

前著『31文字のなかの科学』と同じように、「科学と短歌の魅力を一緒に紹介したい」というのが私の願いである。足元のおぼつかない案内役であることは重々承知しているが、七人の科学者の研究と歌の両方を楽しんでいただければ、何よりの幸せと思う。

二〇一六年八月

松村由利子

主な参考文献

（著作は著者名の五十音順）

第1章　湯川秀樹

青野由利『宇宙はこう考えられている――ビッグバンからヒッグス粒子まで』筑摩書房、二〇一三年
青野由利『ニュートリノって何？――宇宙はこう考えられている　続』筑摩書房、二〇一六年
池内了編『科学を生きる　湯川秀樹エッセイ集』河出書房新社、二〇一五年
佐藤文隆『湯川秀樹が考えたこと』岩波書店、一九八五年
朝永振一郎著作集Ⅰ『鳥獣戯画』みすず書房、一九八一年
中村誠太郎『湯川秀樹と朝永振一郎』読売新聞社、一九九二年
細川光洋「湯川秀樹未発表書簡吉井勇宛六通（翻刻）附　吉井勇宛未発表短歌を含む九首」（静岡県立大学紀要「国際関係・比較文化研究」第一四巻第一号所収）二〇一五年
山田克哉『原子爆弾　その理論と歴史』講談社、一九九六年
『湯川秀樹著作集』（全一〇巻・別巻一）岩波書店、一九八九〜一九九〇年
湯川秀樹『外的世界と内的世界』岩波書店、一九七六年
湯川秀樹『旅人――ある物理学者の回想』角川学芸出版、二〇一一年
湯川秀樹『本の中の世界』みすず書房、二〇〇五年
湯川秀樹・梅棹忠夫『人間にとって科学とはなにか』中央公論社、一九七九年

第2章　斎藤茂吉

上田三四二『斎藤茂吉』筑摩書房、一九六四年

岡井隆『今から読む斎藤茂吉』砂子屋書房、二〇一二年
岡井隆『岡井隆コレクション4　斎藤茂吉論集成』思潮社、一九八四年
岡井隆『茂吉の短歌を読む』岩波書店、一九九五年
岡田靖雄『精神病医齋藤茂吉の生涯』思文閣出版、二〇〇〇年
梶木剛『増補　斎藤茂吉』芹澤出版、一九七七年
片野達郎『齋藤茂吉のヴァン・ゴッホ――歌人と西洋絵画との邂逅』講談社、一九八六年
加藤淑子『斎藤茂吉と医学』みすず書房、一九七八年
金子嗣郎『松沢病院外史』日本評論社、一九八二年
北杜夫『青年茂吉　「赤光」「あらたま」時代』岩波書店、一九九一年
北杜夫『壮年茂吉　「つゆじも」～「ともしび」時代』岩波書店、一九九三年
北杜夫『茂吉彷徨　「たかはら」～「小園」時代』岩波書店、一九九六年
北杜夫『茂吉晩年　「白き山」「つきかげ」時代』岩波書店、一九九八年
小池光『茂吉を読む　五十代五歌集』五柳書院、二〇〇三年
小泉博明『斎藤茂吉　悩める精神病医の眼差し』ミネルヴァ書房、二〇一六年
『斎藤茂吉全集』（全三六巻）岩波書店、一九七三～一九七六年
斎藤茂太『回想の父茂吉母輝子』中央公論社、一九九三年
斎藤茂太『茂吉の体臭』岩波書店、二〇〇〇年
佐藤通雅『茂吉覚書　評論を読む』青磁社、二〇〇九年
品田悦一『斎藤茂吉――あかあかと一本の道とほりたり』ミネルヴァ書房、二〇一〇年
藤岡武雄『評伝　斎藤茂吉』桜楓社、一九七二年
「アララギ」第四六巻第一〇号（齋藤茂吉追悼号）アララギ発行所、一九五三年

第3章　柳澤桂子

岩男壽美子・原ひろ子編『科学する心――日本の女性科学者たち』日刊工業新聞社、二〇〇七年
柳澤桂子『認められぬ病――現代医療への根源的問い』山手書房新社、一九九二年
柳澤桂子『二重らせんの私――生命科学者の生まれるまで』早川書房、一九九五年
柳澤桂子『遺伝子医療への警鐘』岩波書店、一九九六年
柳澤桂子『安らぎの生命科学』早川書房、一九九六年
柳澤桂子『生と死が創るもの』草思社、一九九八年
柳澤桂子『癒されて生きる――女性生命科学者の心の旅路』岩波書店、一九九八年
柳澤桂子『ふたたびの生』草思社、二〇〇〇年
柳澤桂子『生命の不思議』日本放送出版協会、二〇〇〇年
柳澤桂子『生きて死ぬ智慧』小学館、二〇〇四年
柳澤桂子・赤勘兵衛歌画集『冬樹々のいのち』草思社、一九九八年
柳澤桂子歌集『いのちの声』河出書房新社、二〇〇二年
柳澤桂子歌集『萩』角川書店、二〇〇七年
柳澤桂子歌集『四季』角川書店、二〇一二年
E・F・ケラー／石館三枝子・石館康平訳『動く遺伝子――トウモロコシとノーベル賞』晶文社、一九八七年
対談「科学と短歌に惹かれて」柳澤桂子・永田和宏（「明日の友」婦人之友社刊、一七一号所収）二〇〇七年

第4章　石原純

『現代短歌　第五巻』河出書房、一九四〇年
『現代短歌全集　第十三巻』改造社、一九三〇年

秋山佐和子『歌ひつくさばゆるされむかも　歌人三ヶ島葭子の生涯』ＴＢＳブリタニカ、二〇〇二年
秋山佐和子『原阿佐緒　うつし世に女と生れて』ミネルヴァ書房、二〇一二年
池内了『泡宇宙論』海鳴社、一九八八年
石原純歌集『靉日』アルス、一九二二年
石原純『アインスタインと相対性理論』改造社、一九二一年
石原純『エーテルと相対性原理の話』岩波書店、一九二一年
石原純『相対性原理』岩波書店、一九二一年
石原純『人間相愛』一元社、一九二三年
石原純『現代の自然科学』岩波書店、一九二四年
石原純『科学と社会文化』岩波書店、一九三七年
科学朝日編『スキャンダルの科学史』朝日新聞社、一九八九年
金子務『アインシュタイン・ショック』（Ⅰ・Ⅱ）岩波書店、二〇〇五年
西尾成子『科学ジャーナリズムの先駆者　評伝石原純』岩波書店、二〇一一年
原阿佐緒歌集『死をみつめて』玄文社、一九二一年
矢島祐利『一科学史家の回想　アインシュタイン来日から六十年』恒和出版、一九八〇年
矢島祐利『科学史とともに五十年』中央公論社、一九九三年
和田耕作編『石原純全歌集』ナテック、二〇〇五年
和田耕作編『石原純随筆集』エスコム出版、二〇一一年

第5章　永田和宏

河野裕子『みどりの家の窓から』雁書館、一九八六年
河野裕子・永田和宏『京都うた紀行――近現代の歌枕を訪ねて』京都新聞出版センター、二〇一〇年
河野裕子ほか『家族の歌――河野裕子の死を見つめた３４４日』産経新聞出版、二〇一一年

河野裕子・永田和宏『たとへば君——四十年の恋歌』文藝春秋、二〇一一年
中野明彦・遠藤斗志也／日本生化学会編『タンパク質の一生——タンパク質の誕生、成熟から死まで』共立出版、二〇〇〇年
永田和宏歌集『メビウスの地平』茱萸叢書、一九七五年
永田和宏歌集『黄金分割』沖積舎、一九七七年
永田和宏歌集『無限軌道』雁書館、一九八一年
永田和宏歌集『やぐるま』雁書館、一九八六年
永田和宏歌集『華氏』雁書館、一九九六年
永田和宏歌集『饗庭』砂子屋書房、一九九八年
永田和宏歌集『荒神』砂子屋書房、二〇〇一年
永田和宏歌集『風位』短歌研究社、二〇〇三年
永田和宏歌集『百万遍界隈』青磁社、二〇〇五年
永田和宏歌集『後の日々』角川書店、二〇〇七年
永田和宏歌集『日和』砂子屋書房、二〇〇九年
永田和宏『タンパク質の一生——生命活動の舞台裏』岩波書店、二〇〇八年
永田和宏『もうすぐ夏至だ』白水社、二〇一一年
永田和宏歌集『夏・二〇一〇』青磁社、二〇一二年
永田和宏『新樹滴滴』白水社、二〇一三年
永田和宏『人生の節目で読んでほしい短歌』NHK出版、二〇一五年
永田和宏『細胞の不思議——すべてはここからはじまる』講談社、二〇一五年
永田淳『評伝・河野裕子——たっぷりと真水を抱きて』白水社、二〇一五年
松村正直・永田淳編集『シリーズ牧水賞の歌人たち3　永田和宏』青磁社、二〇〇八年
真中朋久・永田淳編集『シリーズ牧水賞の歌人たち7　河野裕子』青磁社、二〇一〇年

水島徹『ＨＳＰと分子シャペロン――生命を守る驚異のタンパク質』講談社、二〇一二年
巻頭インタビュー・永田和宏「タンパク質の「品質管理」も担う分子シャペロンとは」（「ヘルシスト」ヤクルト本社刊、第二二二号所収）二〇一三年

第6章　湯浅年子

井川克一・矢田部厚彦『フランス今昔　その知られざるプロフィール』勉誠出版、二〇〇三年
山崎美和恵『湯浅年子　パリに生きて』みすず書房、一九九五年
山崎美和恵『パリに生きた科学者　湯浅年子』岩波書店、二〇〇二年
山崎美和恵『物理学者湯浅年子の肖像――Jusqu'au bout 最後まで徹底的に』梧桐書院、二〇〇九年
湯浅年子『科学への道』日本学芸社、一九四七年
湯浅年子『パリ随想　ら・みぜーる・ど・りゅっくす』みすず書房、一九七三年
湯浅年子『続・パリ随想　る・れいよん・ゔぇーる』みすず書房、一九七七年
湯浅年子『パリ随想3　むすか・のわーる』みすず書房、一九八〇年
湯浅年子『フランスに思ふ　もん・かいえ・あんてぃーむ』月曜書房、一九四八年
湯浅年子詩歌撰集『雑草の花』非売品、二〇〇一年
小特集・湯浅年子生誕１００年「日本物理学会誌」第六四巻第一二号、二〇〇九年

第7章　坂井修一

川上桃子『圧縮された産業発展――台湾ノートパソコン企業の成長メカニズム』名古屋大学出版会、二〇一二年
坂井修一歌集『ラビュリントスの日々』砂子屋書房、一九八六年
坂井修一歌集『群青層』雁書館、一九九二年
坂井修一歌集『スピリチュアル』雁書館、一九九六年

坂井修一歌集『ジャックの種子』短歌研究社、一九九九年
坂井修一歌集『牧神』短歌研究社、二〇〇二年
坂井修一歌集『アメリカ』角川書店、二〇〇六年
坂井修一歌集『望楼の春』角川書店、二〇〇九年
坂井修一歌集『縄文の森、弥生の花』角川書店、二〇一三年
坂井修一歌集『亀のピカソ　短歌日記2013』ふらんす堂、二〇一四年
坂井修一『斎藤茂吉から塚本邦雄へ』五柳書院、二〇〇六年
坂井修一評論集『世界と同じ色の憂愁　近代短歌・現代短歌』青磁社、二〇〇九年
坂井修一『知っておきたい情報社会の安全知識』岩波書店、二〇一〇年
坂井修一『ＩＴが守る、ＩＴを守る——天災・人災と情報技術』ＮＨＫ出版、二〇一二年
セコム科学技術振興財団・坂井修一インタビュー「情報法学・マネジメント論と侵入防止技術の融合による超セキュア情報システム」
http://www.secom.co.jp/zaidan/interview/sakai-index.html（二〇一六年九月十二日）

著者紹介

松村由利子（まつむら・ゆりこ）
1960年福岡県生まれ。朝日新聞、毎日新聞で記者として20年余働いた後、2006年からフリーランスに。著書に『31文字のなかの科学』(NTT出版、科学ジャーナリスト賞)、『与謝野晶子』(中央公論新社、平塚らいてう賞)、『少年少女のための文学全集があったころ』（人文書院）など。歌集に『大女伝説』（短歌研究社、葛原妙子賞)、『耳ふたひら』（書肆侃侃房）など。

短歌を詠む科学者たち

2016年10月25日　第1刷発行

著者――――――松村由利子
発行者―――――澤畑吉和
発行所―――――株式会社 春秋社
〒101-0021 東京都千代田区外神田2-18-6
電話 03-3255-9611
振替 00180-6-24861
http://www.shunjusha.co.jp/
印刷・製本―――萩原印刷 株式会社
装丁・装画―――河村 誠

Copyright © 2016 by Yuriko Matsumura
Printed in Japan, Shunjusha.
ISBN978-4-393-44418-4
定価はカバー等に表示してあります